JN086812

すぐに役立つ！
ケアマネ、生活相談員、
生活支援員のための

社会保障制度
がわかる本

東北福祉大学教授 阿部裕二 監修

ナツメ社

日本の社会保障制度

老齢

多子

死亡

国民の
（日本国憲

社会保

社会保険	社会福祉
医療保険 介護保険 年金保険 雇用保険 　　　など	社会福祉 児童福祉 　　　など

すこやかで安心できる

疾病

分娩

負傷

失業

生存権
法第25条)

障制度

公的扶助	保健医療・公衆衛生
生活保護	保健事業 公衆衛生 　　など

生活を国が保障する！

はじめに

　社会保障ほど私たちの生活に密着した、あるいは生活の基盤となっている仕組みはないでしょう。私たちは一生涯の中で、病気やケガ、さらに失業など様々な生活上の困難に遭遇します。これらは個人的な努力では防ぐことができません。大まかにいうと、社会保障は個人の責任を超えてこのような生活上の困難に直面したときに、社会全体で支えていく考え方であり仕組みであるといえます。

　本書は、主に、ケアマネジャーや福祉事務所に勤めている現業員などいわゆる「福祉の現場」で支援者として相談援助活動をしている専門職の方々のために、複雑に絡み合った各種社会保障制度をわかりやすく解説することを目的としています。とはいえ、上述した様々な生活上の困難はだれしも共通にもっている危険です。その意味で、本書は支援者の方々のみならず、一般の方々においても生活をする上で有用なものとなるでしょう。

　このような意図をもった本書は、以下のような特長を有しています。

　第一に、各種支援制度についてそれぞれの制度を説明するだけではなく、相互の関係を表やイラスト、チャート図を使って解説していることです。

　第二に、各種支援制度の内容を知ったとしても、活用でき

なければ意味がありません。つまり、支援制度を利用するためには、様々な条件を満たしている必要があり、必要な手続きが必要となります。そこで、本書では制度を活用するための条件と手続きもわかりやすくまとめています。

　第三に、本書の巻頭では、各種事例を取り上げ、支援制度利用の実際や協力を得られる民間団体なども紹介しつつ解説することで、重層的支援のイメージの具体化に努めています。

　第四に、社会保障の制度としてかつ関連制度として、災害支援まで射程に入れています。しかも、今日的な課題である新型コロナウイルス感染症に対する支援策をも盛り込んでいます。

　第五に、全体的構成として単に制度と手続きの解説のみならず、社会保障とは何か、その仕組み、そして2040年に向けた日本の社会保障などについても考察することにより、我が国の社会保障の全体像と今後の方向性を知ることができます。

　本書が、「福祉の現場での相談援助活動」と同時に「一人ひとりの安定した日常生活」を送るための一助になれば望外の喜びです。

2021（令和3）年4月

東北福祉大学

阿部　裕二

すぐ役立つ！
ケアマネ、生活相談員、生活支援員のための
社会保障制度がわかる本

第1章 こんなときどうする？ もしものときの Q&A

第2章 日本の社会保障制度

日本の社会保障制度とは

第 **3** 章 社会保険制度

第4章 社会福祉制度

＜参考文献＞
・「新・社会福祉士養成講座　12　社会保障」（社会福祉士養成講座編集委員会　編／中央法規）
・「図解とQ&Aでわかる 最新版 医療保険・介護保険・年金の知識と疑問解決マニュアル157」（加藤知美 監修／三修社）
・「これ一冊でわかる！　障害者総合支援法のすべて」（柏倉秀克 監修／ナツメ社）
・「図説　よくわかる障害者総合支援法第二版」（坂本 洋一 著／中央法規）
・「社会保障入門２０２０」（社会保障入門編集委員会 編／中央法規）
・「新版　基礎から学ぶ社会保障」（芝田英昭・鶴田禎人・村田隆史 編／自治体研究社）
・「現場で役立つ！　社会保障制度活用ガイド ケアマネ・相談援助職必携」（ケアマネジャー編集部 編／中央法規）
・「これ一冊で安心！　高齢者施設の費用・選び方・手続きのすべて」（岡本弘子 監修／ナツメ社）

第1章

こんなとき どうする？
もしものときの Q&A

いつでも、どんなときでも襲ってくるかもしれない障害や災害。解決のポイントや相談窓口について、ケースごとに解説します。

▶ ケース❶

健康診断でがんが見つかり、治療のために高額な医療費が！

最新の医療技術や薬剤を使った治療には、高額な費用がかかります。しかし、そのような場合でも、自己負担を軽くするための公的な制度があります。

がんの高度先進医療で、300万円もの費用が必要に!?

　田中一郎さん（51歳）は、妻と子ども2人の家族と暮らす、一家の大黒柱。長男は社会人となりましたが、長女はまだ大学2年生。子どもの学費や住宅ローンの残りを考えると、まだまだこれからもがんばって働かなければなりません。

　そんな田中さんですが、会社で受けた健康診断をきっかけに、前立腺がんが見つかりました。そこで主治医と治療方針を決める際に、がんの治療効果が高く、従来の治療よりも副作用の少ない陽子線治療を紹介されました。しかし陽子線治療は先進医療であり、保険適用外での治療の場合、およそ300万円もの費用がかかります。幸い田中さんの場合、疾病が前立腺がんのため、公的医療保険制度によって陽子線治療も保険適応となっていました。これにより治療費の総額は約160万円となり、そのうちの自己負担額は48万円です。しかしその費用は、治療開始日に一括で払わなければなりません。何か少しでも、金銭的な負担を軽くする方法はないでしょうか？

どうすれば解決できる？

　公的医療保険制度には、同一月（1日から月末まで）にかかった医療費の自己負担額の合計が高額になった場合、一定の金額（自己負担限度額）を超えた分が、あとで払い戻される高額療養費という制度があります。さらに、事前に高額な医療費が必要になることがわかっている場合には、限度額適用認定証を入手しておくと、これを医療機関で提示することで後日の払い戻しではなく、高額療養費で定められた限度額のみを窓口で支払うことで、高額な医療を受けることが可能になります。

　たとえば「全国健康保険協会（協会けんぽ）」の場合、給与の月額（標準報酬月額）が28万円〜50万円の人であれば、自己負担限度額は8万100円＋（総医療費−26万7,000円）×1％となります。田中さんの場合、その月にかかった医療費が、がん治療のための陽子線治療だけ（48万円）だとすると、高額療養費見込額は38万6,570円で、自己負担額は9万3,430円になります。

ポイント

 その治療は、公的医療保険の適応か、適応外か確認する

 高額療養費制度の対象なら、自己負担限度額のみの支払いでよい

 あらかじめ高額な医療費負担がわかっていれば、
「限度額適用認定証」を入手しておく

ここで相談！

病院内に医療や社会保障の専門家であるメディカル・ソーシャルワーカー・医療ソーシャルワーカー（ＭＳＷ）がいる、あるいは治療費用やその支援策をアドバイスしてくれる相談室などがあれば、まずは話を聞いてみましょう。 参照ページ▶高額療養費制度（P 72〜）

海外旅行中に病気で入院！多額な治療費は全額自己負担？

外国で医療を受けた場合、日本に比べて治療費が非常に高額となることがありますが、国内で治療を受けた場合に準じて差額が償還される制度があります。

海外旅行中に盲腸で入院・手術し、250万円を請求された！

相川和彦さん（32歳）の趣味は、自分で立てたプランで気ままに出かける海外旅行。今回も会社の長期休暇制度を利用して、カナダからアメリカへ、2週間ほどの旅を楽しんでいました。

ところが旅の途中、突然の腹痛が！ あまりの痛みに病院に行くと、急性虫垂炎（盲腸）ですぐに入院、手術ということになりました。幸い手術は無事に済み、思ったより早く退院することができましたが、入院・治療費として日本円にして250万円を請求されてしまいました。やむなくカードで治療・入院費を支払いましたが、帰国後、友人に話を聞くと、日本で盲腸の手術をした場合、治療費の支払いは一般的に10万円程度だとのこと。この差額、なんとか補填してもらうことはできないのでしょうか？

どうすれば解決できる？

通常、国内で病気やケガをしたときは、保険証（被保険者証）を病院

の窓口に提示することで、定められた自己負担割合で治療を受けることができます（現物給付）。もし、やむを得ない事情で現物給付が受けられない場合でも、保険者が認めた場合には、本人が治療にかかった費用を一時的に立替払いをしておき、後で請求することによって保険者から払い戻しを受けることになっています（医療費償還）。これを療養費といいます。

海外旅行中に急な病気やケガでやむを得ず現地で治療を受けた場合も、日本国内で保険診療を受けた場合に準じて、療養費が支払われます。ただし、その支給対象は日本国内において保険診療の適用である治療に限られ、美容整形など日本国内で保険診療適用外となっている治療は、支給対象になりません。

支給金額は、日本国内で同じ治療をした場合の治療費を基準に計算した額（実際に海外で支払った額のほうが低いときは、その金額）から、自己負担相当額を差し引いた金額となります。

ポイント

 海外で治療・入院した場合も治療費が支払われる

 支給対象は国内において保険適用の治療に限る

 国内で保険診療を受けた場合に準じて、療養費が支払われる

ここで相談！

まずは、自分が加入している医療保険の保険者（全国健康保険協会や健康保険組合、各種共済組合など）の窓口に連絡をして、事情を詳しく説明して相談をしてみましょう。

参照ページ▶公的医療の給付内容（P 63～）

手すりの設置や介護ベッドなど 介護費用の負担を軽減したい

公的介護保険には、介護用品のレンタル費用を負担してくれるサービスや、自宅のバリアフリー化のための費用を支給してくれる制度も用意されています。

自宅のバリアフリーや介護用品の費用負担が高額に!?

　脳梗塞のため病院に入院していた加藤健司さん（75歳）。治療が済み、退院できることになりました。ただし、左半身に麻痺が残り、室内での移動やトイレでの排せつの際には手すりが必要です。また、自宅で健司さんの介護をする妻の陽子さん（70歳）も高齢のため、介護負担を軽減するために、車いすや介護用のベッドなども借りたいと考えています。

　しかし、健司さんは現役時代は自営業で今は店をたたんでいますし、陽子さんはずっと専業主婦。国民年金（基礎年金）とわずかな蓄えだけで暮らしている二人には、手すりなどの設置から介護ベッドの借り入れまで、すべての費用を自己負担で賄うことは、とても厳しい状態です。手すりの設置などバリハフリーのための自宅の改修や、車いすや介護ベッドなどを借りるための費用負担を軽減する方法はないでしょうか？

どうすれば解決できる？

　車いすや介護用ベッドは、公的介護保険制度における福祉用具貸与と

いうサービスの対象。このため、レンタル費用は利用料金の1割（所得によっては2～3割負担）の自己負担で借りることが可能です。また福祉用具貸与とは別に、特定福祉用具購入として、入浴や排せつなどに使用する福祉用具の購入費のうち7～9割分が支給される制度もあり、この場合、購入費は1年につき最大10万円となっています。

　また、手すりの設置、段差の解消などのバリアフリー化、和式トイレを洋式にするといった工事費用は、介護保険制度における住宅改修というサービスとして、最大20万円まで支給されます。利用者はその1～3割を負担。自治体によってはこの介護保険制度による住宅改修の給付金とは別に、独自の住宅改修給付制度（助成金）を用意している場合もあります。

ポイント

- ☑ 福祉用具や住宅改修も、介護保険の対象となる
- ☑ 住宅改修の費用負担は、最大20万円まで
- ☑ 福祉用具は、福祉用具貸与のほかに特定福祉用具販売がある

ここで相談！

介護保険制度については、市区町村の役所の窓口で相談することができます。実際の福祉用具貸与や住宅改修は、介護支援専門員（ケアマネジャー）や地域包括支援センターの職員等が、利用者の身体状況や介護状況から住宅改修により日常生活をどのように変えたいか、さらに、住宅改修が必要な理由を書面に取りまとめ実施します。また、こうした福祉用具に関する専門職に、福祉用具専門相談員がいます。

参照ページ▶居宅サービスの種類（P 91～）

なんだか**物忘れ**がひどくなってきた？それでも**地元**で暮らし**続けたい**

公的介護保険の制度や、市区町村独自の高齢者・高齢世帯向けのサービスを利用することで、住み慣れた自宅や地域での生活を続けることが可能になります。

 物忘れがひどくなり、一人暮らしが不安に……

斎藤敦子さん（80歳）は、子どもの頃から住み慣れた地で、一人暮らしをしています。これまでは、家事もすべて自分で行い、趣味のカルチャースクールに通うなど、元気に過ごしてきました。ところが最近、カルチャースクールの受講日を何度も忘れてしまったり、料理をしていて鍋を焦がしてしまったり、物忘れがひどくなってきた気がします。

遠く離れた県外の町で暮らす娘夫婦に相談をすると、引越しをして同居しないかと促されました。しかし敦子さんとしては、この先も住み慣れた地で生活を続けたいと考えています。どうすればよいでしょう？

どうすれば解決できる？

物忘れが多くなったり、家事や日常生活の行動に不安があるような場合でも、公的介護保険制度の居宅サービスを利用することで、長年住み慣れた町にある自宅や小規模な施設で生活することが可能になります。たとえば介護保険では、その市区町村に居住する住民を対象として、通

いでのケア・自宅への訪問・必要に応じた泊りの３つを組み合わせた包括的な高齢者向けの支援としての**小規模多機能型居宅介護**をはじめ、**地域密着型介護老人福祉施設（特別養護老人ホーム）、認知症対応型共同生活介護（グループホーム）**など、**地域密着型サービス**といわれるものを利用することができます。これにより、高齢になっても地元での自立した暮らしを継続することができます。

　さらに、要介護者や一人暮らしの高齢者、高齢者のみの世帯などを対象として、訪問理美容サービスや寝具の丸洗い・乾燥・消毒サービス、配食サービス、移送・送迎サービスや緊急通報システムなど、高齢者や体の不自由な人の暮らしを支える、各市区町村が独自に行うサービスもあり、これらを利用することも可能です。

ポイント

☑ 住み慣れた地域で生活するために、
　介護保険のサービスが利用できる

☑ 介護保険以外に、市区町村の独自サービスがある

☑ 地域密着型サービスは、当該自治体に居住する人に限定される

ここで相談！

公的介護保険制度に関する相談については、まずは市区町村にある窓口に直接問い合わせてみましょう。あるいは、地元の中学校区内には、高齢者の介護などの相談を受けてくれる地域包括支援センターがあります。ここでは、介護に関する様々な制度を紹介してくれたり、手続きの手助けをしてくれます。

参照ページ▶介護保険のサービス（P 88 〜）

65歳以降も仕事を続けると年金はもらえないの？

70歳未満の人が就職して厚生年金に加入したり、70歳以上の人が厚生年金の適用事業所に勤めた場合、年金の一部または全額が支給停止となります。

 年金の給付は 65 歳からというが、仕事をしているともらえない？

　田中明さん（64歳）は、来年から年金支給開始年齢です。しかし、大手機械メーカーの技術者として長年活躍してきたことから、今後も仕事を続けたいと考えています。明さんの同じ部署で65歳以上になっても働いている先輩もいますし、幸い会社からもその旨の内諾をもらうことができました。そこでふと考えたのは、仕事を続けて給与や賞与を得ると、年金は支給されないのだろうかということ。制度はどのようになっているのでしょう？

どうすれば解決できる？

　70歳未満の人が会社に就職して厚生年金保険に加入した場合や、70歳以上の方が厚生年金保険の適用事業所に勤めた場合には、その人が受給できる老齢厚生年金の額（基本月額）と、会社からの給与や賞与の額（総報酬月額相当額）に応じて、年金の一部または全額が支給停止となる場合があります。この仕組みを、在職老齢年金といいます。

また、65歳未満で在職し厚生年金の被保険者となっている場合、受給している老齢厚生年金の基本月額と総報酬月額相当額に応じて、年金額が支給停止となる場合があります。この場合は、在職中であっても総報酬月額相当額と老齢厚生年金の基本月額の合計が28万円に達するまでは年金の全額が支給されます。一方で合計が28万円を上回る場合、総報酬月額相当額や基本月額の増加に合わせて、段階的に年金が停止されます。

　65歳以上70歳未満の人が厚生年金保険の被保険者である場合、総報酬月額相当額と老齢厚生年金の基本月額の合計が47万円以下の場合、年金は全額支給されます。これを超える場合、年金の一部または全額が支給停止となります。その後、退職した後には、年金の全額が支給されます。

　なお、2022（令和4）年4月から、60歳台前半の老齢厚生年金の仕組みが見直される予定です。

ポイント

 給与があっても、年金はすべて停止にはならない

 在職老齢年金の基準は一律ではない

 働いている場合は、在職老齢年金の仕組みが適用となる

ここで相談！

公的年金に関わる運営業務は、日本年金機構が行っています。このため、年金に関する疑問や不安については、各地に所在する日本年金機構の年金事務所が受け付けており、在職老齢年金の仕組みや計算方式についても、詳しく説明をしてくれます。

参照ページ▶老齢年金の仕組み（P 105 〜）

自分の年金だけでは老後が厳しい 専業主婦の年金は上乗せできる？

老後の生活を安定させるために、公的年金制度を支える形で個人年金や確定拠出年金などがあり、第3号被保険者でもこれらを活用することができます。

▶▶▶ **専業主婦は付加年金や国民年金基金の適用ではない！**

中村加奈子さん（40歳）は、企業に勤める会社員の夫がいる専業主婦。今は子育てで忙しい毎日を送っています。

ある日、久しぶりに離れて暮らす実家の母・明子さん（75歳）と電話で話していると、年金の話になりました。明子さんも娘の加奈子さんと同様、専業主婦だったため、現在の年金収入は基礎年金のみです。「まだ、おとうさん（夫）が元気だからいいけど、何かあったら自分の年金だけで暮らしていけるかしら……。あなたはどうなの？」と聞かれました。

ネットで少し調べてみると、公的年金制度では、基礎年金に上乗せできる付加年金や国民年金基金に加入できるのは第１号被保険者のみであり、加奈子さんのような夫が会社員の専業主婦は、適用にならないことを知りました。老後に備えて、年金に上乗せできる方法はないのでしょうか？

▶▶▶ **どうすれば解決できる？**

厚生年金保険制度の被保険者（第２被保険者）の被扶養配偶者で、20歳以上60歳未満の人は第３号被保険者となります。夫が会社員で専業主婦の加奈子さんは、この第３号被保険者に当たります。年金制度では、老後の生活を支えるために、基礎年金に上乗せする形で**付加年金**や**国民年金基金**という制度がありますが、これらは**第１号被保険者のみが対象**であり、第３号被保険者には適用されません。

しかし、第３号被保険者でも年金の上乗せとして活用できる制度として、信託銀行や生命保険会社が販売する**個人年金（私的年金）**や、**個人型確定拠出年金（iDeCo：イデコ）**があります。なかでもiDeCoは、単に基礎年金の上乗せになるだけでなく、運用益が非課税となり、受け取りのときに大きな節税効果があるといったメリットも見逃せません。なお、iDeCoの掛け金は、本人名義の口座または本人の勤務先経由でしか拠出できません。このため本人の所得からの控除はできますが、配偶者の所得からは控除できませんので、注意が必要です。

ポイント

- ☑ 会社員の妻である専業主婦も iDeCo の適用となる
- ☑ iDeCo の掛け金は配偶者の所得からは控除できない
- ☑ iDeCo は節税効果がある

ここで相談！

iDeCo に関しては、その実施機関は国民年金基金連合会となっています。加入に関しては、業務を受託している各金融機関が窓口となりますので、最寄の iDeCo 取り扱い金融機関で相談してみましょう。

参照ページ▶私的年金の種類と確定拠出年金（P 110 ～）

▶ ケース❼

一人暮らしの精神障害者 自立して生活できる？

障害の有無に関わりなく、経済的に困窮してしまった場合には、生活保護を申請できます。また、精神障害者への支援サービスや生活相談も活用できます。

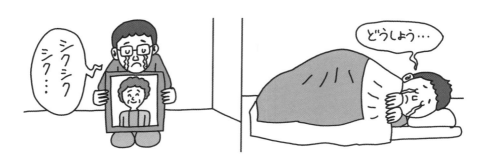

母の年金も途絶え、既往の精神疾患も悪化……

　精神障害がある鈴木一郎さん（40歳）は、現在一人暮らし。これまでは母と同居して生活しながら、自宅で療養しつつ、病状が安定している期間にはアルバイトをするなど、できる限り自立して生活ができるよう努力してきました。

　ところが母が心筋梗塞によって突然他界。それまで、生活費については基本的に母親の年金に頼っていたため、一郎さんは母を失うと同時に、収入の道も突然絶たれてしまいました。さらに悪いことに、こうした生活に対する不安や将来への焦燥感もあってか、元々ある軽度の精神疾患も悪化。どうすればよいのか、不安でたまりません。

どうすれば解決できる？

　一郎さんの場合、まず経済的な支援として、生活保護を申請することが重要です。生活保護は、国民が生活に困窮したり、経済的に行き詰まってしまった場合に、「健康で文化的な最低限度の生活」を維持し、自立を

援助するための国の制度です。生活保護を受けることにより、生活していくための扶助が受けられるだけでなく、症状が進行しつつある精神疾患治療のための医療扶助も受けることができます。

その上で、一郎さんが住み慣れた地域で自立して暮らし続けるために、たとえば一人でいる不安への対応としての通所サービスなどの利用や、生活力の向上のためのホームヘルパーの利用など、様々な障害者福祉制度を活用することが考えられます。これによって、心に障害があっても、可能な限り自立し、個人の尊厳を保ちながら住み慣れた地域の中で暮らしていくことを支えることが可能です。

ポイント

- ☑ 生活保護の窓口は地域の福祉事務所
- ☑ 生活保護では医療扶助も受けられる
- ☑ 障害者福祉の窓口は市区町村の役所にある
- ☑ 生活力の向上のために、ホームヘルパーとの共同作業が重要

ここで相談！

精神障害の症状については、かかりつけの医師や地域のクリニックに相談しましょう。生活保護の申請は、地域の福祉事務所が窓口となります。各種生活相談については、市区町村の役所にある生活福祉課や障害福祉課が窓口です。実際の支援サービスについては、障害福祉事業所などが運営・実施をしています。

参照ページ▶障害者総合支援法（P 146〜）
　　　　　▶公的援助（P 184〜）

未成年の予期しない妊娠
出産後の将来が不安

未成年の出産と育児についても成年の母親と同様に、母子保健の理念に基づいた様々な仕組み・制度や、地域での育児支援を受けることができます。

▶▶▶ 未成年での出産を決心したけれど、将来が不安

　芹沢麻衣さん（17歳）は、現在、両親との3人暮らし。学校での人間関係に悩んでしまい高校を中退したあと、すでに地元で働いていた中学時代の先輩と付き合うようになりました。こうした中で麻衣さんは、予期せず妊娠してしまいます。麻衣さんも先輩もともに未成年であり、お互いに結婚するという明確な意思があったというわけではありません。両親からは人工妊娠中絶をすすめられましたが、麻衣さんとしては、子どもを産まない理由もないことから、よくよく考えた末、出産することを決心。両親も納得してくれました。

　とはいえ、これから母親となる自分も、まだ17歳の未成年。生まれてくる子どもと自分の将来に、少なからぬ不安を感じています。これから、どうしたらよいでしょうか？

▶▶▶ どうすれば解決できる？

　母子の健康と健全な発育を支えるために、妊娠届を提出することで、

母子健康手帳の発行及びその後の保健サービスにつながります。このため、まずは市区町村保健所・保健センターに連絡・相談をしましょう。保健所・保健センターが提供できる支援として、以下などがあります。

1. 母親学級
2. 保健師・助産師による相談
3. 10代の母親のグループなど同年代の妊婦と出会う場の紹介
4. さらに、今後の生活の支援（育児支援ヘルパーなど）が必要と判断された場合、子ども家庭支援センターにつなげる

ポイント

- ✓ 出産に関する不安は、市区町村の保健所・保健センターへ
- ✓ 妊娠届を提出することでの、母子健康手帳の発行
- ✓ 母親の孤独や孤立を防ぐための支援がある
- ✓ 育児支援の体制づくりが重要

ここで相談！

まず母子の健康を守るために、妊娠が考えられる場合には、早期に産婦人科の医師の診察を受けましょう。妊娠していることがわかった場合、主治医はもとより、病院にメディカル・ソーシャルワーカーがいる場合は、社会保障に関する様々な相談に乗ってくれます。また、市区町村保健所・保健センターは、母子を支える仕組みや制度の総合的な窓口となりますので、妊娠した際には必ずこちらに妊娠届を出すことが重要です。さらに、地域にある子ども家庭支援センターも心強い存在となります。

参照ページ▶ひとり親家庭の支援（P 150 〜）

▶ケース❾

生活保護を受けている家庭の子は大学に進学ができないの？

制度上、生活保護を受けている家庭の子どもの場合、扶助を受けながら進学することは認められていません。ただし世帯分離をすることで進学が可能となります。

生活保護は世帯単位なので、子どもは大学に進学できない？

　相馬日南美さん（17歳）は、母子家庭のために家の収入が少なく、これまで生活保護を受けながら、母と子二人で生活をしてきました。高校2年生となり、学校での進路相談を受ける中で、日南美さんには将来、社会福祉士になりたいという夢が芽生え、その実現のために大学に進学したいと考えるようになります。

　しかし、その話を母親にしたところ、生活保護という制度は世帯単位での扶助という仕組みであることから、生活保護を受けている家庭の子どもは、大学への進学はできないといわれてしまいました。日南美さんは、大学進学という自分の夢を、あきらめるしかないのでしょうか？

どうすれば解決できる？

　残念なことですが、現在の生活保護の仕組みにおいて、大学については生活保護を利用しながら進学することは運用上認められていません。このため、生活保護を受けている家庭の子どもが大学や専門学校に進学

するためには、生活保護を利用している親の世帯から進学予定の子を切り離して生活保護の対象から外す、世帯分離をする必要があります。ただし、この仕組みを利用して大学に進学する場合は、奨学金などを利用することが条件となります。

その上で、進学したいと考えている大学や専門学校が用意している入学金や授業料の減免措置などの各種制度、独立行政法人日本学生支援機構をはじめとする各種奨学金の利用をすることで、より大学や専門学校への進学が現実的となるでしょう。その他にも、社会福祉法人全国社会福祉協議会による教育支援金の貸付制度の利用や、進学を希望する子ども自身がアルバイトをして生活費や就学に必要な費用を得ることなどが考えられます。

ポイント

☑ 生活保護を受けて生活していると、
大学等への進学はできない

☑ 世帯分離で進学が可能

☑ 進学に当たっては奨学金などの利用が条件

☑ 就学費や学費の支援にも様々な制度がある

ここで相談！

生活保護については、福祉事務所がその窓口となっているので、子どもの進学などの問題についても相談してみましょう。地域にある社会福祉協議会も、そのような課題解決の窓口となります。

参照ページ▶保護の要件とその種類（P 188～）

▶ケース⓾

コロナで職を失い生活が困窮！
就活もうまくいかずに不安

仕事を失うなどして生活に困窮した人を支援し自立促進を図るのが、生活保護に至る前の第2のセーフティネットといわれる生活困窮者自立支援制度です。

≫≫ 職を失い貯蓄を取り崩す生活で将来が不安

　子どもの頃からコミュニケーションが苦手だった田中浩二さん（27歳）。地元から離れて県外の専門学校に進学し、卒業後は、飲食店に住み込みながら働いてきました。しかし、新型コロナウイルス感染症拡大による不況で、仕事をしていた飲食店が廃業してしまいました。

　このため、住み込みで暮らしていた飲食店からアパートに引っ越しをし、就職活動をしているのですが、飲食店での求人は少なく、元々あまり人とのコミュニケーションが得意でないこともあり、なかなか就活がうまく進みません。今は、貯金を取り崩しながらなんとか生活をしていますが、それも次第に少なくなってきました。このままでは生活保護となってしまうのかと、浩二さんは心配しています。どうしたらよいでしょうか？

≫≫ どうすれば解決できる？

　生活保護は憲法で保障された国民の大切な権利ですが、それはあくま

で最後のセーフティネットです。このため、生活保護に至ってしまう前の段階で、生活に困窮した人の自立支援に関する措置を講ずることを目的とした仕組みとして生活困窮者自立支援制度があります。

　生活困窮者自立支援制度では、自立相談支援機関が相談者の抱える課題を分析し、自立するためのプランを作成。これに基づいて、直ちに就労が困難な人に6ヵ月から1年の間、プログラムにそって、就労に向けた基礎能力を養いながら支援や就労機会の提供を行う就労準備支援事業や、その人に合った作業機会を提供しながら、個別の就労支援プログラムに基づき、一般就労に向けた支援を中・長期的に実施する、就労訓練事業（いわゆる「中間的就労」）などを提供します。さらに、就労できるまでの安定した生活を維持するために、住居確保給付金として、一定期間、家賃相当額を支給する仕組みもあります。

ポイント

- ☑ 貧困状態でない人が生活課題を抱えている場合、役所の福祉窓口や社会福祉協議会へ

- ☑ コミュニケーションが苦手な人向けの就労支援もある

- ☑ 自立相談支援機関が作成する、自立へのプランが重要

- ☑ 就労のための直接的な支援のほか、家賃を保障する仕組みもある

ここで相談！

生活困窮者自立支援制度は、都道府県及び市の福祉担当部署や社会福祉協議会、社会福祉法人、NPOなどに設置された相談窓口で、支援員に相談をします。サービスの提供後も定期的なモニタリングを行うことで、必要に応じて支援プランを再検討し、相談者の自立を支えます。

参照ページ▶生活困窮者自立支援制度（P216〜）

会社から解雇されて住まいを失った どう生活を立て直したらいい？

いわゆるネットカフェ難民やホームレス状態にある人でも、現に所在している場所である現在地を所轄する福祉事務所で生活保護などを申請できます。

 住まいを失い、どこに保護を申し出ればいいかわからない

　派遣社員として働いていた中島幸雄さん（45歳）ですが、不況によって、2ヵ月前に会社から解雇されてしまい、それまで住んでいた社員寮を追い出されてしまいました。その後は、ネットカフェで寝泊まりしたり、野宿をしたりという生活が続いています。

　中島さんとしては、生活保護を申請するなどして、なんとか生活を立て直したいと考えてますが、きちんとした住まいがないと、生活保護を申請し受給することはできないのか、住まいがない場合には、どこの窓口に保護や支援などを申し出ればよいのかわからず、困っています。

 どうすれば解決できる？

　要保護者（保護を必要とする状態にある人）が居住地を有する場合には、その居住地を所轄する実施機関（地方自治体の長）が管理する福祉事務所が保護の申請場所となります。しかし、要保護者が居住地を有しない場合や居住地が明らかでない場合には、現在地（現に所在している場所

であり、一時的であるか否かを問わない）を所轄する実施機関が管理する福祉事務所が保護の申請場所となります。つまり、中島さんが生活保護を申請する場合には居住地の福祉事務所が申請場所となり、ネットカフェ難民やホームレス状態にある場合には、現在の滞在地を管轄する福祉事務所で申請すればよいのです。申請した場合、必要に応じて、住宅の確保のための敷金や居住生活に必要な家具什器費や布団代などの支給を受けることが可能です。

また、生活困窮者の自立を支援する自立相談支援機関が、全都道府県に設置されており、そこでの相談もできます。この機関は市区町村の福祉担当部署だけでなく、社会福祉協議会や社会福祉法人、NPOなどにも設置されています。

ポイント

- ☑ 定まった住居を持たない人も、生活保護を受けることができる
- ☑ 住宅の敷金や家財代の支給も可能
- ☑ 相談は現在地の福祉事務所へ
- ☑ 自立相談支援機関は「断らない相談窓口」である

ここで相談！

生活保護については、地方自治体によって福祉事務所という名称を用いずに、福祉センター、生活援護課、福祉課、保護課など、様々な名称が用いられている場合があります。生活困窮者自立支援制度における自立相談支援機関は、必ずしも居住地域すべてにあるわけではありません。このため自立相談支援機関の窓口が不明の場合は、住んでいる都道府県や市区町村に問い合わせましょう。

参照ページ▶公的扶助とは（P184 ～）、生活困窮者自立支援制度（P216 ～）

▶ ケース⑫

巨大地震で家を失ってしまった！再建のための支援策はあるの？

巨大地震などの災害で家屋を失うなど、自然災害で甚大な被害を受けた場合には、被災者生活再建支援制度や災害援護資金など公的な支援が受けられます。

>>> **巨大地震で家を失い、これからの生活再建はどうなる？**

　長谷川重雄さん（43歳）は、妻と2人の子どもとの4人暮らし。ある日、長谷川さん家族の暮らしている町を、最大震度7という巨大地震が襲いました。地震そのものでは、家屋半壊程度の被害で済んだのですが、その後に発生した大津波によって、長谷川さん一家の家は全壊。住まいも家財も、すべてを失ってしまいました。

　不幸中の幸いとして、家族4人は全員無傷で無事でしたが、子どもたちはまだ中学生と小学生。家屋の再建からこれから先にある子どもたちの高校や大学への進学など、震災後、生活再建のための課題が山積みです。長谷川さん一家に対する、生活再建に関する公的支援には、どのようなものがあるのでしょうか？

>>> **どうすれば解決できる？**

　災害により居住する住宅が全壊するなど、生活基盤に著しい被害を受けた世帯は、公的な支援金の支給を受けることができます。たとえば長

谷川さん一家は、住宅の被害程度は全壊であるため基礎支援金として100万円とともに、その後、新たな住宅を建設・購入した場合には加算支援金として200万円が支給されます。また、生活の再建に必要な資金として災害援護資金（貸付・融資）を受けることができます。長谷川さんの場合は、「住居の全体の滅失又は流失」に該当するため、350万円を限度として融資を受けることが可能です。

　これら住まいの再建に関する支援のほか、弔慰金や見舞金の給付、被災時における子どもの養育や就学支援、税や公共料金などに関する支援、被災者向けの債務整理に関する支援など、様々な公的支援があります。

ポイント

 災害時の生活支援には、災害援護資金などがある

 住宅再建のための公的支援もある

 給付と貸付（融資）を組み合わせることもできる

 弔慰金や見舞金、子どもの養育や就学支援もある

ここで相談！

被災者生活再建支援制度、災害援護資金のいずれも、市区町村が相談窓口となります。その他の支援についても、その多くは市区町村での取り扱いとなります。

参照ページ▶災害時の様々な支援（P234～）

障害福祉と介護保険それぞれを利用 経済的な負担が重くなってきた

世帯内に障害福祉サービスと介護保険サービスを利用している人が複数いる場合は、負担を軽減するため高額障害福祉サービス等給付費の対象となります。

▶▶▶ 障害福祉と介護保険の利用で、経済的な負担が重く家計が厳しい

　間島さんの世帯は、夫の春彦さん（77歳）と妻の幸恵さん（80歳）の2人暮らし。年金暮らしで収入も多くはなく、市町村民税課税世帯となっています。夫婦とも居宅介護、短期入所、重度訪問介護などの障害福祉サービスを受けており、1ヵ月の自己負担額は、春彦さんは3万円で、幸恵さんは2万5,000円でした。また、これらに加えて、春彦さんは訪問入浴や訪問看護等の介護保険サービスも受けており、この自己負担額も2万円となっています。

　これまでは、現役世代のときに働いて蓄えていた貯蓄を取り崩しながら家計を回してきましたが、それらも残り少なくなり、障害福祉サービスと介護保険サービスの利用者負担が、間島さん夫婦に次第に重くのしかかるようになってきました。今後、さらに体の状態が悪くなり、障害福祉や介護保険のサービス利用が多くなると、さらに経済的な負担が重くなりそうです。どうすればよいでしょうか？

どうすれば解決できる？

　間島さん家族の場合、同じ世帯内に障害福祉サービスと介護保険サービスを利用している人が複数いるため、高額障害福祉サービス等給付費の対象となります。

　夫の春彦さんは障害福祉サービスと介護保険サービスの自己負担額が、月額それぞれ3万円と2万円、そして妻の幸恵さんは障害福祉サービスの自己負担が月額2万5,000円であるため、間島さん世帯の自己負担額の合計は7万5,000円となります。その上で、間島さん世帯の利用者負担の上限は3万7,200円であるため、差額の3万7,800円が償還されることになります。

> **ポイント**
>
> ☑ 複数のサービスを受け利用者負担が高まった場合は、軽減措置がある
>
> ☑ 夫婦の自己負担額を合算できる
>
> ☑ 夫婦であっても同一人物であっても、複数のサービスを利用することで、高まる負担を軽減することができる

ここで相談！

高額障害福祉サービス等給付費の受給については、まず利用者が費用の全額を負担した上で、市町村の窓口に申請をし、追って受給分の金額が支払われる償還払い方式となっています。

参照ページ▶高額障害福祉サービス等給付費（P158～）

COLUMN 身近な相談窓口 ─社会福祉協議会と地域包括支援センター

福祉に関する悩みは 市区町村社協に相談

社会福祉協議会は、社会福祉法に基づいて設置されている民間組織です。営利を目的とせず、地域の人たちが住み慣れた場所で安心して生活するため、民間における社会福祉活動を推進することを目的としています。

社会福祉協議会には、3つの団体があります。**全国社会福祉協議会（全社協）**は、都道府県社会福祉協議会の連合会として設置されているもので、社会福祉に関する制度改革への取り組みや福祉に関わる人材の養成・研修、全国の福祉関係者の連絡・調整などの事業を通じて、社会福祉の増進に努めています。

都道府県社会福祉協議会（都道府県社協）は、県域における地域福祉の充実を目指し、各種事業を行っています。たとえば、市区町村社会福祉協議会と連携しての認知症や知的障害、精神障害のある人への**日常生活自立支援事業**の実施、福祉に関する苦情や相談受け付け、中立の立場からの助言やあっせんなどを行う**運営適正化委員会の設置、生活福祉資金の貸し付け**なども行います。

地域で暮らす人たちにとって、最も身近な社会福祉に関する相談窓口となるのが、**市区町村社会福祉協議会（市区町村社協）**です。その事業は地域の特性により様々ですが、たとえばホームヘルプサービス（訪問介護）や配食サービス、地域のボランティアと協働しての高齢者や障害者、ひとり親家庭などを支援する役割を担っています。何か福祉に関する困りごとがあれば、まずは市区町村社協に相談をしてみましょう。

介護の相談は 地域包括センターへ

また、介護に関する身近な相談窓口に、**地域包括支援センター**があります。これは**介護保険法で定められた機関**で、保健師やケアマネジャー、社会福祉士などの専門職が、介護に関する相談や介護保険申請の手助けなどをしてくれる、総合的な相談窓口となっています。

日本の
社会保障制度

社会保障制度は、国民の安心や生活の安定を支える
セーフティネットです。日本においては、日本国憲法
第 25 条が、制度や仕組みの根源となっています。

社会保障制度とは何か？

社会保障制度は、生まれてから亡くなるまで、その人の生活の安定が損なわれたときに、安心や生活の安定を支えるためのセーフティネットです。

 ## 公的責任で、安心と安定を支えるセーフティネット

社会保障制度とは、国民の安心や生活の安定を支えるためのセーフティネットです。セーフティネットとは社会保険、社会福祉、公的扶助、さらには保健医療や公衆衛生までも含んだ、とても広い概念であり、それにより人々の生活を生涯にわたって支えるものとなります。国は、『平成24年度　厚生労働白書』において、社会保障の目的を、次のように定義しています。

> 「国民の生活の安定が損なわれた場合に、国民にすこやかで安心できる生活を保障することを目的として、公的責任で生活を支える給付を行うもの」（社会保障制度審議会＜社会保障将来像委員会第1次報告＞（1993（平成5）年））

この定義を具体的に記せば、ケガや病気、労働災害や退職などによって生活が不安定になった際、社会福祉制度や年金、健康保険など、法律に基づいたそれぞれの制度や仕組みを利用することで、すこやかで安心できる生活を保障することとなります。

 ## 制度の根本にある日本国憲法第 25 条

日本において、社会保障制度が本格的に発展するようになったのは、第二次世界大戦後のことです。1947（昭和22）年に施行された日本国憲法において定められた、国民の生存権を保障する第25条が、現在の日本における社会保障に関する制度や仕組みの根源となっています。

日本国憲法第25条
第1項 すべて国民は、健康で文化的な最低限度の生活を営む権利を有する
第2項 国は、すべての生活部面について、社会福祉、社会保障及び公衆衛生の向上及び増進に努めなければならない

　この日本国憲法第25条を受けて、具体的な社会保障の概念を明らかに示したのが、1949（昭和24）年に内閣総理大臣の諮問機関として設置された、社会保障審議会による「社会保障制度に関する勧告」（1950（昭和25）年）でした。

　この勧告では、社会保障制度について、次のように定義しています。

社会保障制度とは、疾病、負傷、分娩、廃疾、死亡、老齢、失業、多子その他困窮の原因に対し、保険的方法または直接公の負担において経済保障の途を講じ、生活困窮に陥った者に対しては、国家扶助によって最低限の生活を保障するとともに、公衆衛生及び社会福祉の向上を図り、もってすべての国民が文化的社会の成員たるに値する生活を営むことができるようにすることをいうのである

 ## 生活保障の責任は国家にある

　この1950年の「社会保障制度に関する勧告」では、上のような定義に基づいた上で、そのような生活保障の責任は国家にあると明示し、国はこれに対する総合的な企画を立て、政府や自治体などを通じて民主的に実施しなければならないとしました。

　こうした日本における社会保障の定義や考え方は、その模範となったヨーロッパ諸国における社会保障と比較しても、より広い概念となっており、日本の社会保障制度の特徴でもあると指摘されます。

生活を生涯にわたって保障

日本の社会保障制度は、個人の生活を生涯にわたり、様々な形で支えます。そこには、17世紀以来の世界の社会保障の歩みが反映されています。

 ## 社会保障の原点であるエリザベス救貧法

　現代における社会保障という概念は、ヨーロッパにおける**キリスト教の慈善活動**などに、その原点がみられます。近代的な社会保障のはじまりとなったのが、17世紀のイギリスで立法化された**エリザベス救貧法（旧救貧法）**です。1601年にまとめられたこの法律は、国家による貧困問題解決のためのものでした。その内容は、救貧税の強制的な徴収、貧民救済のための監督官制度、貧民の就労促進が主な柱となっています。

　エリザベス救貧法は、その後200年以上にわたり施行されていましたが、産業革命を経て、イギリスの社会構造が大きく変化をする中で、旧救貧法に代わるものとして1834年に新救貧法が定められました。これが、最低限の生活を維持することのできない人たちに対する社会福祉政策として、ヨーロッパ各国の社会保障制度につながっていきます。

 ## ヨーロッパ型福祉国家に影響を与えたベヴァリッジ報告

　その後、現代の社会保障制度に大きな影響を与えたものとして、第二次世界大戦の真っ最中に、イギリスで示された「社会保険及び関連サービス」という報告書があります。これは、報告書を作成した委員会の委員長の名前から、**ベヴァリッジ報告**とも呼ばれます。

　この報告では、社会において貧困をもたらす要因として、欠乏、疾病、不潔、無知、怠惰という5つを挙げ、これを5つの巨人あるいは五大悪と称しました。この5つの要因に対して、総合的な社会保障の制度と仕組みで対処することを示したベヴァリッジ報告は、「ゆりかごから墓場ま

で」といわれるヨーロッパ型福祉国家の基本的な思想となり、現在にまで受け継がれています。

世界初の社会保障法の成立

　一方で、20世紀前半のアメリカでは、1929年に発生した世界恐慌で景気が激しく悪化して失業者の数が膨大となり、大きな社会不安に見舞われていました。これに対して、公的扶助や雇用拡大、失業対策や年金制度の必要性が提言され、この提言を元に、1935年、世界で初めての社会保障法が成立しました。

　このような形で、17世紀のエリザベス救貧法から300年以上の長い時間をかけて、欧米社会で育まれてきた社会保障の考え方や仕組みは、**国際労働機関（ＩＬＯ）**の国際的な普及推進もあり、第二次世界大戦後には、国際社会において共通するものとなっていきます。

ベヴァリッジ報告における社会保障の原則とその前提条件

1. 均一主義 （普遍主義）	社会福祉サービスなどの利用要件を定める際には、取得のための要件などは課さず、すべての必要な人に対応するべきという考え方
2. ナショナルミニマムの原則	社会保障による給付は、最低限の生活を保障するナショナルミニマム（最低生活水準）であること
3. 一般性の原則	社会保障は、労働者だけのものではなく、全国民を対象とする

↑上記の3原則を実現するための前提条件

- ●完全雇用の維持
- ●包括的な保健サービスやリハビリテーション
- ●児童手当制度などによる多子貧困の防止

日本の社会保障制度とは

恤救規則から始まった日本の社会保障

　日本における国による社会保障制度は、1874（明治７）年に定められた、生活困窮者の救済を目的とした恤救規則が始まりといわれます。またこの時期に、宗教家や篤志家を中心とした近代的な民間福祉活動も始められ、特に子どもに対する福祉活動が積極的に行われました。

　大正時代になると、後の民生委員・児童委員制度の前身となる済世顧問制度や方面委員制度が創設され、これが全国各地に広がっていき、昭和時代初期には、おおむね全都道府県に普及しました。

　1929（昭和４）年、それまでの恤救規則が、改めて救護法として公布され、３年後に施行されます。さらに1933（昭和８）年にはそれまでの感化法が少年救護法となり、児童虐待防止法も制定。戦時体制が進められる中、社会事業法や母子保護法なども制定されていきました。

戦後日本の社会保障の特徴

　第二次大戦後の日本の社会保障制度では、国民皆保険制度、子育てや介護における家族責任の重視、企業による雇用保障、小規模で高齢世代を中心とした社会保障支出といった特徴がありました。これらの特徴は、戦後の復興による右肩上がりの経済成長、それを背景とした低失業率と企業による終身雇用制、男性世帯主による勤労所得の確保などといった社会情勢が背景にあり、これらを補完するものとしての役割が、社会保障の制度や仕組みに求められてきたのです。

ライフサイクル全般を支える社会保障制度

　しかし、1990年代以降の急激な社会構造の変化、具体的には、非正規雇用者の増大にみられる就業形態の多様化、女性の社会進出や性別役割分業の意識の変化、急激な少子高齢化などにより、必要とされる社会保障とその財源確保が大きな課題となり、これに応える形で日本の社会保

障制度も変化を求められてきました。

　2019年の日本人の平均寿命は女性が87.45歳、男性が81.41歳で、いずれも過去最高を更新しました。90歳、100歳まで生きることを前提に、その人の誕生から死去まで、個人の人生（ライフサイクル）全般を支えるための、様々な社会保障制度が整えられています。

国民生活を生涯にわたって支える社会保障制度

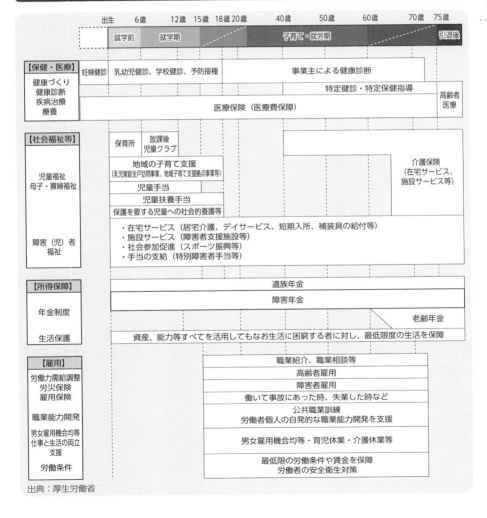

出典：厚生労働省

社会保障が担う機能

社会保障制度には、生活安定・向上機能、所得再分配機能、経済安定機能と３つの機能があり、それぞれが相互に重複・補完しながら役割を果たします。

 安心して暮らすための生活安定・向上機能

　社会保障が担うべき機能は、大きく３つに分類することができます。この３つの機能はそれぞれが相互に重なり合い、あるいは補完しながら機能を果たし、国民の暮らしを支えています。

　社会保障の機能として、まず第一に挙げられるのが生活安定・向上機能です。これにより、国民は社会の中で日常生活を送る上での危険を恐れることなく、安心して暮らすことができます。

　たとえば、下記のような仕組みが、生活安定・向上機能に当たります。

●病気やケガをした場合、医療保険によって個人が負担することが可能な程度の自己負担で、必要な医療を受けることができる
●高齢となっても老齢年金や介護保険などで、安定した生活を送ることができる
●失業しても、雇用保険によって失業等給付を受給し、生活を安定させられる
●仕事の上でケガや病気になった場合、労災保険により自己負担なしで受診できる

 個人や世帯の間で所得を移転させる所得の再分配

　２つめの機能が、所得再分配機能です。これは、個人や世帯の間で所得を移転させることにより、国民全体の生活の安定を図るというもので

す。具体的には、高所得者から資金を調達して低所得者へ資金を移転したり、稼得能力（所得を生み出す力）のある人から、稼得能力のなくなった人へ所得を移転するといった機能を指します。このような機能の代表例が生活保護制度であり、税を財源として所得のより多い人から所得の少ない人へ、再分配が行われます。また、保険料を主な財源として、現役世代から高齢世代へ所得を再分配しているのが、公的年金制度です。さらに、上記のような現金の給付だけではなく、医療や保育における現物給付（医療行為やサービス提供）も、所得の再分配に当たるものといえます。

日本の社会保障制度とは

経済成長を支える機能もある

　社会保障の3つめの機能が、経済安定機能です。これは、景気の変動による社会への影響を緩和し、国全体の経済成長を支えていくというものです。たとえば、何らかの事情で失業してしまった場合、個人消費は抑制されます。こうした世帯が増えれば、社会全体の個人消費が減少し、結果として景気が落ち込みます。このため失業給付を行う雇用保険制度には、景気の落ち込みを抑制する効果があると指摘されています。同様に、公的年金制度も高齢世帯の消費を支えるという点で、やはり経済安定機能を担っているといえるでしょう。

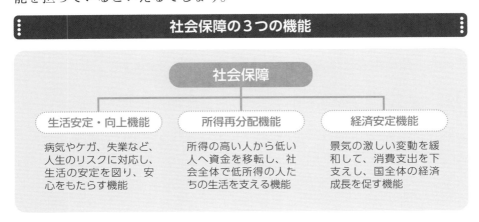

社会保障の3つの機能

社会保障

生活安定・向上機能	所得再分配機能	経済安定機能
病気やケガ、失業など、人生のリスクに対応し、生活の安定を図り、安心をもたらす機能	所得の高い人から低い人へ資金を移転し、社会全体で低所得の人たちの生活を支える機能	景気の激しい変動を緩和して、消費支出を下支えし、国全体の経済成長を促す機能

社会保障制度は
4つに分けられる

社会保障制度は、社会保険、社会福祉、公的扶助、保健医療・公衆衛生の4つに分類することができ、それぞれの制度や施策が国民の安心・安定を支えます。

 現代の日本における社会保障制度の4分類

　社会保障制度についての、その定義や機能、仕組みなどに関しては、それぞれ国や時代によっても異なります。その上で、現代の日本における社会保障制度については、46〜47ページに記したように、公的責任で国民の安心と安定を支えるセーフティネットであり、**生活の安定と向上・所得再分配・経済安定**の3つの機能があります。

　こうした前提と定義に基づいて、1950（昭和25）年及び1962（昭和37）年の社会保障制度審議会の勧告では、社会保障制度について以下の4つの分類を示しました。

1. 社会保険（医療・介護・年金）
2. 社会福祉（社会福祉・児童福祉など）
3. 公的扶助（生活保護）
4. 保健医療・公衆衛生（保健事業・公衆衛生など）

　それぞれの内容については3章以降で詳説しますが、まずはじめに、これら分類の内容について、その概要を理解しておきましょう。

 病気やケガなどから国民を守る社会保険

　社会保障制度の4つの分類の第一に挙げられるのが**社会保険**です。ここでいう社会保険とは、国民が病気やケガ、出産、老齢や死亡、障害、失業など、生活に困難をきたす様々な事故（保険事故）に遭遇した際に、一定の給付を行い、その生活の安定を図ることを目的とした、**強制加入**

の保険制度のことです。

　具体的には、病気やケガをした際に、誰もが安心して医療にかかることのできる医療保険、加齢に伴い要介護状態などになった人を、社会全体で支える介護保険、老齢や障害、死亡などに伴う稼働所得の減少を補填し、高齢者、障害者及び遺族の生活を所得の面から保障して暮らしを支える年金制度があります。

社会福祉は社会的弱者を支える公的支援

　次に社会保障制度の分類の１つとして挙げられるのが社会福祉です。ひとり親家庭や障害者など、社会生活を送る上で様々なハンディキャップやバリアを負っている人がそれを克服し、安心して社会生活を営めるように、公的な支援を行うのが社会福祉制度です。ここには、高齢者や障害者などが円滑に社会生活を営むことができるように、在宅サービスや施設サービスを提供する社会福祉、児童の健全な育成や子育てを支援する児童福祉などが含まれます。

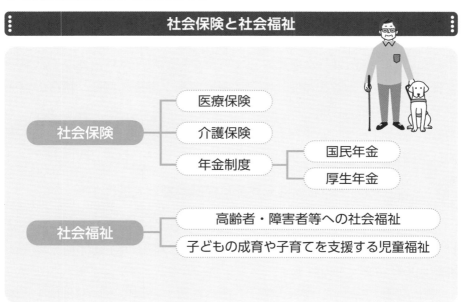

社会保険と社会福祉

- 社会保険
  - 医療保険
  - 介護保険
  - 年金制度
    - 国民年金
    - 厚生年金
- 社会福祉
  - 高齢者・障害者等への社会福祉
  - 子どもの成育や子育てを支援する児童福祉

最後のセーフティネットである公的扶助

　社会保障制度の第三の分類が公的扶助です。これは生活に困窮する国民に対して、最低限度の生活を保障し、その自立を助けていくために、国が税を財源に現金やサービスなどを給付する制度です。日本において、この公的扶助制度の中心となっているのが生活保護制度であり、日本国憲法第25条の生存権に関する規定に基づき、健康で文化的な最低限度の生活を保障し、その自立を援助します。

　健康で文化的な生活は、憲法で保障された国民の権利であることから、公的扶助を受けるに当たっては、社会保険のように保険料の支払いは必要とされません。このような制度の在り方や仕組みから、生活保護制度は、最後のセーフティネットとも呼ばれます。

生活困窮者自立支援制度と求職者支援制度

　2012（平成24）年、生活保護を受けている人の総数は210万2081人、世帯数は152万9524世帯となりました。こうした状況に対して、生活困窮者の自立促進を目標に2013（平成25）年に生活困窮者自立支援法が成立しました。生活に困窮した人に対して就業を促す制度には、すでに求職者支援制度があり、これと併せて生活困窮者自立支援制度は、第2のセーフティネットと呼ばれます。

　これらの制度は、いずれも保険制度とは異なる制度であるため、本書では公的扶助の一環として後述します。

国民の健康的な生活を支える保健医療と公衆衛生

　社会保障制度の4つめの分類は、保健医療・公衆衛生です。これらは国民が健康に生活できるよう、様々な事項についての予防や衛生のための制度やサービスとなります。

　具体的には、医師をはじめとした医療従事者や病院などが提供する医

療サービス、健康づくりや疾病予防などの**保健事業**、母体の健康を保持・増進するとともに、心身ともに健全な児童の出生と育成を増進するための**母子保健**、医薬品や食品の安全性を確保する**公衆衛生**が含まれます。

保健医療の一例としてのがん対策

がん対策基本法 (平成18年法律第98号)
(平成18年6月成立、平成19年4月施行、平成28年12月改正・施行)

がん対策を総合的かつ計画的に推進

がん対策推進協議会

意見

厚生労働大臣
がん対策推進基本計画案の作成

国

閣議決定・国会報告
がん対策推進基本計画
(少なくとも6年ごとに検討を加える)

連携

地方公共団体

都道府県
都道府県がん対策推進計画
がん医療の提供の状況等を踏まえ策定

基本的施策

第一節：がん予防及び早期発見の推進
○がんの予防の推進
○がん検診の質の向上　等

第二節：がん医療の均てん化(地域差をなくし、全国どこでも等しく同じ医療が受けられるようにすること)の促進等
○専門的な知識及び技能を有する医師その他の医療従事者の育成、医療機関の整備　等
○がん患者の療養生活の質の維持向上
○がん医療に関する情報の収集提供体制の整備　等

第三節：研究の推進等
○がんに関する研究の促進並びに研究成果の活用
○罹患している者の少ないがん及び治癒が特に困難であるがんに係る研究の促進　等

第四節：がん患者の就労等
○がん患者の雇用の継続　等
○がん患者における学習と治療との両立
○民間団体の活動に対する支援

第五節：がんに関する教育の推進
○学校教育等におけるがんに関する教育の推進

国　民

出典：厚生労働省

COLUMN 諸外国の社会保障

国が違うと社会保障も違う

　社会保障制度の内容は、国によって様々であり、国際的に統一された具体的な基準のようなものはありません。たとえば年金制度をみると、世界で最も早く社会保険制度を実施したドイツは、職域別の所得比例年金で、日本のように国民皆年金ではなく主婦や学生などは任意加入となっています。アメリカの公的年金も、すべての国民に強制適用はされていません。一方でイギリスの基礎年金（国家年金）は、すべての国民に強制適用されています。福祉先進国として知られるスウェーデンの年金制度は、所得比例年金と保証年金、さらに遺族年金もあります。

「高負担高福祉」か「低負担低福祉」か

　医療については、イギリスでは国民保健サービス（National Health Service ;NHS）を確立し、すべての国民を対象に国営の医療機関が無料で包括的な医療サービスを提供しています。一方でアメリカの医療は自由診療制で、国民のおよそ7割が民間の医療保険に加入して医療サービスを受けています。このため、医療保険に入れない貧しい人は質の高い医療を受けられないことが社会的な問題になっています。フランスやドイツの医療は、日本と同じように強制加入に基づく社会保険方式です。

　介護については、ドイツは日本と同様に社会保険方式を採用していますが、スウェーデンやフランス、イギリスはいずれも税方式を採用しています。なかでもスウェーデンは、高負担高福祉国家で知られています。アメリカには、高齢者に対する公的な介護保険制度はなく、「メディケア」と呼ばれる65歳以上の高齢者や障害者のための健康保険や、低所得者のための医療扶助である「メディケイド」が、介護サービスの一部を補完する形で提供されています。

第 3 章

社会保険制度

保険の仕組みを用い、保険料を財源に給付するのが社会保険制度です。医療保険や介護保険、年金保険などの社会保険と、雇用保険や労災保険などの労働保険があります。

社会保険制度の仕組み

社会保険制度とは、保険の仕組みを用いて保険料を財源とし、保険料やサービスの給付を行うものです。ここでは民間保険とも比較しながら解説します。

 病気や不慮の事故のリスクを担保する

　日常生活を送る上で、人は病気や不慮の事故などのリスクによる不安を常に抱えています。これに対して、より低いコストで保険給付を保障し、生活の安心や安全を担保することを目的とするのが、保険の基本的な考え方です。保険という仕組みは、契約した人に不慮の事故や病気といった保険事故が発生した際、一定の保険金あるいはサービス等（医療や介護）を提供することで、その損失を保障しようというものです。

　保険は、その運営主体から、国や地方公共団体が運営する公的保険と、民間が運営する民間保険の2つに分類することができます。

 公的保険は、社会保険と労働保険に分類される

　公的保険とは、すべての国民に強制的な加入が義務付けられた、国による保険制度です。主に医療や介護、老後や失業時の生活保障を目的としたものであり、社会保険と労働保険に分類されます。

　社会保険は、ケガや病気などの治療を目的とした健康保険や国民健康保険などの医療保険、高齢者の介護を目的とした介護保険、老後の生活保障を目的とした国民年金（老齢基礎年金）や老齢厚生年金などの年金保険の3つで構成されます。一方で労働保険は、失業等給付を行う雇用保険、休業（補償）給付や障害（補償）年金などを含む労働者災害補償保険の2つで構成されています。

世界初の社会保険はドイツで誕生

　世界的な視点で社会保険の歴史を見ると、社会保険制度を世界で初め
て導入したのは、1800年代後半のドイツ。当時、ドイツ帝国の首相であっ
たオットー・フォン・ビスマルクは、1883年に現在の医療保険に当たる
疾病保険を、翌年には労災保険に当たる災害保険を、さらに1889年には
老齢年金に当たる廃疾老齢保険を導入しました。これら諸制度は、後に
欧米や日本における社会保険制度に大きな影響を与えました。

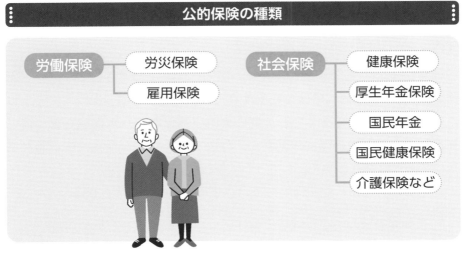

公的保険の種類

労働保険 ─ 労災保険 / 雇用保険

社会保険 ─ 健康保険 / 厚生年金保険 / 国民年金 / 国民健康保険 / 介護保険など

民間保険は３つに分類される

　民間保険は保険業法に基づいたもので、法律に定められた免許を持つ、
生命保険会社や損害保険会社がその運営を行います。その内容は、生命
保険、損害保険、第三分野の３つに分類されます。
　生命保険は人に対する保険、損害保険は物に対する保険となり、第三
分野の保険は、ケガや病気、介護が必要になった場合、給付金や一時金
が支払われるというものです。これらの民間保険は、社会保険に加えて、
人々の暮らしや安全を守る大切な仕組みだといえるでしょう。

保険の種類

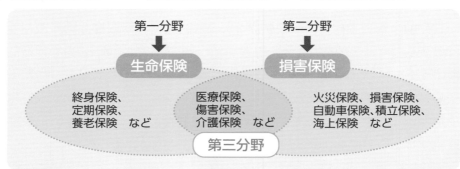

第一分野　→　生命保険

第二分野　→　損害保険

終身保険、
定期保険、
養老保険　など

医療保険、
傷害保険、
介護保険　など

火災保険、損害保険、
自動車保険、積立保険、
海上保険　など

第三分野

 社会保険と民間保険の違い

　社会保険と民間保険はいずれも、病気やケガなど何らかのリスク（保険事故）に対し、個人ではなく多数の人が加入する集団（保険者）となった上で、集団を構成するそれぞれの個人（被保険者）が保険料を事前に拠出し、保険事故の際に保険料から保険給付を行うという、基本的な原理に変わりはありません。

　一方で社会保険と民間保険では、以下のように異なる点があります。

1. 保険者が異なる……社会保険は国や自治体など公的団体が保険者。民間保険は民間事業者が保険者
2. 加入条件……社会保険は法律に基づく強制加入。民間保険は任意加入
3. 財源……社会保険は保険料に加え、税が加えられることが多い。民間保険は加入した人の保険料
4. 事業者負担の有無……社会保険の保険料負担では、事業者の負担が加わることもある。民間保険の負担は加入者のみとなる
5. 保険料の負担……社会保険は一般的には所得に応じた定率負担。民間保険は保険給付に応じて保険料負担が異なる
6. 保険料の減免……社会保険では、低所得者に対しての保険料減免などがある。民間保険では、そのような減免はない

社会保険のメリットとデメリット

　社会保険は、保険という仕組みを用い保険料を財源として給付を行う社会保障制度ですが、そこにはメリットとデメリットがあります。最大のメリットは、保険料を負担する代わりに給付が受けられるということが、**権利**として被保険者に明確に保障されていることです。このため定められた保険給付の条件に該当すれば、誰でも保険給付を平等に受けることができるのです。また、制度を支える財源について、税金によって行われる公的扶助に比べると、社会保険制度は、保険料と税金を財源に負担と給付の水準が定められていることから、保険料負担に対する被保険者の理解を得やすいものとなります。

　一方でデメリットとしては、制度が利用しやすいことから、過剰なサービス利用が起こりやすい、公平性が求められるので一律的・紋切り型なサービスや保険料の給付になりがちである、強制加入であることから個人の権利を制約せざるを得ない場合がある、などの点が挙げられます。

社会保険制度とは

日本の社会保険制度

	所得保障	医療保障	社会福祉	法制度の例
年金保険	老齢基礎年金 老齢厚生年金 遺族年金 障害年金　など			国民年金法 厚生年金保険法
医療保険	傷病手当金 出産育児一時金 葬祭費　など	療養給付 健診・保健指導		国民健康保険法 健康保険法 各種共済組合法 高齢者医療確保法
介護保険		施設サービス 居宅サービス 福祉用具購入 住宅改修など 介護予防・生活支援対策		介護保険法
雇用保険	失業等給付（求職者給付、 雇用継続給付　など）			雇用保険法
労働者災害 補償保険	休業（補償）給付 障害（補償）年金・一時金 遺族（補償）年金・一時金 介護（補償）給付　など	療養（補償）給付		労働者災害補償保 険法

国民皆保険と皆年金

日本では医療や介護、年金について、すべての国民が加入する国民皆保険・皆年金制度を導入し、誰もが平等に医療や介護、年金を受けることができます。

すべての国民が加入する皆保険・皆年金制度

　日本では、すべての国民が公的な医療保険や介護保険に加入することで、ケガや病気をした場合、あるいは加齢に伴い介護が必要になった場合、誰でも、どこでも、いつでも、保険を使って医療や介護を受けることができます。これを国民皆保険といいます。国民皆保険制度は、社会全体でケガや病気などのリスクを分かち合うことにより、患者が支払う医療費の自己負担金額が軽くなり、質の高い高度な医療を、誰もが平等に受けられることを保障する仕組みといえます。

　同様に老後の生活保障についても、日本では自営業者や無業者を含めて、すべての国民が国民年金制度に加入し、一定の年齢に達すると基礎年金の給付を受けるという仕組みになっています。これを国民皆年金といいます。このような国民皆年金を制度として実現することにより、老後の所得保障という課題に対して、個人の努力や責任だけではなく、社会全体で対応していくことが可能になっているのです。

皆保険・皆年金制度における国の役割

　国民皆保険制度の最大のメリットは、誰もが平等に全国どこでも医療や介護が受けられることです。このために国は、保険制度の設計をはじめ、診療報酬や介護報酬、薬価基準の改定、保険者間の財政調整や財政運営などに積極的に取り組んでいます。また、年金制度においては、制度設計や財政運営上の責任を国が持つ一方で、2010（平成22）年1月以降、業務運営は日本年金機構が担っています。

日本の皆保険・皆年金への歩み

　日本の国民皆保険・皆年金制度について、その制度の源流は、1922（大正11）年に制定された健康保険法や、1938（昭和13）年に制定された（旧）国民健康保険法にまでさかのぼります。しかし、第二次世界大戦後、1955（昭和30）年頃まで、国民の3分の1に当たるおよそ3000万人が無保険者であることが、大きな社会問題となりました。これを受けて、国は社会保険制度を改めて整備し、全国民の生活を保障することを目標としました。

　その結果、1961（昭和36）年に国民健康保険制度が完全に普及し、さらに国民年金制度も発足。このようにして世界的にも高い評価を得ることになる、日本の国民皆保険・皆年金制度が実現したのです。

国民皆保険制度とは

- 我が国は、国民皆保険制度を通じて世界最高レベルの平均寿命と保健医療水準を実現
- 今後とも現行の社会保険方式による国民皆保険を堅持し、国民の安全・安心な暮らしを保障していくことが必要

【日本の国民皆保険制度の特徴】

① 国民全員を公的医療保険で保障
② 医療機関を自由に選べる（フリーアクセス）
③ 安い医療費で高度な医療
④ 社会保険方式を基本としつつ、皆保険を維持するため、公費を投入

日本の国民医療費の負担構造
（財源別）（平成29年度）

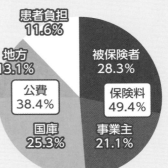

患者負担 11.6%
地方 13.1%
公費 38.4%
国庫 25.3%
被保険者 28.3%
保険料 49.4%
事業主 21.1%

出典：厚生労働省

社会保険制度とは

医療保険の全体像

日本における公的医療保険制度は、国民健康保険を基盤とし、職域ごとの被用者保険や後期高齢者医療制度が加わる形で国民皆保険制度を支えています。

強制加入と保険料納付は国民の義務

　医療保険とは、すべての国民に医療サービスを提供するための保険制度です。国民は公的医療保険に強制加入し、保険料を納付する義務があります。その上で、ケガや病気などにより医療機関等で治療を受ける際には、窓口で保険証を提示することにより、一定割合の自己負担で医療を受けることができます。

保険料の一部負担金と高額療養費制度

　自己負担分である一部負担金は、原則的に治療にかかった医療費の３割となっています。義務教育就学前の子どもは２割、70歳以上のお年寄りは、所得に応じて１〜３割負担です。

　また、医療費が高額になった場合、一部負担金３割の自己負担も高額になります。これに対し、医療機関や薬局での一部負担金の月単位の合計額が、年齢や所得に応じて定められた自己負担限度額を超えた場合、その超過分について医療保険から別途支給を受けることができます。この制度を、高額療養費制度といいます。

患者自己負担分以外の医療費は保険者が支払う

　自己負担分を除いた医療費は、その大部分は医療機関から保険者に請求されます。保険者は、医療機関で提供された医療サービスが適正なものであったかの審査や支払いについて、審査支払機関（社会保険診療報酬支払基金など）に委託しています。このため医療機関は、審査支払機

関に請求書（レセプト）を送って、医療費の支払いを受けます。

日本の医療制度の概要

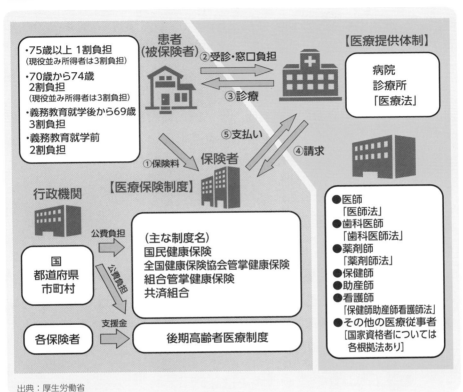

出典：厚生労働省

医療費の患者自己負担

	一般・低所得者	現役並み所得者
75歳	1 割負担	3割負担
70歳	2 割負担	
	3割負担	
6歳（義務教育就学前）	2 割負担	

出典：厚生労働省

公的医療保険の基盤となる国民健康保険制度

　日本における公的医療保険は、居住地（市町村）を基にした国民健康保険、職域を基とした各種の被用者保険（健康保険）、75歳以上の高齢者が加入する後期高齢者医療制度、以上3つの制度に大別されます。

　なかでも、公的医療保険の基盤となるのが国民健康保険制度です。すべての国民は、制度上、国民健康保険の被保険者となります。その上で、被用者保険や後期高齢者医療制度など、国民健康保険以外の公的医療保険制度の対象となる人、また生活保護を受けている世帯の人は、国民健康保険の適用外とされ、それぞれの公的医療保険制度の適用を受けることになります。

 ## 公的医療保険を担う8つの制度

　公的医療保険制度の中でも、職域を基とした各種の被用者保険には、協会けんぽや組合健康保険、船員保険、国家公務員・地方公務員等・私学教職員の3つがある各種共済があります。これらに公的医療保険制度の基盤となる国民健康保険、高齢者を対象とした後期高齢者医療制度を加え、日本の公的保険制度は8つの制度によって構成されています。

 ## 基本的な保険給付の仕組みは共通

　8つの異なる制度が存在する公的医療保険制度ですが、基本的な保険給付の仕組みはいずれの制度でも共通であり、提供される医療サービスなどの給付内容にも、大きな違いはありません。国民健康保険の被保険者も、各種の被用者保険の被保険者でも、その人が受けられる医療やそのための自己負担は共通であり、国民皆保険という考え方に基づいた給付の公平化がしっかりと図られています。一方で医療機関の立場からも、保険医療機関としての指定、医療機関への保険者からの支払いである診療報酬もすべての制度で共通しています。

患者（被保険者）は、どのような公的医療保険に加入していても、被保険者証があれば、自分で診療を受けたい医療機関を自由に選び、医療サービスの提供を受けることができるのです。

公的医療の給付内容（平成30年8月現在）

給付		国民健康保険・ 後期高齢者医療制度	健康保険・共済制度	
医療給付	療養の給付 訪問看護療養費	義務教育就学前：8 割、義務教育就学後から 70 歳未満：7 割、 70 歳以上 75 歳未満：8 割（現役並み所得者（現役世代の平均的な課税所得（年 145 万円）以上の課税所得を有する者）：7 割） 75 歳以上：9 割（現役並み所得者：7 割）		
	入院時 食事療養費	食事療養標準負担額：一食につき 460 円	低所得者：一食につき 210 円 （低所得者で 90 日を超える入院：一食につき 160 円） 特に所得の低い低所得者（70 歳以上）：一食につき 100 円	
	入院時 生活療養費 （65 歳〜）	生活療養標準負担額： 一食につき 460 円 +370 円（居住費） 入院時生活療養（Ⅱ）を算定する保険 医療機関では 420 円	低所得者：一食につき 210 円（食費）+370 円（居住費） 特に所得の低い低所得者：一食につき 130 円（食費） +370 円（居住費） 老福祉年金受給者：一食につき 100 円（食費）+0 円 （居住費） （注）難病等の患者の負担は食事療養標準負担額と同額	
	高額療養費 （自己負担限度 額）	70 歳未満の者 <年収約 1,160 万円〜 > 25 万 2,600 円 +（医療費 − 84 万 2,000）× 1% <年収約 770 〜約 1,160 万円 > 16 万 7,400 円 +（医療費 − 55 万 8,000）× 1% <年収約 370 〜約 770 万円 > 8 万 00 円 +（医療費 − 26 万 7,000）× 1% <〜年収約 370 万円 > 5 万 7,600 円 <住民税非課税 > 3 万 5,400 円	70 歳以上の人 ひと月ごとの上限額（世帯ごと） <年収約1,160万円〜 > 25万2,600円 +（医療費−84万2.000円）×1% <年収約770万〜約1.160万円 > 16万7,400円 +（医療費−55万8,000円）×1% <年収約370万〜約770万円 > 8万100円 +（医療費−26万7,000円）×1% <年収約156万〜約370万円 > 5万7,600円 <住民税非課税世帯 > 2万4,600円 <住民税非課税世帯(年収80万円以下など) > 1万5,000円	外来(個人ごと) 1万8,000円 8,000円 8,000円
現金給付	出産育児一時金 （※ 1）	被保険者又はその被扶養者が出産した場合、原則 42 万円を支給。国民健康保険では、支給額は、条例又は規約の定めるところによる（多くの保険者で原則 42 万円）		
	埋葬料 （※ 2）	被保険者又はその被扶養者が死亡した場合、健康保険・共済組合においては埋葬料を定額 5 万円を支給。また、国民健康保険、後期高齢者医療制度においては、条例又は規約の定める額を支給（ほとんどの市町村、後期高齢者医療広域連合で実施。1 〜 5 万円程度を支給）		
	傷病手当金	任意給付 （実施している市町村、 後期高齢者医療広域連合はない）	被保険者が業務外の事由による療養のため労務不能となった場合、その期間中、最長で 1 年 6 ヵ月、1 日に付き直近 12 ヵ月の標準報酬月額を平均した額の 30 分の 1 に相当する額の 3 分の 2 に相当する金額を支給	
	出産手当金		被保険者本人の産休中（出産日以前 42 日から出産日後 56 日まで）の間、1 日に付き直近 12 ヵ月の標準報酬月額を平均した額の 30 分の 1 に相当する額の 3 分の 2 に相当する金額	

※ 1 後期高齢者医療制度では出産に対する給付がない。また、健康保険の被扶養者については、家族出産育児一時金の名称で給付される。共済制度では出産費、家族出産費の名称で給付

※ 2 被扶養者については、家族埋葬料の名称で給付、国民健康保険・後期高齢者医療制度では葬祭費の名称で給付

出典：厚生労働省

３つの医療保険制度

公的医療保険制度の仕組みについて、国民健康保険と被用者保険（健康保険・共済）、後期高齢者医療制度の３つを比較しながら解説します。

 ## 各健康保険制度の根拠となる法律と目的

　　複数の制度がある日本の公的医療保険制度の中でも、その基盤となって国民皆保険制度を支えているのが国民健康保険制度です。この制度は国民健康保険法に基づいたもので、法律ではその目的を、次のように定義しています。

> 第１条　この法律は、国民健康保険事業の健全な運営を確保し、もって社会保障及び国民保健の向上に寄与することを目的とする

　　一方で被用者保険制度は、被用者とその家族である被扶養者を対象としたもので、民間企業に勤めている被用者が対象となる健康保険制度、公務員などを対象とした共済制度の２つに分類されます。健康保険制度の目的は、健康保険法により以下のように定められています。

> 第１条　この法律は、労働者又はその被扶養者の業務災害以外の疾病、負傷若しくは死亡又は出産に関して保険給付を行い、もって国民の生活の安定と福祉の向上に寄与することを目的とする

 ## 他の保険制度とは独立した後期高齢者医療制度

　　これら２つの医療保険制度に対し、高齢者に対する医療保険制度は、高齢者の医療の確保に関する法律に基づき独立したもので、その目的を次のように定義しています。

> 第1条　この法律は、国民の高齢期における適切な医療の確保を図るため、医療費の適正化を推進するための計画の作成及び保険者による健康診査等の実施に関する措置を講ずるとともに、高齢者の医療について、国民の共同連帯の理念等に基づき、前期高齢者に係る保険者間の費用負担の調整、後期高齢者に対する適切な医療の給付等を行うために必要な制度を設け、もって国民保健の向上及び高齢者の福祉の増進を図ることを目的とする

　その上で同法では、65歳以上74歳以下の高齢者を前期高齢者、75歳以上の高齢者を後期高齢者としました。前期高齢者については、それまでと同じように各保険制度への加入を継続し、75歳以上の後期高齢者は独立した制度である後期高齢者医療制度に基づいて、保険給付を受けます。

医療保険制度の概要

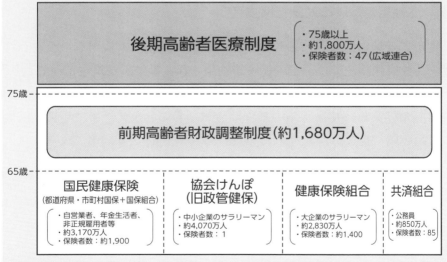

※加入者数・保険者数は、令和元年度予算ベースの数値。上記のほか、法第3条第2項被保険者（対象者約2万人）、船員保険（対象者約10万人）、経過措置として退職者医療（対象者約4万人）がある。前期高齢者数（約1,680万人）の内訳は、国保約1,250万人、協会けんぽ約320万人、健保組合約90万人、共済組合約10万人

出典：厚生労働省

国民健康保険の対象と保険者

　国民健康保険の対象となるのは、他の公的医療保険制度あるいは生活保護による医療扶助の対象となっていないすべての人です。また国民健康保険はその対象を地域住民としていることから、国籍を問わず、市区町村に住所のあるすべての人が対象となります。ただし外国籍の人については、1年未満の短期滞在者は含まれません。

　また、国民健康保険には、後述する被用者保険とは異なり、被保険者と被扶養者という区別はありません。保険料の徴収や適用などは世帯単位で行われますが、あくまでも一人ひとりのすべての加入者が被保険者となります。一方で、国民健康保険制度における保険者は、市区町村、都道府県、国民健康保険組合となります。国民健康保険組合は、医師や弁護士、美容理容業など、同種の事業または業務に従事する300人以上の組合員で構成される公法人です。

 被用者保険の対象と保険者

　被用者保険の対象となるのは、民間企業に勤務する被用者や公務員等です。健康保険法では、健康保険が適用される事業所が規定されており、それ以外の小規模な個人事業所でも任意適用事業所となることで、その事業所の従業員は健康保険の被保険者になることができます。被保険者の直系尊属（祖父母、親など）、配偶者、子や孫、被保険者によって生計を維持する人などは、被扶養者として保険給付が受けられます。

　健康保険の保険者は、健康保険組合または全国健康保険協会（協会けんぽ）です。また共済制度の保険者は共済組合となります。

 後期高齢者医療制度の対象と運営の仕組み

　後期高齢者医療制度の対象となるのは、75歳以上の後期高齢者です。また65歳以上75歳未満の一定の障害者を含みます。一方で、これらの条

件に合致しても、生活保護を受けている世帯の人は、後期高齢者医療制度の対象にはなりません。

　後期高齢者医療制度は、各都道府県の広域連合と市区町村とが連携して運営や事務を行います。広域連合は財政運営や資格の認定、被保険者証等の交付、保険料の決定、医療給付の審査・支払いなどを担当し、市区町村は各種届出の受付、被保険者証等の引き渡しなどの窓口業務、保険料の徴収などを行います。

各保険制度における保険者の比較

	市町村国保	協会けんぽ	組合健保	共済組合	後期高齢者医療制度
保険者数 （平成30年3月末）	1,716	1	1,394	85	47
加入者数 （平成30年3月末）	2,870万人 （1,816世帯）	3,893万人 （被保険者2,320万人） （被扶養者1,573万人）	2,948万人 （被保険者1,649万人） （被扶養者1,299万人）	865万人 （被保険者453万人） （被扶養者411万人）	1,722万人
加入者平均年齢 （平成29年度）	52.9歳	37.5歳	34.9歳	33.0歳	82.4歳
65〜74歳の割合 （平成29年度）	41.9%	7.2%	3.2%	1.5%	1.9%（※1）
加入者1人当たり医療費 （平成29年度）	36.3万円	17.8万円	15.8万円	16.0万円	94.5万円
加入者1人当たり平均所得（※2） （平成29年度）	86万円 （一世帯当たり 136万円）	151万円 （一世帯当たり（※3） 254万円）	218万円 （一世帯当たり（※3）388万円）	242万円 （一世帯当たり（※3）460万円）	84万円
加入者1人当たり平均保険料（平成29年度）（※4）＜事業主負担込＞	8.7万円 （一世帯当たり 13.9万円）	11.4万円<22.8万円> （被保険者一人当たり 19.1万円<38.3万円>）	12.7万円<27.8万円> （被保険者一人当たり 22.7万円<49.7万円>）	14.2万円<28.4万円> （被保険者一人当たり 27.1万円<54.1万円>）	7.0万円
保険料負担率	10.2%	7.5%	5.8%	5.9%	8.4%
公費負担	給付費等の50％ ＋保険料軽減等	給付費等の16.4％	後期高齢者支援金等の負担が重い保険者等への補助	なし	給付費等の約50％ ＋保険料軽減等
公費負担額（※5） （令和元年度予算ベース）	4兆4,156億円 （国3兆1,907億円）	1兆2,010億円 （全額国費）	739億円 （全額国費）	なし	8兆2300億円 （国費5兆2,736億円）

※1　一定の障害の状態にある旨の広域連合の認定を受けた者の割合
※2　市町村国保及び後期高齢者医療制度については「総所得金額（収入総額から必要経費、給与所得控除、公的年金等控除を差し引いたもの）及び山林所得金額」に「雑損失の繰越控除額」と「分割譲渡所得金額」を加えたものを年度平均加入者数で除したもの（市町村国保は「国民健康保険実態調査」、後期高齢者医療制度は「後期高齢者医療制度被保険者実態調査」のそれぞれの前年所得を使用している）。協会けんぽ、組合健保、共済組合については、「標準報酬総額」から「給与所得控除に相当する額」を除いたものを、年度平均加入者数で除した参考値
※3　被保険者1人当たりの金額を指す
※4　加入者1人当たり保険料額は、市町村国保・後期高齢者医療制度は現年分保険料認定値、被用者保険は決算における保険料額を基に推計。保険料額に介護分は含まない
※5　介護納付金、特定健診・特定保健指導等に対する負担金・補助金は含まれていない
出典：厚生労働省

保険給付と費用負担

医療保険の保険給付は、現物給付と現金給付の2つがあります。各医療制度の財政状況はそれぞれ異なりますが、公平性に基づいた調整が行われています。

保険給付の基本的な構造は同じ

　医療保険の保険給付に関する基本的な構造は、国民健康保険、被用者保険、後期高齢者医療制度のいずれでも、大きな違いはありません。医療保険における保険給付の方法には、医療そのものを給付する方法と、医療行為にかかった費用を給付する方法の2つがあります。このうち、医療機関に被保険者証を示し、診療や検査、処置や投薬、入院などの医療行為として支給されるものを現物給付といいます。一方で、埋葬料や出産育児一時金など、医療行為ではなくお金で支給されるものは現金給付といいます。

治療やケアを提供する現物給付

　医療保険の現物給付について、被保険者のケガや病気の診察や処置、手術などの治療、看護、薬剤や治療材料の支給など、医療行為とそれに伴う薬剤や治療材料を患者に提供することを療養の給付といいます。
　また、入院した場合にかかる食事に関しては入院時食事療養費が、65歳以上の患者が療養病床に入院する際には、介護保険制度との整合性を図るために入院時生活療養費が現物給付されます。

傷病や出産、死亡時などの現金給付

　現金給付には、療養のために被保険者が就労することができなくなり、給与が支給されない場合、あるいは給与が傷病手当金よりも少なくなる場合には、休職4日目から1年6ヵ月を限度として、傷病手当金が支給

されます。なお、傷病手当金の支給額は、１日当たり標準報酬日額の３分の２に相当する額と定められています。

　出産育児一時金は、被保険者が出産した際に現金給付されるものです。また出産で仕事に就くことができずに報酬がもらえない場合には、**出産手当金**が現金給付されます。

　その他にも、**訪問看護療養費**、**保険外併用療養費**、**立替払いの際の療養費**、**緊急時の移送費**、**死亡時の埋葬料**（国民健康保険では**葬祭費**）などの現物給付や現金給付が定められています。

被扶養者への保険給付

　被用者保険における被保険者の被扶養者についても、被保険者と同様の保険給付が行われます。しかし、傷病手当金や出産手当金は、被扶養者にはありません。また、国民健康保険では、被保険者への傷病手当金や出産育児一時金、葬祭費などの給付に関して、国民健康保険組合の規約や市区町村の条例の定めるところにより給付をしますが、特別な理由がある場合、その全部または一部を行わないことができるとも定められています。

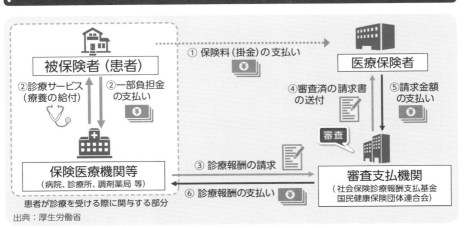

保険診療の基本的な流れ

- 被保険者（患者）
  - ②診療サービス（療養の給付）
  - ②一部負担金の支払い
- 保険医療機関等（病院、診療所、調剤薬局 等）
  - ① 保険料（掛金）の支払い
  - ③ 診療報酬の請求
  - ⑥ 診療報酬の支払い
- 医療保険者
  - ④審査済の請求書の送付
  - ⑤請求金額の支払い
- 審査支払機関（社会保険診療報酬支払基金 国民健康保険団体連合会）
  - 審査

患者が診療を受ける際に関与する部分
出典：厚生労働省

公的医療保険における保険料の徴収

公的医療保険における保険料の徴収方法は、被用者保険と、国民健康保険及び後期高齢者医療制度の2つに大別されます。被用者保険の保険料は、給与やボーナスに一定の料率をかけて算定されます。その上で、算定された金額の半分を勤務先が負担し、残りの半分についてを本人（被保険者）の給与などから天引きにすることで徴収しています。

一方で国民健康保険や後期高齢者医療制度については、被保険者の負担できる能力に応じた額と定額を組み合わせた保険料を、本人（被保険者）が市区町村に納めます。

 ## 各医療保険制度で異なる財政状況

近年、急激に進む少子高齢化や経済の停滞などにより、社会保障のための財源確保が大きな課題となっています。

国民健康保険では、加入者の平均年齢が高いことから、一人当たりの医療費も相対的に高くなります。また、被保険者の平均的な所得が比較的低いことから、保険料の徴収が相対的に不安定で財政状況は年々厳しくなっています。一方で、健康保険組合が運営する健康保険は、他の医療保険に比べると加入者の平均年齢が比較的若いことから、一人当たりの医療費が低く、平均的な所得も高いために、保険料の徴収は相対的に安定しています。

このような各保険者間での構造的な財政力の格差を是正し、公平性を担保しながら国民皆保険制度を維持するために、国では公費（税金）を財源とした国庫補助や、前期高齢者財政調整などにより、65歳から74歳までの高齢者の、保険者間での偏在による負担の不均衡の調整を行っています。さらに、75歳以上の高齢者の医療費については、国民全体で公平に負担するために、後期高齢者医療制度に対する現役世代からの支援の仕組みとして、後期高齢者支援金が充当されています。

患者が支払う一部負担金の意味

　公的医療保険制度の財源は、保険料や公費（税金）に加え、被保険者が受診の際に支払う一部負担金が充てられています。これは、医学的に必要以上の患者が受診をしてしまう過剰受診を防ぎ、国民皆保険制度を守るという意味合いがあります。一方で、こうした一部負担金による過剰受診の抑制が過度になると、患者が経済的な理由で受診を控え、病気やケガが悪化してしまう受診抑制という問題を引き起こします。

　このような過剰受診と受診抑制のバランスをとるために、各医療保険制度では、所得や年齢に応じたきめ細かな一部負担金の設定や、自己負担金が一定額を超えた場合、超過分を医療保険から返してもらう高額療養費制度等により、自己負担額が過大にならないよう調整しています。

医療保険制度の財源（医療給付費・令和元年予算ベース）

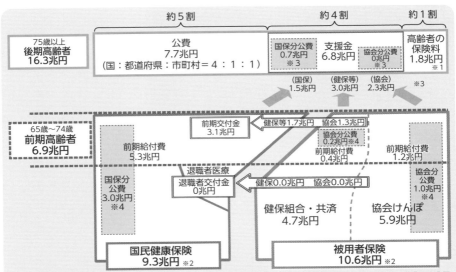

※1　後期高齢者の保険料は、低所得者等に係る軽減分を考慮していない（保険料軽減措置や高額医療費の支援等の公費 0.5 兆円を含む）
※2　国民健康保険（9.3兆円）及び被用者保険（10.6兆円）は、各制度の給付費を示しており、他制度への納付金や支援金を含まない
※3　各医療保険者が負担する後期支援金及び当該支援金に係る公費は、後期支援金に係る前期財政調整を含む
※4　国保分公費は、保険料軽減措置等に係る公費を除き、協会分公費は減額特例措置（▲ 394 億円）を除く

出典：厚生労働省

高額療養費制度

ケガや病気で治療を受けた患者の負担が重くならないよう、医療費が上限額を超えた場合、その超えた額を支給するのが高額療養費制度です。

医療機関での患者負担を軽減させる高額療養費制度

　高額療養費制度とは、医療機関や薬局の窓口などで患者が支払った金額（一部負担金）が、その月の初めから終わりまでの1ヵ月で定められた上限額を超えた場合、超えた金額を支給する制度です。毎月の上限額は、加入者の所得水準や年齢が70歳以上かによって異なります。この上限額は、基本的に同一の医療機関に支払った金額に対するものです。なお、同一医療機関でも外来と入院、医科と歯科は扱いが別となります。

入院時の食費や差額ベッド代は対象外

　高額療養費の対象となるのは、保険適用される診療に対して患者が払った自己負担額です。ただし、入院時の食費や患者の希望によってサービスを受ける差額ベッド代、先進医療にかかる費用などは、支給の対象になりません。

　高額療養費の支給は、医療機関などの窓口で一部負担金を支払った後、その人が加入している公的医療保険に高額療養費の支給申請書を提出して還付を受けるか、加入している医療保険から限度額適用認定証の交付を受け、これを窓口に示すことで受給できます。このため入院する場合など、あらかじめ高額療養費の支給対象となることがわかっている場合は、事前に限度額適用認定証の交付を受けておくとよいでしょう。

複数の医療機関への支払いも対象となる合算高額療養費

　高額療養費は、原則として同一の医療機関に支払った自己負担額が対

象となります。しかし70歳未満の人で、月２万1,000円を超える支払いの
ある医療機関が２ヵ所以上ある場合は、それらを合算し、その金額が上
限額を超えれば高額療養費を請求できます。これを**合算高額療養費**と呼
びます。また70歳以上の人は、すべての自己負担額が合算の対象となり
ます。さらに、世帯を同一としている同じ医療保険に加入している家族
が支払った金額を合算し請求することも可能です。ただし、同じ世帯で
暮らす人でも、加入する保険が異なる場合、合算はできません。

高額療養制度の上限額 (69歳以下の場合)

	適用区分	ひと月の上限額 (世帯ごと)
ア	年収約 1,160 万円～	25 万 2,600 円+ (医療費－ 84 万 2,000 円) × 1%
イ	年収約 770 ～約 1,160 万円	16 万 7,400 円+ (医療費－ 55 万 8,000 円) × 1%
ウ	年収約 370 ～約 770 万円	8 万 100 円+ (医療費－ 26 万 7,000 円) × 1%
エ	～年収約 370 万円	5 万 7,600 円
オ	住民税非課税者	3 万 5,400 円

※ 1つの医療機関等での自己負担 (院外処方代を含む) では上限額を超えないときでも、同じ月の別の医療機関等での自己負担 (69 歳以下の場合は 2 万 1000 円以上であることが必要) を合算することができる。この合算額が上限額を超えれば、高額療養費の支給対象となる

出典：厚生労働省

被扶養者認定と 保険外併用療養費制度

健康保険には被保険者と生計を共にする人を被扶養者とし、保険給付の対象にしています。また、一部の混合診療を認める保険外併用療養費制度もあります。

健康保険における被扶養者の範囲

健康保険では被保険者だけでなく、その被扶養者に対してもケガや病気、死亡や出産に対して保険給付が行われます。被扶養者の対象は、被保険者の直系尊属や配偶者、子どもや孫などで、主として被保険者と生計を同じくしている人です。その上で、被扶養者として認定されるためには、収入の基準が定められています。

被扶養者認定の収入基準

被扶養者認定の対象者が被保険者と同一世帯に属している場合は、認定対象者の年間収入が130万円未満（認定対象者が60歳以上または障害厚生年金を受けられる程度の障害者の場合は180万円未満）であり、なおかつ被保険者の年間収入の2分の1未満であることです。

認定対象者が被保険者と同一世帯に属していない場合は、認定対象者の年間収入が130万円未満（認定対象者が60歳以上または障害厚生年金を受けられる程度の障害者の場合は180万円未満）であり、なおかつ被保険者からの援助による収入額より少ない場合となります。

混合診療を認める保険外併用療養費制度

日本の保険医療では原則として、一連の医療行為について保険診療と保険外診療を併用する混合診療は認めておらず、混合診療を受けた場合は保険診療の分も含めた治療費の全額が自己負担となります。ただし、厚生労働大臣の定める選定療養と評価療養、患者申出療養については、

混合診療が認められ、保険の適用範囲を超えた差額は自己負担ですが、保険が適用される療養にかかる費用は保険診療に準じた保険給付が行われます。この場合、保険診療に当たる部分の費用については、一般の保険診療と同じ一部負担金を支払うこととなり、残りの額は保険外併用療養費として保険者から給付が行われます。

被扶養者の範囲

1 被保険者の直系尊属、配偶者（事実上婚姻関係と同様の人を含む）、子、孫、兄弟姉妹で、主として被保険者に生計を維持されている人
※これらの人は、必ずしも同居している必要はない

2 被保険者と同一の世帯で、主として被保険者の収入により生計を維持している次の人
※「同一の世帯」とは、同居して家計を共にしている状態をいう
A）被保険者の三親等以内の親族（**1**に該当する人を除く）
B）被保険者の配偶者で、戸籍上婚姻の届出はしていないが事実上婚姻関係と同様の人の父母および子
C）Bの配偶者が亡くなった後における父母および子
※ただし、後期高齢者医療制度の被保険者等である人は除く

保険外併用療養費制度

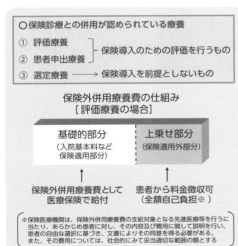

〇保険診療との併用が認められている療養
① 評価療養 ┐
② 患者申出療養 ┘ 保険導入のための評価を行うもの
③ 選定療養 ──→ 保険導入を前提としないもの

保険外併用療養費の仕組み
［評価療養の場合］

基礎的部分	上乗せ部分
（入院基本料など 保険適用部分）	（保険適用外部分）

↑ 保険外併用療養費として 医療保険で給付
↑ 患者から料金徴収可 （全額自己負担※）

※保険医療機関は、保険外併用療養費の支給対象となる先進医療等を行うに当たり、あらかじめ患者に対し、その内容及び費用に関して説明を行い、患者の自由な選択に基づき、文書によりその同意を得る必要がある。また、その費用については、社会的にみて妥当適切な範囲の額とする

出典：厚生労働省

○ **評価療養**
・先進医療（先進A：36技術、先進B：69技術 平成29年9月時点）
・医薬品、医療機器、再生医療等製品の治験に係る診療
・薬事法承認後で保険収載前の医薬品、医療機器、再生医療等製品の使用
・薬価基準収載医薬品の適応外使用
（用法・用量・効能・効果の一部変更の承認申請がなされたもの）
・保険適用医療機器、再生医療等製品の適応外使用
（使用目的・効能・効果等の一部変更の承認申請がなされたもの）

○ **患者申出療養**

○ **選定療養**
・特別の療養環境（差額ベッド）
・歯科の金合金等
・金属床総義歯
・予約診療
・時間外診療
・大病院の初診
・大病院の再診
・小児う蝕の指導管理
・180日以上の入院
・制限回数を超える医療行為

国保等の滞納と保険料減免

国民健康保険や後期高齢者医療制度の保険料を滞納すると、ペナルティが課せられます。一方、何らかの事情で保険料が払えない場合の減免制度もあります。

 ### 保険料滞納者に対する様々なペナルティ

　被用者保険の保険料は、給与から天引きとなるため、被保険者の都合による保険料の滞納という問題はあまり発生しません。一方で国民健康保険や後期高齢者医療制度の場合、被保険者自らが保険料を納めるため、滞納という問題が起こることがあります。この場合、災害や病気、事業不振などといった特別な事情がないのにもかかわらず保険料の滞納が続くと、通常の被保険者証よりも有効期限の短い短期被保険者証の交付や被保険者証の返還請求、保険給付の差し止めや財産の差し押さえなど、様々なペナルティが課されます。

 ### 国民健康保険料の軽減・減免

　国民健康保険では、その世帯の所得が一定以下の場合、被保険者が支払う健康保険料の均等割額が軽減されます。具体的には、令和2年度税制改正により軽減の対象が拡大され、前年度中の総所得金額により、保険料が7割、5割及び2割軽減されます。

　また、倒産や解雇、雇い止め等、会社の都合によって離職した人で、国民健康保険に加入している人の所得のうち、保険料計算の根拠となる給与所得を100分の30とみなして計算する、非自発的失業者に対する保険料軽減もあります。

 ### 新型コロナウイルス感染症対策としての保険料減免

　2020年度の国民健康保険料については、新型コロナウイルス感染症の

影響に対応するため、3割以上の収入減少が見込まれる世帯は国民健康保険料が減額・免除されます。

　減免の対象となるのは、❶ 新型コロナウイルス感染症により、主たる生計維持者が死亡又は重篤な傷病を負った世帯、❷ 新型コロナウイルス感染症の影響により、主たる生計維持者の事業収入、不動産収入、山林収入又は給与収入（以下「事業収入等」という）の減少が見込まれ、事業収入の減少額や所得の合計額など、一定の要件のすべてに該当する世帯となります。減免の対象となる世帯について、上記❶の場合は国民健康医保険料の全額が免除となります。❷の場合、前年の所得によって減免割合が5段階となり、300万円以下は全額免除、1,000万円以下は20％の減額となります。

　減免される期間は、2020年2月1日から2021年3月31日までが納付期限の国保料です。なお、すでに納付している場合でもさかのぼって減免申請をすることができます。

保険料を滞納した場合（例）

1. 督促状・催告書の発送
保険料の納付期限を過ぎても支払いがない場合、督促状や催告書が送られる。電話や訪問での催告も行われる

2. 短期被保険者証の交付
災害・病気・事業不振等の特別な事情がないにもかかわらず滞納が続くと、通常の被保険者証に替わり、有効期間の短い短期被保険者証が交付される

3. 被保険者資格証明書の交付
督促や催告、納付相談等に応じず1年以上滞納が続くと、被保険者証の返還を求められ、資格証明書が交付される。資格証明書で医療を受けた場合、医療費全額を自己負担した上で、後日の申請と納付相談後に、保険給付相当額（医療費の7割から9割）が償還される

4. 給付の差し止めと保険料への充当
さらに1年6ヵ月以上の滞納が続くと、国民健康保険給付の全部または一部を差し止め、滞納している保険料に充てる場合がある

5. 財産の差押処分
特別な事情がなく保険料を滞納している世帯には、法令の定めにより滞納処分（預金等財産の差押処分）を行う場合がある

介護保険制度の全体像

介護保険制度は、少子高齢化の中で増える高齢者の自立を支援し、社会全体でその介護を支えていこうという、日本における新しい社会保険制度です。

 介護保険制度の目的

　介護保険制度は、2000（平成12）年から実施されている、日本の社会保険の中で最も新しい制度です。制度の根拠となる介護保険法は、その目的について、次のように定めています。

> 第1条　この法律は、加齢に伴って生ずる心身の変化に起因する疾病等により要介護状態となり、入浴、排せつ、食事等の介護、機能訓練並びに看護及び療養上の管理その他の医療を要する者等について、これらの者が尊厳を保持し、その有する能力に応じ自立した日常生活を営むことができるよう、必要な保健医療サービス及び福祉サービスに係る給付を行うため、国民の共同連帯の理念に基づき介護保険制度を設け、その行う保険給付等に関して必要な事項を定め、もって国民の保健医療の向上及び福祉の増進を図ることを目的とする

 介護の社会化と高齢者の自立支援

　介護保険制度は、社会における高齢者への介護ニーズに応え、それまでの国の福祉制度が抱えていた諸問題を解決するために設立されました。1990年代後半は急速な少子高齢化により介護を必要とする高齢者が増え、寿命の延伸により介護の期間がより長くなってきました。一方で生活環境や家族の形態が大きく変化し、それまでのような家族が担う介護が成立しにくくなってきたことから、社会全体で高齢者の健康な暮らしを支える"介護の社会化"が求められていました。

これを受けて介護保険制度では、高齢者の自立支援と、利用者の選択によって保健医療サービスと福祉サービスが総合的に利用できることを理念とし、保険給付と保険料負担の関係が明確な社会保険方式を採用しました。高齢になった際、病気やケガをして治療が終わっても、寝たきりや体が不自由な状態になったり、認知症になるなどして介護が必要になった場合、かかった費用の1～3割の利用者負担で、介護サービス事業者が提供する施設や在宅などでの介護サービスを受けながら、住み慣れた地域で、その人らしく暮らすことを支えるというものです。

介護保険制度の仕組み

（注）第1号被保険者の数は、「平成28年度介護保険事業状況報告年報」によるものであり、平成28年度末現在の数である。第2号被保険者の数は、社会保険診療報酬支払基金が介護給付費納付金額を確定するための医療保険者からの報告によるものであり、平成28年度内の月平均値である
※1　施設等給付の場合は、国20％、都道府県17.5％
※2　一定以上所得者については、費用の2割負担（平成27年8月施行）又は3割負担（平成30年8月施行）

出典：厚生労働省

介護保険施行前の「措置の時代」

　介護保険法が制定され、介護保険制度が施行される以前、高齢者の介護は主に2つの制度がそれを支えてきました。1つは福祉系のサービスである**老人福祉制度**で、市区町村がその必要性を判断し、行政の権限で、その高齢者が受けられるサービスの種類や事業者などを決めるものでした。これは利用者自身が自分でサービスを選択することができない、いわゆる**措置制度**といわれるものです。このため、事業者間での競争がなくサービスが画一的になることや、利用料が所得に応じた応能負担のため所得調査が必要であり、利用者の心理的な抵抗感が強いといった問題点がありました。

 ## 高齢者の社会的入院が問題に

　老人福祉制度と並んで、介護保険以前の高齢者介護を支えていたのが、医療系のサービスを提供する**老人医療制度**です。これは主治医を通じて利用する医療的サービスを決める仕組みでした。しかしこの制度は、契約制度であり、福祉サービスよりも利用者負担が少ないことから、本来は治療を目的とした医療機関である一般病院に高齢者が介護のためだけに長期入院する社会的入院が多発し、大きな社会問題となっていました。

 ## 介護保険制度における3つの基本的な考え方

　このように、高齢者の介護というニーズに対し、老人福祉制度と老人医療制度という2つの制度が並立していることから介護を支える仕組みがわかりづらく、それぞれの制度が抱える問題点により急激に進む高齢化によるニーズへの対応にも限界が来ていました。そこで、従来の2つの制度を見直して再編し、介護分野に特化させたものが介護保険制度なのです。

　このため介護保険制度では、単に介護を必要とする高齢者の身の回り

の世話をするということを超えて、高齢者の自立を支援することを理念とする自立支援、利用者の選択により多様な主体から保健医療サービスと福祉サービスを総合的に受けられる利用者本位、給付と負担の関係を明確にし、社会全体で高齢者を支える社会保険方式という3点を基本的な考え方として、制度が設計されました。

このような新しい社会保険制度による介護の社会化の背景にあるのは、2025年に"団塊の世代"が75歳以上の後期高齢者となり、日本の高齢者の人口がおよそ3,500万人に達すると推定されることです。さらに、そのうち約320万人が認知症になるという国の推計に基づいた、いわゆる2025年問題もあります。

介護保険制度の導入の基本的な考え方

【背景】
- 高齢化の進展に伴い、要介護高齢者の増加、介護期間の長期化など、介護ニーズはますます増大
- 核家族化の進行、介護する家族の高齢化など、要介護高齢者を支えてきた家族をめぐる状況の変化
- 従来の老人福祉・老人医療制度による対応の限界

高齢者の介護を社会全体で支え合う仕組み（介護保険）を創設
1997年 介護保険法成立 2000年 介護保険法施行

【基本的な考え方】
- **自立支援**……単に介護を要する高齢者の身の回りの世話をするということを超えて、高齢者の自立を支援することを理念とする
- **利用者本位**……利用者の選択により、多様な主体から保健医療サービス、福祉サービスを総合的に受けられる制度
- **社会保険方式**……給付と負担の関係が明確な社会保険方式を採用

出典：厚生労働省

介護保険の被保険者と保険者

介護保険の被保険者は40～64歳と65歳以上の2つに分けられます。保険者は暮らしに密着した政策を行う市区町村で、高齢者の生活を支えています。

2種に分かれる被保険者

　介護保険制度の対象となる被保険者には、65歳以上の第1号被保険者と40歳から64歳までの医療保険加入者である第2号被保険者に分かれます。これは国籍に関係なく、日本に在留資格があり、住民登録をしている人はすべて被保険者として強制適用されます。ただし、生活保護の受給者で40～64歳の場合は介護保険の被保険者にはなりません。また、身体障害者療護施設など、特定の施設や病院に入所・入院中の場合も介護保険の適用除外となります。

　介護保険のサービスは、65歳以上の人の場合は原因を問わず要支援・要介護状態となったときに、40～64歳の人は末期がんや関節リウマチなど、老化による病気（特定疾病）が原因で要支援・要介護状態になった場合に受けることができます。

暮らしに密着した市区町村が保険者になる

　介護保険について、制度に関わる法律や仕組み、運営の基本的な規定は国（厚生労働省）が決定し、その運営は保険者である市区町村が行います。介護の問題は、ケアを必要とする人の生活と密接な関係にあることから、地域ごとに異なる環境や状況に細やかに対応できるよう、国や都道府県ではなく市区町村が保険者となり、その地域の人口構成や介護サービスの整備状況、住民の意識などを反映しつつ運営されているのです。

　ただし、安定した制度運営のために、人口や財政に一定の規模が必要

となる場合には、近隣の市区町村が共同で保険者となる広域連合や一部事務組合という形も可能とされています。

その上で保険者は、被保険者の資格を管理・保険料を決定し、保険給付の条件に沿って、被保険者の要介護認定などの業務も担います。

介護保険制度の被保険者

○介護保険制度の被保険者は、① 65 歳以上の者（第 1 号被保険者）、② 40 ～ 64 歳の医療保険加入者（第 2 号被保険者）となっている
○介護保険サービスは、65 歳以上の者は原因を問わず要支援・要介護状態となったときに、40 ～ 64 歳の者は末期がんや関節リウマチ等の老化による病気が原因で要支援・要介護状態になった場合に受けることができる

	第 1 号被保険者	第 2 号被保険者
対象者	65歳以上の者	40歳から64歳までの医療保険加入者
人数	3,440万人 （65～74歳：1,745万人 75歳以上：1,695万人） ※ 1 万人未満の端数は切り捨て	4,200万人
受給条件	・要介護状態 （寝たきり、認知症等で介護が必要な状態） ・要支援状態 （日常生活に支援が必要な状態）	要介護、要支援状態が、末期がん・関節リウマチ等の加齢に起因する疾病（特定疾病）による場合に限定
要介護（要支援）認定者数と被保険者に占める割合	619万人（18.0％） 65～74歳：　75万人（4.3％） 75歳以上：　544万人（32.1％）	13万人（0.3％）
保険料負担	市区町村が徴収 （原則、年金から天引き）	医療保険者が医療保険の保険料と一括徴収

（注）第 1 号被保険者及び要介護（要支援）認定者の数は、「平成 28 年度介護保険事業状況報告年報」によるものであり、平成 28 年度末現在の数である。第 2 号被保険者の数は、社会保険診療報酬支払基金が介護給付費納付金額を確定するための医療保険者からの報告によるものであり、平成 28 年度内の月平均値である

出典：厚生労働省

保険給付と費用負担

介護保険の保険給付には現物給付と償還払いがあります。制度の財源は保険料と公費が半分ずつであり、他の制度に比べて公費負担が大きいのも特徴です。

介護保険の現物給付と償還払い

　介護保険における保険給付は、介護サービスによる現物給付と償還払いの2つがあります。現物給付については、被保険者（利用者）は、介護サービスを提供する指定居宅サービス事業者、指定地域密着型サービス事業者、指定居宅介護支援事業者、介護保険施設、指定介護予防サービス事業者、指定地域密着型介護予防サービス事業者、指定介護予防支援事業者に対し、定められた介護報酬（サービス料金）のうち原則1割（一定以上の収入のある人は2～3割）を支払い、事業者は残り9割分を保険者へ請求します。ただし、居宅介護支援費と介護予防支援費については被保険者の一部負担金はなく、全額が保険請求となります。

福祉用具購入や住宅改修は償還払い

　償還払いについては、利用者が事業者から福祉用具購入や住宅改修などのサービス提供を受けた場合、まず費用の全額を事業者に支払います。その上で後日、利用者は保険者へ申請し、支払った金額のうちの9割を保険給付として受け取ります。　償還払いは現物給付とは異なり、保険給付分の償還はサービスを受けた月から2～3ヵ月後となります。

現物給付には支給限度基準額がある

　介護サービスの現物給付について、後述する在宅サービスについては、要介護度に応じた支給限度基準額（保険対象費用の上限）があり、その金額を超えた分の費用は、全額自己負担です。また、施設サービスを利

用した場合、居住費・滞在費や食費についても、原則自己負担となります。

介護保険の財源と保険料

　介護保険の財源は、被保険者である40歳以上の人が納める保険料が50%、国・都道府県・市区町村の公費（税）が50%となっており、医療保険など他の社会保険制度に比べ、公費の割合が大きいのが特徴です。保険料の支払いは被保険者ごとに異なり、第2号被保険者は医療保険料とともに徴収されます。会社員や公務員は給与からの天引き、自営業者等は国民健康保険料に介護保険料を上乗せして支払います。一方で第1号被保険者は、年額18万円以上の老齢・退職年金、障害年金、遺族年金を受給している場合は、特別徴収として年金から天引きされます。これらの年金を受給していない、あるいは年金の年額が18万円未満の場合は、市区町村が送った納付書で直接支払いをします。

介護保険の利用者負担

の部分が自己負担

介護サービス費の9割分（一定以上所得者は8割又は7割）は保険給付され、要介護者は、原則として残りの費用の1割分（一定以上所得者は2割又は3割）のほか、施設サービスを利用した場合の食費及び居住費を負担する

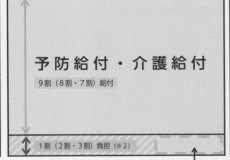

予防給付・介護給付

9割（8割・7割）給付

1割（2割・3割）負担（※2）

高額介護サービス費
高額医療合算介護サービス費による負担の軽減

特定入所者介護サービス費（補足給付）
による居住費・滞在費、食費の軽減

※1　在宅サービスについては、要介護度に応じた支給限度基準額（保険対象費用の上限）が設定されている
※2　居宅介護支援は全額が保険給付される
　　　平成30年8月から、「合計所得金額160万円以上、かつ、「年金収入＋その他合計所得金額280万円以上（単身世帯の場合。夫婦世帯の場合346万円以上）」の場合は、2割負担となる。平成30年8月から、「合計所得金額220万円以上」かつ「年金収入＋その他合計所得金額340万円以上（単身世帯の場合。夫婦世帯の場合463万円以上）」の場合は、3割負担となる予定
※3　日常生活費とは、サービスの一環として提供される日常生活上の便宜のうち、日常生活で通常必要となる費用
　　　（例：理美容代、教養娯楽費用、預かり金の管理費用など）
出典：厚生労働省

申請から利用までの流れ

公的医療保険とは異なり、介護保険を利用するには本人が申請し、市区町村による要介護認定を受けることが必要です。

必要な要介護認定

　65歳以上の第1号被保険者については、市区町村から介護保険被保険者証が交付されます。しかし医療保険とは異なり、介護保険では被保険者証を持っているだけでは、介護サービスを受けることができません。

　介護保険のサービスを利用するには、まず市区町村に要介護認定の申請を行います。それを受けて市区町村の職員または委託を受けた要介護認定調査員が、介護サービスの利用を希望する人（利用者）の心身の状況などを調査します。さらに利用者のかかりつけ医の意見も踏まえた上で、医療・保健・福祉の専門家で構成される審査会によって、利用者の要介護度を判定します。

ケアプランに基づいたサービス提供

　要介護度の認定がされると、利用者の担当となるケアマネジャーは、利用者の心身の状態に応じたサービス利用のための介護予防・介護サービスの利用計画であるケアプランを作成し、これに基づいて実際にサービスを提供する事業者などへの連絡・調整を行います。

利用者の一部負担金と支給限度基準額

　介護保険のサービスを利用した際には、利用者は介護にかかった費用のうち、1割（一定以上の収入のある人は2〜3割）を自己負担します。なお、施設サービスを利用した場合は、これに加えて食費や居住費などの費用負担もあります。これら利用者の自己負担については、高額な利

用者負担を避けるために、利用者負担の上限（支給限度基準額）が設定されています。また65歳以上の人で居宅で日常生活を営むことが困難な場合については、老人福祉法に基づいた市区町村の職権（措置）による養護老人ホームなどへの入所等もあります。

介護サービス利用の手続き

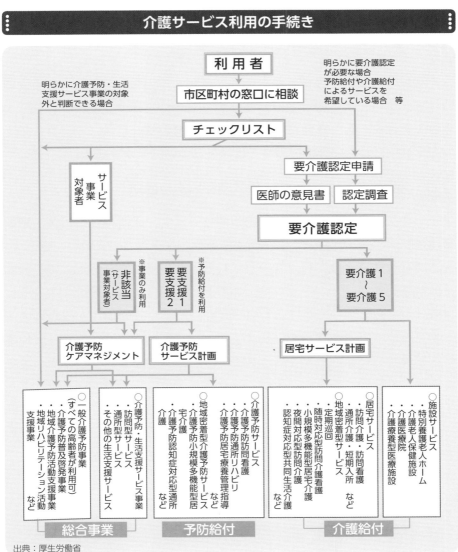

出典：厚生労働省

サービスの分類

在宅から施設、予防から重度のケアまで、多岐にわたる介護保険のサービスは、要介護度やサービス内容、指定監督主体によって分類することができます。

 ## 要介護度によるサービス内容の分類

　介護保険において提供される介護サービスの内容は、いくつかの分類の仕方があります。利用者の要介護度に基づいて、非該当や要支援1・2の人を対象とした総合事業と介護予防給付のサービス、要介護1以上の人を対象にした介護給付のサービスの3つに分類がきます。

 ## 居宅や通所など、サービス内容による分類

　サービス内容で分類すると、訪問系サービス、通所系サービス、短期滞在系サービス、居住系サービス、入所系サービスの5つに分類できます。
　訪問系サービスは、利用者の自宅に訪問して提供されるもので、訪問介護や訪問看護などが中心です。通所系サービスは、通所介護のように利用者が施設に通って受けるもの。要介護者を一定期間預かる短期入所生活介護等は短期滞在系サービス、グループホームや特定施設は居住系サービスとなります。入所系サービスは、特別養護老人ホームや介護老人保健施設など、利用者が入所して介護を受けるものです。また、これらを居宅・施設・地域密着型の3つに分類する場合もあります。
　さらに介護サービスは、サービスを提供する事業者を指定・監督する主体によっても分類でき、市町村が指定・監督をするサービス（居宅介護支援や介護予防支援、地域密着型の介護・介護予防サービスなど）と、都道府県・政令市・中核市が指定・監督を行うサービスがあります。

給付の種別と指定・監督主体による介護サービスの分類

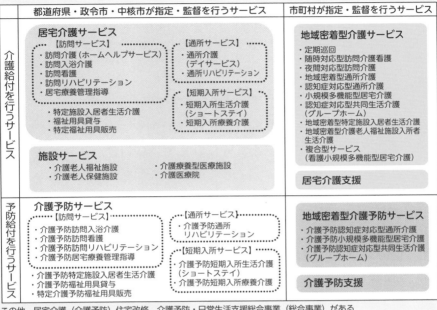

	都道府県・政令市・中核市が指定・監督を行うサービス	市町村が指定・監督を行うサービス
介護給付を行うサービス	**居宅介護サービス** 【訪問サービス】 ・訪問介護（ホームヘルプサービス） ・訪問入浴介護 ・訪問看護 ・訪問リハビリテーション ・居宅療養管理指導 　【通所サービス】 　・通所介護（デイサービス） 　・通所リハビリテーション 　【短期入所サービス】 　・短期入所生活介護（ショートステイ） 　・短期入所療養介護 ・特定施設入居者生活介護 ・福祉用具貸与 ・特定福祉用具販売 **施設サービス** ・介護老人福祉施設　　・介護療養型医療施設 ・介護老人保健施設　　・介護医療院	**地域密着型介護サービス** ・定期巡回 ・随時対応型訪問介護看護 ・夜間対応型訪問介護 ・地域密着型通所介護 ・認知症対応型通所介護 ・小規模多機能型居宅介護 ・認知症対応型共同生活介護（グループホーム） ・地域密着型特定施設入居者生活介護 ・地域密着型介護老人福祉施設入所者生活介護 ・複合型サービス（看護小規模多機能型居宅介護） **居宅介護支援**
予防給付を行うサービス	**介護予防サービス** 【訪問サービス】 ・介護予防訪問入浴介護 ・介護予防訪問看護 ・介護予防訪問リハビリテーション ・介護予防居宅療養管理指導 　【通所サービス】 　・介護予防通所リハビリテーション 　【短期入所サービス】 　・介護予防短期入所生活介護（ショートステイ） 　・介護予防短期入所療養介護 ・介護予防特定施設入居者生活介護 ・介護予防福祉用具貸与 ・特定介護予防福祉用具販売	**地域密着型介護予防サービス** ・介護予防認知症対応型通所介護 ・介護予防小規模多機能型居宅介護 ・介護予防認知症対応型共同生活介護（グループホーム） **介護予防支援**

この他、居宅介護（介護予防）住宅改修、介護予防・日常生活支援総合事業（総合事業）がある
出典：厚生労働省

サービス内容による介護サービスの分類

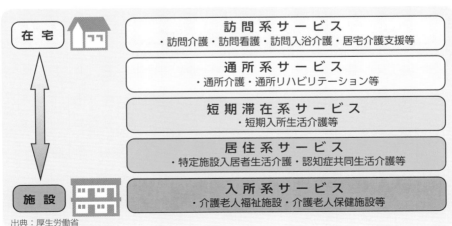

在宅

訪問系サービス
・訪問介護・訪問看護・訪問入浴介護・居宅介護支援等

通所系サービス
・通所介護・通所リハビリテーション等

短期滞在系サービス
・短期入所生活介護等

居住系サービス
・特定施設入居者生活介護・認知症共同生活介護等

入所系サービス
・介護老人福祉施設・介護老人保健施設等

施設

出典：厚生労働省

居宅サービスとは

訪問介護をはじめとした自宅で暮らす人を支える居宅サービスは、介護保険の中心的サービス。短期入所や特定施設でのケアも、居宅サービスに含まれます。

介護保険の中心となる居宅サービス

　居宅サービスは、自宅で生活をしている人に対して提供される介護サービスの総称で、在宅サービスとも呼ばれます。高齢者が住み慣れた地域で社会と関わり合いながら、自立して暮らすことを支える制度である介護保険において、居宅サービスは制度の中心的な役割を示すサービスです。居宅サービスはその内容から、以下の5つに整理されます。

> 1．ヘルパーや訪問看護師が自宅を訪れてケアを提供する訪問系
> 2．利用者が地域にある施設に出向いてサービスを受ける通所系
> 3．短期間施設に宿泊してサービスを受ける短期入所系
> 4．一定の基準を満たした有料老人ホームなどの、民間施設や老人福祉施設を特定施設とし、施設の中にある居室を自宅とみなして介護サービスを受ける居住系
> 5．福祉用具のレンタル・販売や、住宅のリフォームができる住環境系

短期入所や有料老人ホームの介護も居宅サービス

　一般的に居宅（在宅）サービスというと、ケアワーカーが利用者の自宅を訪れて提供する訪問系サービスや、自宅から施設に通ってケアやリハビリテーションを受ける通所系サービスのみをイメージしがちです。しかし、短期間とはいえ施設に宿泊する短期入所系や、有料老人ホームなどの特定施設に入居した上でケアを受ける居住系なども、居宅サービスに含まれています。これは、介護保険制度の根幹にある地域包括ケア

という考え方に基づき、短期間の入所や特定施設での生活も、住み慣れた地域での自立した生活を支えるためのサービスであるということで、居宅系サービスに含まれています。

居宅サービスの種類

自宅で受けるサービス

■訪問系
- ●訪問介護
- ●訪問看護
- ●訪問入浴介護
- ●訪問リハビリテーション
- ●居宅療養管理指導

■住環境系
- ●福祉用具貸与
- ●特定福祉用具販売
- ●住宅改修

自宅外で暮らして受けるサービス

■居住系
- ●特定施設入居者生活介護

施設に通って受けるサービス

■通所系
- ●通所介護
- ●通所リハビリテーション

■短期入所系
- ●短期入所生活介護
- ●短期入所療養介護

施設サービスと 地域密着型サービス

介護保険で定められた施設で生活しながら受ける施設サービス。市町村が指定・監督する、地域に根差した介護サービスが地域密着型サービスです。

介護保険で定められた4つの施設

　介護保険制度で定められた施設に利用者が入居し、そこで生活をしながら生活援助や身体介助などを受けるのが施設サービスです。居宅サービスとは異なり、施設サービスは要介護1〜5に該当する人のみが利用できます。施設サービスが提供される施設には、以下の4つがあります。

---

1. 介護老人福祉施設（特別養護老人ホーム）
   "特養"とも呼ばれ、入居者には介護や機能訓練、レクリエーションなどのサービスが提供される。医療面には、あまり重点が置かれていない
2. 介護老人保健施設
   "老健"とも呼ばれ、一定の医療・介護や、機能訓練が必要な人を対象に、特に自宅での生活を可能にして在宅に復帰できるよう、リハビリテーション等に重点が置かれている
3. 介護療養型医療施設
   介護保険が適用される老人病院。2024年までの廃止が決まっている
4. 介護医療院
   医学的な管理が必要な重度の要介護者に、「看取り」と「生活施設」という2つのサービスを提供する施設

市町村が監督する地域密着型サービス

　住み慣れた地域の中で、介護が必要な人によりきめ細かなサービスを提供するため、2006年の介護保険制度改正で作られたのが、地域密着型

サービスです。このサービスは、市町村が事業者を指定・監督し、原則その市町村の居住者のみが、利用することができます。

施設サービスの種類

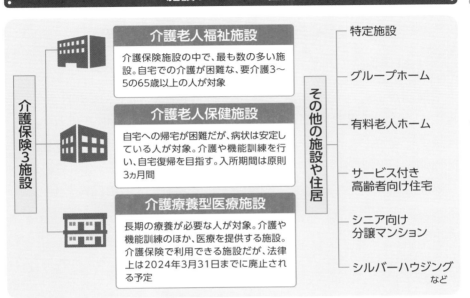

介護保険3施設

その他の施設や住居

介護老人福祉施設
介護保険施設の中で、最も数の多い施設。自宅での介護が困難な、要介護3〜5の65歳以上の人が対象

介護老人保健施設
自宅への帰宅が困難だが、病状は安定している人が対象。介護や機能訓練を行い、自宅復帰を目指す。入所期間は原則3ヵ月間

介護療養型医療施設
長期の療養が必要な人が対象。介護や機能訓練のほか、医療を提供する施設。介護保険で利用できる施設だが、法律上は2024年3月31日までに廃止される予定

- 特定施設
- グループホーム
- 有料老人ホーム
- サービス付き高齢者向け住宅
- シニア向け分譲マンション
- シルバーハウジング など

地域密着型サービスの種類

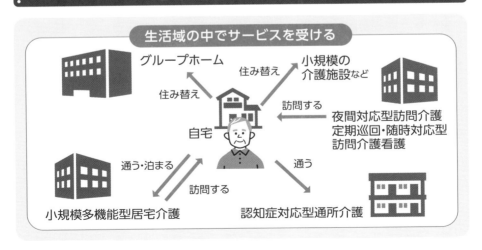

生活域の中でサービスを受ける

グループホーム
住み替え

小規模の介護施設など
訪問する

夜間対応型訪問介護
定期巡回・随時対応型訪問介護看護

自宅

小規模多機能型居宅介護
通う・泊まる
訪問する

認知症対応型通所介護
通う

医療保険と介護保険の両方にあるサービス

訪問看護やリハビリテーションは、医療保険と介護保険にまたがるサービスです。このため対象や疾患などにより、適用される保険が異なります。

介護保険の対象者は介護給付が優先される訪問看護

　看護師が患者（介護保険では利用者）の自宅を訪れて医療的なケアを提供する訪問看護や、病気やケガ、加齢の影響などで低下した能力を維持・回復させ自立した生活が送れるように支援するリハビリテーションは、医療保険と介護保険、双方で保険が適用されるサービスとなっています。

　訪問看護については、一人の患者（利用者）が、医療保険と介護保険の両方から訪問看護のサービスを受けることはできません。介護保険を利用できる人に関しては、介護保険からの給付が優先されます。ただし、介護保険の対象となる人でも、厚生労働省が指定した難病や状態にある、あるいは主治医から特別訪問看護指示書が交付されている場合は、医療保険に切り替えられます。また、一部負担金や利用回数などについて、同じ訪問看護でも医療保険での利用か介護保険からの利用かで、違いがある点にも注意が必要です。

疾患別に給付される医療保険のリハビリテーション

　医療保険によるリハビリテーションは、通院（外来）や入院など、病院で行われるものです。最大の特徴は、疾患別のリハビリが提供されることで、標準的算定日数として、リハビリが提供される日数の目安も定められています。一方で介護保険によるリハビリの提供は、疾患や日数に関係なく、必要に応じて受けることができます。

訪問看護－医療保険と介護保険の違い

	医療保険	介護保険
支給限度額	なし	あり
1週間の利用可能日数	週3回まで（指定された難病や状態にある、特別訪問看護指示書が交付された場合はなし）	制限なし
1日の利用可能回数	1日1回（指定された難病や状態にある、特別訪問看護指示書が交付された場合はなし）	制限なし
一部負担金	医療保険／3割（0〜小学校就学前・70〜74歳は2割、75歳以上は1割。一定以上の所得のある人は3割）	1割（一定以上の収入のある人は2〜3割）

知っておきたい保険給付のポイント

疾病別リハビリテーションの標準的算定日数

疾病別リハビリテーション	標準的算定日数
心大血管疾患リハビリテーション	150日以内
脳血管疾患等リハビリテーション	180日以内
運動器リハビリテーション	150日以内
呼吸器リハビリテーション	90日以内
廃用症候群リハビリテーション	120日以内

高額介護サービス費と 高額介護合算療養費

介護保険を利用していく上で、著しく自己負担が重くなった場合、利用者の負担を軽減するために負担した金額を払い戻す制度があります。

介護保険の利用料負担を軽減する

介護保険における利用者の一部負担金について、利用者の自己負担を軽減するための制度が複数用意されています。その代表的なものが、高額介護サービス費の支給制度です。この制度は、介護保険のサービスを利用した際に、1ヵ月分の合計の利用料金が一定の上限額を超えた場合、利用者が申請をすることで所得や課税状況に応じて、上限を超えた分の費用が高額介護サービス費として払い戻されるというものです。対象となる世帯の所得に応じ、月額の上限額は生活保護受給の場合は1万5千円、現役なみの所得がある世帯は4万4千4百円まで、などと定めています。

高額介護サービス費は償還払い

高額介護サービス費支給制度のポイントは、償還払いであるということです。まず利用者が全額を負担した後、一般的には市町村から支給申請書が届きます。これに記入し、支払った料金の請求書などを添えて申請をし、支給額が償還されます。このため利用者は、一時的に全額を支払わなければなりません。

また高額介護サービス費は、特別養護老人ホームや介護老人保健施設などの居住費や食費、生活費などは対象外となります（これらについては後述する補足給付の対象となります）。また、福祉用具の購入費や住宅改修費についても、高額介護サービス費の支給対象にはなりません。

介護費と医療費を合算して負担を軽減する

　介護保険と医療保険の両方のサービスを利用している世帯に対し、自己負担を軽減するのが高額介護合算療養費制度です。この制度は、1年間に支払った医療保険と介護保険の自己負担額が、定められた限度額を超えた場合、超えた分の金額が払い戻されるというものです。支給については保険者である市町村や特別区などが、自己負担額に応じて支給します。なお、以下のものについて支給の対象外となります。

1. 医療か介護のどちらかの自己負担が0円の場合
2. 限度額を超えた金額が500円以下の場合
3. 入院時の食費や居住費
4. 差額ベッド代など
5. 介護保険の利用上限額を超えた金額

高額介護サービス費の基準

対象となる人	負担の上限（月額）
現役並み所得者に相当する人がいる世帯の人	4万4,400円（世帯）※
世帯の誰かが市区町村民税を課税されている人	4万4,400円（世帯）
世帯の全員が市区町村民税を課税されていない人	2万4,600円（世帯）
前年の合計所得金額と公的年金収入額の合計が年間80万円以下の人など	2万4,600円（世帯） 1万5,000円（個人）
生活保護を受給している人など	1万5,000円（個人）

※世帯とは、住民基本台帳上の世帯員で、介護サービスを
　利用した人全員の負担の合計の上限額を指し、個人とは、
　介護サービスを利用した本人の負担の上限額を指す

特定入所者介護サービス費と社会福祉法人等による負担軽減

介護サービス利用時の食費や居住費の負担を軽減する制度や、社会福祉法人が提供する介護サービスについて、自己負担を軽減する制度もあります。

特定の施設での食費や居住費を給付する

　介護保険においては、施設サービスなどを利用する際の居住費や食費については、保険給付の対象外となっています。このため、所得の低い人にとって施設の利用が困難にならないように、これらの費用についても一定額以上を保険給付するのが特定入所者介護サービス費で、補足給付とも呼びます。

　対象となる施設は、介護老人福祉施設（特別養護老人ホーム）、介護老人保健施設、介護療養型医療施設、介護医療院、地域密着型介護老人福祉施設入所者生活介護における食費や居住費です。介護保険施設への入所であれば、短期入所生活介護や短期入所療養介護（ショートステイ）の食費や居住費も対象に含まれます。一方で、デイケアやデイサービス、有料老人ホームやグループホームなどは給付の対象外となっています。

特定入所者介護サービス費の給付対象

　特定入所者介護サービス費の給付が受けられる対象者は、以下の条件すべてに当てはまる人です。

> 1．本人とその同一世帯の人すべてが市町村民税非課税者である
> 2．本人の配偶者（世帯が別の場合も含む）が市町村民税非課税者である
> 3．本人の預貯金等額合計が、単身の場合は1,000万円以下、配偶者がいる場合は二人あわせて2,000万円以下である

上記の条件に当てはまらない場合も、食費や居住費の負担により、残された家族の生活が困難になると判断される場合、特定入所者介護サービス費が利用できる特例減額措置もあります。

 社会福祉法人による低所得者支援

　介護サービスの利用促進のために、所得が低く特に生計が困難である人について、介護保険のサービス提供を行う社会福祉法人等が、その社会的な役割の一環として利用者負担額を軽減するのが社会福祉法人等による低所得者に対する利用者負担額軽減制度です。この制度では定められた介護サービスについて、利用者が支払う一部負担金や食費・居住費が、4分の1に軽減されます。

特定入所者介護サービス費(補足給付)

- 食費・居住費について、利用者負担第1〜第3段階の人を対象に、所得に応じた負担限度額を設定
- 標準的な費用の額(基準費用額)と負担限度額との差額を介護保険から特定入所者介護サービス費として給付

負担軽減の対象となる低所得者

利用者負担段階	主な対象者	
第1段階	・生活保護受給者 ・世帯(世帯を分離している配偶者を含む。以下同じ)全員が市町村民税非課税である老齢福祉年金受給者	かつ、預貯金等が単身で1,000万円(夫婦で2,000万円)以下
第2段階	・世帯全員が市町村民税非課税であって、年金収入金額(※)+合計所得金額が80万円以下	
第3段階	・世帯全員が市町村民税非課税であって、第2段階該当者以外	
第4段階	・世帯に課税者がいる者 ・市町村民税本人課税者	

※平成28年8月以降は、非課税年金も含む

			基準費用額 (日額(月額))	負担限度額 (日額(月額))		
				第1段階	第2段階	第3段階
食費			1,392円(4.2万円)	300円(0.9万円)	390円(1.2万円)	650円(2万円)
居住費	多床室	特養等	855円(2.6万円)	0円(0万円)	370円(1.1万円)	370円(1.1万円)
		老健・療養等	377円(1.1万円)	0円(0万円)	370円(1.1万円)	370円(1.1万円)
	従来型 個室	特養等	1,171円(3.6万円)	320円(1万円)	420円(1.3万円)	820円(2.5万円)
		老健・療養等	1,668円(5.1万円)	490円(1.5万円)	490円(1.5万円)	1,310円(4万円)
	ユニット型個室的多床室		1,668円(5.1万円)	490円(1.5万円)	490円(1.5万円)	1,310円(4万円)
	ユニット型個室		2,006円(6.1万円)	820円(2.5万円)	820円(2.5万円)	1,310円(4万円)

出典：厚生労働省

知っておきたい保険給付のポイント

公的年金制度

年金制度の全体像

日本の公的年金制度は国民年金と厚生年金との2階建てで、賦課方式による世代間扶養と社会保険方式により、中長期の持続可能性を担保しています。

 高齢者などの暮らしの安定を図る公的年金制度

　年金とは、給付を受ける人の年齢を基準に金額を定め、一定期間金銭を支払うものです。一般的には、老齢や退職、障害などによって所得を失った人に対して、定められた額の金銭の給付を保障し、その人の暮らしの安定を図ることを目的としています。

　年金は、公的年金と私的年金の2つに分類されます。公的年金は、社会保障制度の重要な柱として、高齢者の暮らしを支える役割を担っており、ひいては国民全体の生活の安定を図るために行われるものです。一方で私的年金は、公的年金に上乗せすることにより、生活の質を高める役割を担っています。

 日本の公的年金は賦課方式

　日本の公的年金制度は、企業に勤めて働く人や自営業者などを中心としたすべての現役世代が保険料を支払い、その保険料を財源として高齢者世代に年金を給付する、賦課方式を用いた世代間扶養を根幹としています。世代間扶養は、かつて社会保障制度としての年金制度がなかった時代に行われていた、個人が私的に行っていた老いた両親の扶養や仕送りといったものを、社会全体で支える仕組みに広げたものといえます。

賦課方式と積立方式のメリットとデメリット

　このような賦課方式による世代間扶養は、現役世代全員が保険料を納付し、高齢者全体を支えることで、私的扶養の不安定さを解決しつつ、

社会保障の公平性を担保するという利点があります。また、その年ごとに徴収した保険料を高齢者世代に再分配することにより、物価の変動に応じて年金支給額を改定する物価スライドを行い、実質的な価値を維持した年金を生涯にわたって保障する、安定的な老後の所得保障が可能になります。一方で、割賦方式のデメリットとしては、年金を受給する一人の高齢者を何人の被保険者が支えているかを表す指標である年金扶養率が低下すると、後の世代の保険料負担が上昇してしまう、という問題があります。

これに対して私的年金や貯蓄のように、自分が積み立てた保険料が将来年金として戻ってくる仕組みを積立方式といいます。積立方式のメリットは、経済の変動や人口構成が当初の見込み通りなら、保険料の水準を一定にできるという点が挙げられます。しかし、保険料の水準は積立金の運用収入に依存していることから、市場の影響を受けて変動します。この場合、世代間の支え合いがなく、物価や賃金が上がった場合、年金額の価値の維持が難しいといった問題があります。

公的年金制度は2階建て

日本における公的年金制度は、国民すべてに共通の国民年金と、企業や行政機関等に勤めている人が加入する厚生年金により、2階建ての仕組みで構成されています。

まず、すべての年金制度の基盤となる、全国民が共通で加入する国民年金（基礎年金）があり、会社に勤めている被用者や公務員などの場合、国民年金の上にのる2階部分として、厚生年金に加入する形となります。

さらに、これらに加えて任意で加入する制度としては、自営業者などが基礎年金の上乗せとして受給する国民年金基金、厚生年金の上乗せとしての厚生年金基金などがあります。

国民皆年金と社会保険方式

　公的年金制度の基本的な考え方となるのが、社会保険方式による国民皆年金制度です。日本では、1961（昭和36）年より、自営業や無業者なども含めた、すべての国民が公的年金制度に加入し、老齢や障害、死亡などの際に年金が受給できる、国民皆年金制度となっています。

　また、年金給付は国庫負担を財源とする税方式ではなく、被保険者が定められた一定期間保険料を支払うことを条件として給付を行う、社会保険方式をとっています。

年金制度の財源

　公的年金制度の財源は、被保険者からの保険料収入に加えて、国庫負担や積立金の運用収入などがあります。毎年度の基礎年金の給付に必要な費用の総額のうち、2分の1は国庫負担です。また積立金の運用については、その運営を年金積立金管理運用独立行政法人が行っています。同法人では、保険料として集められた財源のうち年金の給付に当てられなかった分である年金積立金を運用し、それによって得られた収入を年金給付に活用しています。これにより、将来の現役世代の保険料負担が過大にならないことが期待されています。

被保険者の分類と給付の種類

　基礎年金である国民年金の被保険者は、主に自営業者や学生などの第1号被保険者、会社などに勤務して厚生年金等に加入している第2号被保険者、第2号被保険者に扶養されている配偶者である第3号被保険者の3つに分類されます。また年金給付の種類には、自分が高齢になった場合に受給できる老齢年金、基準に該当する障害を負った場合に受給できる障害年金、生計を支えている家族が死亡した時に受給できる遺族年金があります。

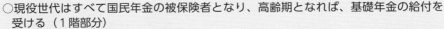

年金制度の体系

○現役世代はすべて国民年金の被保険者となり、高齢期となれば、基礎年金の給付を受ける（1階部分）
○民間サラリーマンや公務員等は、これに加え、厚生年金保険に加入し、基礎年金の上乗せとして報酬比例年金の給付を受ける（2階部分）
○希望する者は、iDeCo（個人型確定拠出年金）等の私的年金に任意で加入し、さらに上乗せの給付を受けることができる（3階部分）

公的年金制度

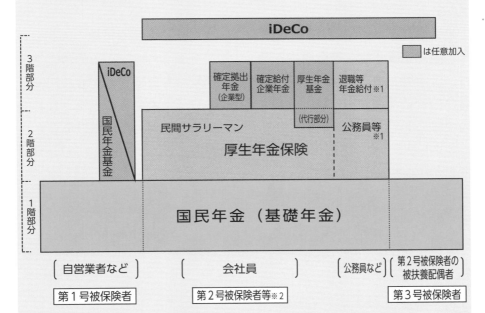

※1 被用者年金制度の一元化に伴い、平成27年10月から公務員及び私学教職員も厚生年金に加入。また、共済年金の職域加算部分は廃止され、新たに退職等年金給付が創設。ただし、平成27年9月までの共済年金に加入していた期間分については、平成年月以後においても、加入期間に応じた職域加算部分を支給
※2 第2号被保険者等とは、厚生年金被保険者のことをいう（第2号被保険者のほか、65歳以上で老齢、または、退職を支給事由とする年金給付の受給権を有する者を含む）

出典：厚生労働省

老齢年金の仕組み

老後の暮らしを支えるために欠かせない老齢年金には、その基盤となる老齢基礎年金と、厚生年金加入者が対象となる老齢厚生年金の2つがあります。

老齢基礎年金と老齢厚生年金

　老齢年金とは、原則として65歳以上の人に支給される年金のことをいい、老齢基礎年金と老齢厚生年金の2つに分類されます。老齢基礎年金は、保険料を納めた期間（保険料免除期間や合算対象期間を含む）である受給資格期間が10年以上ある人が、65歳に達したときに支給されるものです。2017（平成29）年8月までは、受給資格期間は25年以上とされてきましたが、少子高齢化の中、無年金者が増えることを抑制するために、期間が短縮されました。

　年金給付の開始年齢は原則として65歳ですが、それよりも早い60〜64歳からの繰り上げ受給、あるいは70歳までの繰り下げ受給も可能です。その場合、繰り上げ受給では年金額が減額され、逆に繰り下げ受給の場合は増額されます。

老齢基礎年金の年金額

　老齢基礎年金で受給できる年金額は、20歳から60歳までの40年間（480か月）、保険料（1ヵ月1万6,540円／令和2年度現在）を欠かさず払った場合、満額として月額6万5,141円となっています（2020（令和2）年4月現在）。その上で、20〜60歳までの間に、年金の未納や免除があった場合には、その期間に応じて年金の支給額が減額されます。たとえば30年間しか保険料を支払っていない場合には、全期間払った満額の4分の3となります。また、老齢基礎年金の給付金額は、賃金や物価の改定率によって調整されます（マクロ経済スライド）。このように、緩やかに年

金の給付水準を調整する仕組みで、現役世代の負担が過重なものとならないよう最終的な負担（保険料）の水準を定め、その中で保険料等の収入と年金給付等の支出の均衡が保たれるよう、時間をかけて緩やかに年金の給付水準を調整しています。

老齢厚生年金の年金額

老齢厚生年金は、厚生年金保険に加入した期間のある人で、なおかつ老齢基礎年金の受給資格期間を満たした人に給付される年金です。老齢基礎年金分も含めた保険料のうち、半分は会社が負担し、もう半分は本人の給与やボーナスから天引きされます。保険料・受給できる年金額ともに給与所得に比例して決定され、給与所得の高い人ほど、保険料や年金額が高くなります。また保険料納付期間が長いほど、年金額は高くなります。2020（令和2）年4月現在、夫婦2人分の老齢基礎年金を含む標準的な厚生年金額は、平均的な収入（賞与を含む平均標準報酬の月額換算で43.9万円）で40年間就業した場合に受け取り始める年金として、22万724円となっています。

年金制度の体系

支給要件	受給資格期間が 10 年以上ある人	
支給開始年齢	原則 65 歳から（60 〜 64 歳からの繰り上げ受給、あるいは 70 歳までの繰り下げ受給も可能）	
年金額	国民年金（老齢基礎年金）／満額（1 人分）で月額 6 万 5,141 円（2020 年）	厚生年金（夫婦 2 人分の老齢基礎年金を含む標準的な年金額）／満額（2 人分）で月額 22 万 724 円（2020 年）

障害年金の仕組み

65歳になる前の人が、ケガや病気で障害を負った際に支給される年金が障害年金で、老齢年金と同様、障害基礎年金と障害厚生年金の２つがあります。

２種類ある障害年金とその対象

　障害年金とは、ケガや病気によって障害を負い、仕事や暮らしが制限されるようになった場合に受け取ることができる年金です。障害年金には障害基礎年金と障害厚生年金の２つがあり、国民年金の加入のみの人は障害基礎年金、厚生年金に加入している場合には障害厚生年金を受給することができます。

障害基礎年金の受給条件

　障害基礎年金は、国民年金に加入している期間、または国民年金に加入前の20歳以前、もしくは60歳以上65歳未満のときに、障害の原因となるケガや病気の治療に対する初診日のある人が、定められた障害等級表（１級・２級）による障害の状態にある場合に支給されます。なお、60歳以上65歳未満の人については、日本国内在住が条件です。

　障害基礎年金を受けるには、初診日の前日において、

1. 初診日のある月の前々月までの公的年金の加入期間の３分の２以上の期間について、保険料が納付または免除されていること
2. 初診日において65歳未満であり、初診日のある月の前々月までの１年間に保険料の未納がないこと

のいずれかの要件を満たしていなければなりません。ただし、20歳以前で年金制度に加入していない期間に初診日がある場合は、この要件は適用されません。

障害厚生年金の受給条件

　障害厚生年金は、厚生年金に加入している期間中に初診日があるケガや病気で、障害基礎年金の1級または2級に当たる障害の状態になった際、障害基礎年金に上乗せして支給されるものです。さらに、程度の軽い障害で、その状態が2級に該当しないときは、3級の障害厚生年金が支給されます。また、初診日から5年以内にケガや病気が治り、障害厚生年金を受けるよりも軽い障害が残った場合には、障害手当金（一時金）が支給されます。なお、障害厚生年金や障害手当金を受給するためには、障害基礎年金の保険料納付要件を満たしていることが条件です。

障害年金の年金額例

障害基礎年金の受給要件・支給開始時期・計算方法

年金額 （2020年 4月分から）	【1級】　78万1,700円× 1.25＋ 子の加算 【2級】　78万1,700円＋ 子の加算 子の加算 ●第1子・第2子　各22万4,900円 ●第3子以降　各7万5,000円 子とは次の者に限る ● 18歳到達年度の末日（3月31日）を経過していない子 ● 20歳未満で障害等級1級または2級の障害者

障害厚生年金の受給要件・支給開始時期・計算方法

年金額 （2020年 4月分から）	【1級】　（報酬比例の年金額）× 1.25 ＋〔配偶者の加給年金額（22万4,900円）〕※ 【2級】　（報酬比例の年金額）＋〔配偶者の加給年金額（22万4,900円）〕※ 【3級】　（報酬比例の年金額）最低保障額　58万6,300円 ※その人に生計を維持されている65歳未満の配偶者がいるときに加算される

出典：日本年金機構

遺族年金の仕組み

世帯の生計を支えている人が亡くなった場合、遺された家族に支給されるのが遺族年金です。遺族の続柄や年齢などにより、受給できる条件が決まっています。

遺族年金にも、遺族基礎年金と遺族厚生年金がある

　国民年金または厚生年金保険の被保険者や被保険者であった人が亡くなった際に、その人によって生計を維持されていた遺族が受けることができるのが遺族年金です。他の公的年金制度と同様に遺族年金も、遺族基礎年金と遺族厚生年金の２つがあり、亡くなった人の年金の納付状況などによって、いずれかまたは両方の年金が支給されます。

遺族基礎年金の受給要件

　遺族基礎年金は、国民年金の被保険者等であった人が受給要件を満たしている場合に、亡くなった人によって生計を維持されていた子のある配偶者または子が受け取ることができる年金です。なお、ここでいう子とは、以下のように定められています。

> ・18歳になった年度の3月31日までの間にある子（受給要件を満たした国民年金または厚生年金保険の被保険者が死亡した当時、胎児であった子も出生以降に対象となる）
> ・20歳未満で、障害等級１級または２級の障害状態にある子
> ・婚姻していないこと

　遺族基礎年金は、被保険者または老齢基礎年金の受給資格期間が25年以上ある人が死亡したときに支給されます。なお死亡した人が、死亡日の前日において保険料納付済期間（保険料免除期間を含む）が加入期間の３分の２以上あることが必要です。ただし2026（令和８）年４月１日

前の場合は、死亡日に65歳未満であれば、死亡日の前日において死亡日の属する月の前々月までの1年間の保険料を納付しなければならない期間のうち、保険料の滞納がなければ受給できます。

遺族厚生年金の受給対象は遺族基礎年金よりも幅広い

遺族厚生年金は、厚生年金保険の被保険者等であった人が受給要件を満たしている場合、亡くなった人によって生計を維持されていた遺族が受け取ることができます。遺族基礎年金との最大の違いは、遺族年金を受け取れる人に、配偶者や子どもだけでなく、父母や孫、祖父母までが含まれていることです。

遺族基礎年金の支給要件と年金額

支給要件	国民年金保険の被保険者または老齢基礎年金の受給資格期間が25年以上ある者が死亡したとき。ただし死亡した人について、死亡日の前日において保険料納付済期間（保険料免除期間を含む）が加入期間の3分の2以上あること ※2026（令和8）年4月1日前の場合は、死亡日に65歳未満であれば、死亡日の前日において、死亡日の属する月の前々月までの1年間の保険料を納付しなければならない期間のうちに、保険料の滞納がなければ受けられる
対象者	死亡した人によって生計を維持されていた、子のある配偶者あるいは子 ※子とは次の者に限る ● 18歳到達年度の末日（3月31日）を経過していない子 ● 20歳未満で障害年金の障害等級1級または2級の子
年金額 （2020年4月分から）	78万1,700円＋子の加算 ・子の加算／第1子・第2子は各22万4,900円、第3子以降は各7万5,000円 ※子が遺族基礎年金を受給する場合の加算は第2子以降について行い、子1人当たりの年金額は、上記による年金額を子どもの数で除した額

私的年金の種類と確定拠出年金

年金制度の３階部分に当たるのが私的年金。その代表である確定拠出年金は、個人や企業が拠出した掛け金を運用し、将来、年金として給付するものです。

 ## 企業年金と個人年金

　私的年金は、企業などの集団や個人が、老後の暮らしに備えた自助努力の一環として行うもので、福利厚生として企業が行う企業年金と個人を対象に信託銀行や生命保険会社が販売する個人年金の２つに分類できます。公的年金と私的年金を比較すると、以下のような違いがあります。

1. 公的年金は強制加入だが、私的年金は任意の制度である
2. 公的年金では年金額の実質的価値が維持されるのに対し、私的年金は経済変動で年金額の価値が大きく変動することがある
3. 公的年金が終身年金であるのに対し、私的年金は支給期間を限った有期年金が多い
4. 公的年金の財源は保険料・積立金の運用収入・国庫負担であるのに対し、私的年金の財源は企業年金では事業主負担の割合が高く、個人年金では個人が支払う保険料とそれによる運用収入

　日本の年金制度は基礎年金と厚生年金の２階建てといわれますが、さらにその上の３階部分に当たるのが、こうした私的年金です。

 ## 確定拠出年金の仕組み

　私的年金の中で、2001（平成13）年に発足した制度が確定拠出年金です。これは、個人の加入者や企業が毎月一定の掛金を拠出してその資金を運用し、それによって得られた利益が給付金として将来、自分に戻ってくるというものです。確定拠出年金には、個人型確定拠出年金（iDeCo：

イデコ）と、企業型確定拠出年金（企業型DC）の２つがあります。iDeCoは、加入者が自分で掛金の金額を決め、自分でお金を拠出し、将来、年金を受け取るというものです。これに対して企業型DCは、定められたルールに基づいて企業がお金を拠出するものですが、従業員が一部掛金を負担するというケース（マッチング拠出）もあります。

 ## 確定拠出年金のメリットとデメリット

　確定拠出年金のメリットは、税制優遇措置の充実、運用商品が選びやすい、企業型DCの場合は社外に拠出金を積み立てるので会社が倒産しても従業員の年金資産として保護されるといった点が挙げられます。一方でデメリットとして挙げられるのは、運用の結果次第で将来受け取れる年金の額が違ってくる、拠出金は60歳になるまで受け取れないことです。

確定拠出年金

		企業型	個人型（iDeCo）
実施主体		企業型年金規約の承認を受けた企業	国民年金基金連合会
加入対象者		実施企業に勤務する従業員 ※厚生年金保険の被保険者のうち厚生年金保険法第２条の５第１項第１号に規定する第１号厚生年金被保険者又は同項第４号に規定する第４号厚生年金被保険者	1．自営業者等（国民年金第１号被保険者） ※農業者年金の被保険者の人、国民年金の保険料を免除されている人を除く 2．厚生年金保険の被保険者（国民年金第２号被保険者） ※公務員や私学共済制度の加入者を含む。企業型年金加入者においては、企業型年金規約において個人型年金への加入が認められている人に限る 3．専業主婦（夫）等（国民年金第３号被保険者）
掛金		事業主拠出 （企業型確定拠出年金の規約に定めた場合は加入者も拠出可能）	加入者拠出 （「iDeCo＋」（イデコプラス・中小事業主掛金納付制度）を利用する場合は事業主も拠出可能）
拠出限度額		●確定給付型の年金を実施していない場合：5万5,000円／月 ※企業型確定拠出年金の規約において個人型への同時加入を認める場合：3万5,000円／月 ●確定給付型の年金を実施している場合：2万7,500円／月 ※企業型確定拠出年金の規約において個人型への同時加入を認める場合：1万5,500円／月	1．自営業者等：6万8,000円／月 ※国民年金基金の加入者の限度額は、その掛金と合わせて6万8,000円 2．厚生年金保険の被保険者 ●確定給付型の年金及び企業型確定拠出年金に加入していない場合（公務員を除く）：2万3,000円／月 ●企業型確定拠出年金のみに加入している場合：2万円／月 ●確定給付型の年金のみ、または確定給付型と企業型確定拠出年金の両方に加入している場合：1万2,000円／月 ●公務員：1万2,000円／月 3．専業主婦（夫）等：2万3,000円／月

※確定給付型の年金…厚生年金基金、確定給付企業年金、石炭鉱業年金基金、私立学校教職員共済
出典：厚生労働省

確定給付企業年金の仕組み

確定給付企業年金は、確定拠出年金と並んで年金制度の"3階"に位置するものです。
規約型企業年金と基金型企業年金の2種類があります。

 ### 規約型企業年金と基金型企業年金

　確定給付企業年金は、2002（平成14）年に施行された企業年金制度で、規約型企業年金と基金型企業年金の2種類があります。規約型とは、従業員と事業者が合意した年金規約に基づき、企業と信託会社・生命保険会社等が契約を結び、母体となる企業の外で年金資金を管理・運用し、年金給付を行うものです。一方で基金型は、企業年金基金とも呼ばれ、母体企業とは別の法人格を持った基金を設立した上で、基金において年金資金を管理・運用し、年金給付を行うものです。

 ### 確定給付企業年金の仕組み

　確定給付企業年金の設立に必要な加入者数は、基金型では原則として300人以上で、規約型には人数要件はありません。掛金は原則として事業主が負担しますが、本人（従業員）との合意の上で、2分の1を上回らない範囲内で本人に負担させることもできます。年金給付は、原則として終身または5年以上の有期年金となります。その上で毎年、積立金が責任準備金額（継続基準）や最低積立基準額（非継続基準）を上回るかを計算して、その金額が不十分な場合、掛金を見直す必要があります。

　確定給付企業年金の対象となるのは、厚生年金適用事業所の被保険者で、加入者の資格は年金規約において定めることができます。その場合、加入者資格は特定の者について不当に差別的なものであってはならないとされています。

確定給付企業年金のメリットとデメリット

　確定拠出年金が、まず掛金を確定した上で加入者ごとに資産を運用・管理して運用実績に応じた額が支払われるのに対し、確定給付企業年金は将来の給付額を確定した上で年金資産を一括して運用・管理し、決まった額が加入者に支払われます。このため確定給付企業年金は、加入者が給付額に応じた老後の生活設計がしやすいというメリットがあります。一方で、確定給付企業年金は、掛け金を企業が運用して約束した利回りにより給付を行うことから、運用利回りが不足した場合は企業が穴埋めをしなければならないというデメリットがあります。

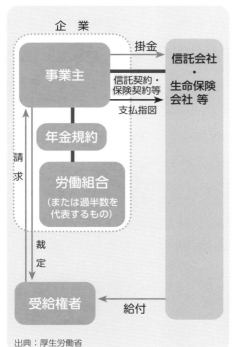

規約型の確定給付企業年金の仕組み

企　業

掛金 → 信託会社・生命保険会社 等

事業主

信託契約・保険契約等

支払指図

年金規約

労働組合（または過半数を代表するもの）

請求

裁定

受給権者 ← 給付

出典：厚生労働省

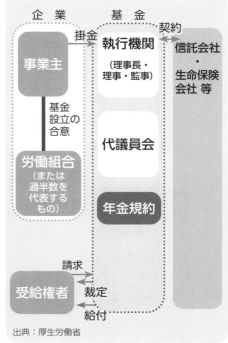

基金型の確定給付企業年金の仕組み

企　業　　　　基　金

掛金

契約

事業主

執行機関（理事長・理事・監事）

信託会社・生命保険会社 等

基金設立の合意

代議員会

労働組合（または過半数を代表するもの）

年金規約

請求

裁定

受給権者

給付

出典：厚生労働省

個人年金の仕組み

公的年金にさらに積み重ねることで、老後の暮らしの安心を担保するのが民間の個人年金。主に生命保険会社によって運用され、多彩なタイプがあります。

個人年金は生命保険の一種

　個人年金とは、公的年金制度とは別に、個人が生命保険会社などと契約し、年金を受け取り始める年齢を決めて保険料を払い込み、受取開始の年齢から年金として受け取るという、**生命保険の一種**です。保険料の支払いは月払いなどの**分割**のほか、一括で支払う**一時払い**という形式もあります。あらかじめ保険料を積み立てて年金を受け取ることから、預貯金に似ているともいえますが、受給については一定日に定額が給付される年金方式であること、また契約日から年金の受け取りが始まる日の前日までの期間（据置期間）中の運用実績によって将来の年金額が決まる変額個人年金の場合、給付額が積立の総額よりも少なくなることがある点も、一般の預貯金と異なります。

様々な種類がある個人年金

　生命保険会社が提供する個人年金には、以下のような種類があります。

> 1. 受給開始から生涯にわたって年金形式で現金が受け取れる終身年金
> 2. 定められた一定期間のみ年金が受け取れる確定年金
> 3. 定められた期間中であれば、加入者の生死にかかわらず、本人あるいは遺族が年金を受け取れるタイプの確定年金
> 4. 加入は夫婦2人で行い、どちらかが生きている限り年金が給付される夫婦年金
>
> など

このように個人年金の条件や保険料・年金額設定は様々です。また、生命保険会社だけでなく、損害保険会社が販売している年金払い積立傷害保険も、個人年金の一種に含まれます。

保険料控除の対象にもなる

個人年金のメリットとして、保険料控除の対象となる点が挙げられます。契約の際に個人年金保険料税制適格特約を付加すると、個人年金の保険料は個人年金保険料控除の対象となります。これにより、支払った保険料の金額に応じ、所得税と住民税については一定額まで所得控除を受けることができます。なお、その際には、1. 年金の受取人は保険料を支払う本人またはその配偶者、2. 保険料の払込期間が10年以上、3. 年金受け取りは60歳以上、受取期間が10年以上、といった条件があります。

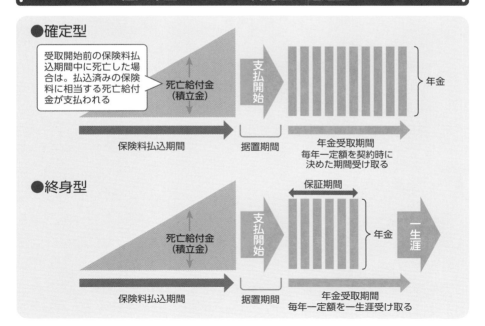

個人年金のタイプ〜終身型と確定型〜

●確定型

受取開始前の保険料払込期間中に死亡した場合は。払込済みの保険料に相当する死亡給付金が支払われる

死亡給付金（積立金）

支払開始

年金

保険料払込期間　　据置期間　　年金受取期間 毎年一定額を契約時に決めた期間受け取る

●終身型

死亡給付金（積立金）

支払開始

保証期間

年金　一生涯

保険料払込期間　　据置期間　　年金受取期間 毎年一定額を一生涯受け取る

▶ 知っておきたい年金受給のポイント

国民年金保険料の免除と猶予

国民年金保険料を納付することが難しい人に対しては、保険料の免除や猶予などの制度が用意されており、未納によるリスクを軽減することができます。

未納のリスクを避けるための救済制度

国民年金（基礎年金）の保険料について未納があると、場合によっては年金が受け取れなくなったり、障害年金や遺族年金の給付も受けられなくなってしまいます。このため、国民年金保険料の納付が困難な人に対する救済制度として、保険料の全額免除、一部免除、納付猶予、学生納付特例などがあります。これらの制度を利用することで、以下のようなメリットがあります。

1. 保険料未納の場合はさかのぼって2年前の分までしか納められないところ、追納として10年前の分までさかのぼって納付することができ、その分、受け取る年金額が未納よりも増える
2. 未納の場合、障害年金や遺族年金を受け取ることができない場合があるが、免除・納付猶予制度の場合は、障害年金・遺族年金を受け取る条件に含まれる（一部免除において減額された保険料を納付していない場合を除く）

全額免除と一部免除

全額免除・一部免除は、所得などの条件により保険料の納付が免除される制度です。免除額は、全額免除は保険料の全額、一部免除には保険料の4分の3、半額、4分の1の3段階があり、審査によって1ヵ月単位で免除されます。免除期間については年金受給資格期間に反映されますが、一部免除の場合、減額された保険料を納付しないと未納扱いとなり、

年金受給資格期間に算入されません。免除については、本人、配偶者及び世帯主それぞれの前年所得が一定の金額以下であれば、申請者本人が免除を受けることができます。

なお、全額免除または一部免除が承認されると、付加年金及び国民年金基金は利用できません。また付加年金及び国民年金基金は、さかのぼっての加入ができません。

加えて2019（平成31）年4月からは、国民年金第1号被保険者の期間を対象とした産前産後期間の保険料免除制度が開始されました。産前産後免除の期間は年金を受けるための期間として計算されるうえ、老齢基礎年金額に満額が反映されます。

納付猶予と学生納付特例

納付猶予・学生納付特例は、50歳未満の人または学生は、審査により1年ごとに国民年金保険料の納付が猶予されるというものです。これらの猶予期間中は年金受給資格期間に算入されますが、年金額の計算上は含まれません。

さらに特例として、退職（失業等）により保険料の納付が困難な人や新型コロナウイルス感染症の影響により納付が困難な人については、国民年金保険料の免除・納付猶予が申請できます。

免除が承認された場合の免除額と保険料

【令和2年度の月額保険料】

	全額免除	4分の3免除	半額免除	4分の1免除
免除額	1万6,540円	1万2,400円	8,270円	4,130円
保険料	0円	4,140円	8,270円	1万2,410円

出典：日本年金機構

任意加入制度

老後の無年金状態を避け、あるいは少しでも年金受給額を増やすために、60歳を過ぎても国民年金に加入し保険料を納付できるのが任意加入制度です。

60歳以降も任意で国民年金に加入できる

　老齢基礎年金は、20歳から60歳までの間に、保険料納付済期間や保険料免除期間などの受給資格期間が10年以上ないと、年金を受け取ることができません。こうした無年金の状態を避けるための救済制度の１つが任意加入制度です。60歳までに老齢基礎年金の受給資格を満たしていない場合や、納付済期間が40年に満たないため老齢基礎年金を満額受給できない場合などに、受け取る年金額の増額を希望するときは、60歳以降でも、任意で国民年金に加入することができます。ただし、申し出のあった月からの加入となり、さかのぼって加入することはできません。また、厚生年金保険、共済組合等加入者は任意加入はできません。

任意加入のための条件

　任意加入制度を利用するためには、以下１～４のすべての条件を満たさなければなりません。

1. 日本国内に住所を有する60歳以上65歳未満の人
2. 老齢基礎年金の繰り上げ支給を受けていない
3. 20歳以上60歳未満までの保険料の納付月数の合計が480月（40年）未満
4. 厚生年金保険、共済組合等に加入していない

　なお、年金の受給資格期間を満たしていない65歳以上70歳未満の人や、外国に居住する日本人で20歳以上65歳未満の人も加入することができま

す。なお、1の60歳以上65歳未満の人については、60歳の誕生日の前日より任意加入の手続きをすることができます。

 ## 厚生年金保険における高齢任意加入制度

　厚生年金保険の加入者は、会社に勤めていても70歳になると加入者の資格を失います。しかし、70歳になっても老齢年金の受給資格期間を満たせない在職中の人は、本人の申し出により、その期間を満たすまで任意加入することができます。その場合の保険料は、厚生年金保険の適用事業所で働いている人の場合、加入する人（本人）が全額負担し自分で保険料を納付しなければなりません。ただし事業主が同意した場合は、事業主が保険料の半額を負担し、加入する人の分と合わせて年金事務所に納めます。また、適用事業所以外の事業所で働いている人の場合は、事業主が半額を負担し、加入する人の分と合わせて年金事務所に納めることとなります。

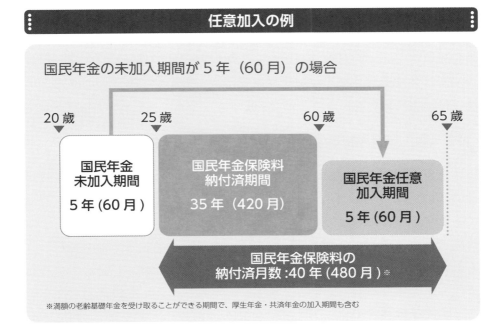

任意加入の例

国民年金の未加入期間が5年（60月）の場合

20歳　25歳　60歳　65歳

国民年金
未加入期間
5年（60月）

国民年金保険料
納付済期間
35年（420月）

国民年金任意
加入期間
5年（60月）

国民年金保険料の
納付済月数：40年（480月）※

※満額の老齢基礎年金を受け取ることができる期間で、厚生年金・共済年金の加入期間も含む

付加年金と国民年金基金

厚生年金を受給する第2号被保険者に比べて、年金額の少ない第1号被保険者に対し、年金を上乗せする制度が付加年金と国民年金基金です。

基礎年金に上乗せされる付加年金

　付加年金は、第1号被保険者や国民年金の任意加入被保険者（日本国内に居住する60歳以上65歳未満の人）が、定額の保険料に加えて付加保険料（月額400円）を納付すると、老齢基礎年金に付加年金が上乗せされるというものです。

　付加年金で受給できる年金額は、200円×付加保険料の納付月数で、申し込み先はその人が居住する市区町村役場となります。なお付加年金は、老齢基礎年金と合わせて受給できる終身年金ですが、定額のため物価スライドによる増額や減額はありません。また、後述する国民年金基金に加入中の人は、付加保険料を納付することができません。付加保険料の納付は、申し込んだ月分からとなり、納付期限は翌月末日（休日・祝日の場合は翌営業日）です。納付期限を経過した場合でも、期限から2年間は付加保険料を納めることができます。

第1号被保険者の2階部分となる国民年金基金

　厚生年金制度の被保険者である、国民年金の第2号被保険者については、受給できる年金は、国民年金（基礎年金）と厚生年金の2階建てとなっています。これに対して自営業やフリーランスなど国民年金の第1号被保険者が受け取る年金は、1階部分である基礎年金しかありません。このため、第1号被保険者についても、老後の暮らしをより安定させるために、基礎年金に上乗せする2階部分の年金制度としての役割を担うのが、国民年金基金です。国民年金基金は公的年金とは異なり、国による

運営ではなく私的年金ですが、公的年金制度と同様に社会保険料控除や公的年金等控除などの対象となります。

国民年金基金の仕組み

国民年金基金には「地域型」と「職能型」があり、2019年4月1日からは、全国の地域型の国民年金基金と大部分の職能型の国民年金基金が合併した全国国民年金基金と、単独で存続を選択した3つの職能型の国民年基金が存在しています。

全国国民年金基金は、住所や職種を問わず、全国単位で設置されています。一方、職能型国民年金基金は、同じ職種に従事する人々で組織する基金で、3つの職種について全国単位で設立されています。また、各基金が共同で設立する国民年金基金連合会があります。

基金への加入資格は、20歳以上60歳未満の国民年金の第1号被保険者、または国民年金の任意加入被保険者です。なお、第1号被保険者でも、保険料納付免除者・農業年金の被保険者は加入することができません。掛け金や給付される年金額は、加入時の年齢、その人が選ぶ給付の型と口数によって異なります。また基金の給付においては、国民年金（基礎年金）のような物価スライドは行われません。

国民年金基金の仕組み

国民年金基金	上乗せ部分	老齢厚生年金等
国民年金 （老齢基礎年金）	共通部分	国民年金 （老齢基礎年金）
第1号被保険者 （自営業・フリーランスなど）		第2号被保険者 （会社員など）

出典：全国国民年金基金

独自給付と
年金生活者支援給付金

国民年金については、寡婦年金や死亡一時金など第1号被保険者を対象とした独自給付や、年金に上乗せして支給する年金生活者支援給付金があります。

夫を亡くした妻が対象の寡婦年金

　国民年金においては、老齢基礎年金の給付に加えて、自営業やフリーランスなどの第1号被保険者のみを対象にした独自給付があります。独自給付は、**付加年金、寡婦年金、死亡一時金**の3つがありますが、ここでは先述した付加年金以外の2つについて解説します。

　寡婦年金は、第1号被保険者として免除期間も含めた保険料を納めた期間が10年以上ある夫（2017（平成29）年8月1日より前の死亡の場合、25年以上の期間が必要）が死亡した時に、その人と10年以上継続して婚姻関係にあり、生計を維持されていた妻に対して、60歳から65歳になるまでの間支給されます。年金額は、夫の第1号被保険者期間だけで計算した老齢基礎年金額の4分の3となります。なお、下記の要件に該当する場合は、支給されません。

1. 死亡した夫が、障害基礎年金の受給権者だった
2. 老齢基礎年金を受けたことがある
3. 妻が繰り上げ支給の老齢基礎年金を受けている

死亡一時金の仕組みと金額

　第1号被保険者として保険料を納めた月数が36ヵ月以上ある人が、老齢基礎年金・障害基礎年金を受けないまま死亡したとき、その人と生計を同じくしていた遺族に支給されるのが死亡一時金です。死亡一時金の額は、保険料を納めた月数に応じて12万円から32万円まで6段階に区分

されています。また、付加保険料を納めた月数が36ヵ月以上ある場合は、8,500円が加算されます。なお、遺族が遺族基礎年金の支給を受けられるときは、死亡一時金は支給されません。寡婦年金を受けられる人の場合は、死亡一時金か寡婦年金か、どちらか一方を選択します。死亡一時金を受ける権利の時効は、死亡日の翌日から2年となっています。

年金生活者支援給付金制度

　公的年金等の収入や所得額が一定額以下の年金受給者に対して、その生活を支援するために、消費税率引き上げ分を活用し、年金に上乗せして支給するのが年金生活者支援給付金です。老齢基礎年金を受給している人には老齢年金生活者支援給付金、障害基礎年金を受給している人には障害年金生活者支援給付金、遺族基礎年金を受給している人には遺族年金生活者支援給付金が給付されます。

老齢年金生活者支援給付金の支給要件と給付額

支給要件	以下の支給要件をすべて満たしている人 （1）65歳以上の老齢基礎年金の受給者である （2）同一世帯の全員が市町村民税非課税である （3）前年の公的年金等の収入金額※とその他の所得との合計額が87万9,900円以下である ※障害年金・遺族年金等の非課税収入は含まれない
給付額	月額5,030円を基準に、保険料納付済期間等に応じて算出され、次の（1）と（2）の合計額となる （1）保険料納付済期間に基づく額（月額）＝ 5,030円×保険料納付済期間／被保険者月数480月 （2）保険料免除期間に基づく額（月額）＝ 1万856円×保険料免除期間／被保険者月数480月 ⋯⋯⋯⋯⋯⋯⋯⋯⋯⋯⋯⋯⋯⋯⋯⋯⋯⋯⋯⋯⋯⋯ ●給付額の例 被保険者月数480月のうち納付済月数が480ヵ月、全額免除月数が0ヵ月の場合 （1）5,030円 × 480 / 480月 ＝ 5,030円 （2）1万856円 × 0 / 480月 ＝ 0円 合計（1）5,030円 ＋（2）0円 ＝ 5,030円（月額）

労働者災害補償保険の仕組み

会社等で働く人が、通勤も含む仕事の上で何らかのケガや病気になってしまった場合、保険給付と治療後の社会復帰を促すのが労働者災害補償保険です。

 労働災害補償保険制度の目的

労働者災害補償保険（以下、労災保険）は、通勤も含めた業務上の事由による傷病等に対して、労働者に必要な保険給付を行い、あわせて被災労働者の社会復帰の促進等に関する事業を行う、公的保険制度の１つです。労災保険法では、その目的を次のように定めています。

第一条　労働者災害補償保険は、業務上の事由、事業主が同一人でない二以上の事業に使用される労働者（以下「複数事業労働者」という）の二以上の事業の業務を要因とする事由又は通勤による労働者の負傷、疾病、障害、死亡等に対して迅速かつ公正な保護をするため、必要な保険給付を行い、あわせて、業務上の事由、複数事業労働者の二以上の事業の業務を要因とする事由又は通勤により負傷し、又は疾病にかかった労働者の社会復帰の促進、当該労働者及びその遺族の援護、労働者の安全及び衛生の確保等を図り、もって労働者の福祉の増進に寄与することを目的とする

 労災保険は会社等に勤めるすべての労働者が対象

労災保険の費用は、原則として事業主の負担する保険料によってまかなわれています。その上で労災保険は原則として、一人でも労働者を使用する事業は業種の規模の如何を問わず、すべてに適用されます。また、労災保険における労働者とは、職業の種類を問わず、事業に使用される人で、賃金を支払われる人を指し、労働者であればアルバイトやパート

タイマーといった雇用形態は問われません。

　なお、2020（令和2年）9月1日より労災保険法が改正施行され、複数の会社等で働いている人に対して、施行日以降に発生したけがや病気について、すべての会社の賃金を合算した額をもとに保険給付額が決まるようになり、また、すべての会社の負荷（労働時間やストレス等）を総合的に評価して、労災認定の判断をするようになりました。

労災保険の仕組み

受診する場合
無料で治療が受けられる

死亡した場合
遺族の方に
年金か一時金を
支払う

「労災保険」は
仕事上や通勤による
ケガや病気に対して、
必要な保険給付を
行う制度

仕事に行けない日は
給料の約8割を
支払う

介護を受けている場合
その費用を支払う

障害が残った場合
年金か一時金を支払う

出典：厚生労働省

保険給付の種類

労災保険の保険給付には、療養（補償）給付のような現物支給をはじめ、傷病（補償）年金などの現金給付、健康診断や保健指導など多数の種類があります。

 療養のための保険給付

　労災保険は通勤災害や業務災害に対する補償としての保険給付等と、被災労働者の社会復帰を促すための社会復帰促進等事業の2つに大別できます。保険給付等において、労働者が通勤・業務災害で負った傷病について、労災病院や都道府県労働局長の指定する医療機関等で療養を受ける場合、現物給付として療養（補償）給付が行われます。一方で、上記以外の医療機関で療養を受けた場合は、現金給付として療養に要した費用が給付されます。さらに、療養のために休業する場合は休業（補償）給付が、通勤・業務災害による傷病が1年6ヵ月を経過しても治らず、傷病による傷害の程度が障害等級に該当する場合は傷病（補償）年金が支給されます。

 障害が残ったり死亡した場合の給付

　通勤・業務災害で負った傷病が治った後、障害等級第1～7級までにあたる障害が残っている場合には、障害（補償）年金が支給されます。また障害等級が第8～14級までの場合は、年金でははなく障害（補償）一時金が支給されます。

　被災した労働者が死亡した場合、その労働者によって生計を維持していた配偶者、子、父母、孫、祖父母、兄弟姉妹といった遺族に対しては、遺族（補償）年金が支給されます。遺族（補償）年金の受給資格のある遺族がいない場合、遺族（補償）年金受給資格のない配偶者、子、父母、孫、祖父母、兄弟姉妹は遺族（補償）一時金の受給資格者となります。

さらに、通勤・業務災害で死亡した人の葬祭を行う場合には、**葬祭料ま****たは葬祭給付**が支給されます。

 介護や健診に関する給付

　傷病（補償）年金や障害（補償）年金の受給者の中で、第1～2級の精神・神経障害及び胸腹部臓器の障害の人が、介護を受ける際に給付されるのが**介護（補償）給付**です。また、労働安全衛生法に基づいた事業主による定期健康診断において、直近の診断で脳血管疾患及び心臓疾患に関連する項目に異常所見があると診断された場合、労働者の請求によって二次健康診断や特定保健指導が行われます。これらは、**二次健康診断****等給付**となります。

保険給付の種類

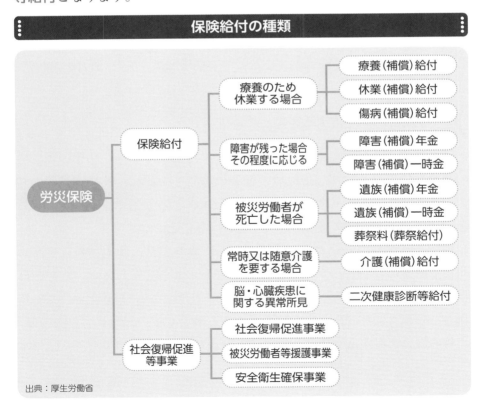

出典：厚生労働省

労災の定義と
保険給付の手続き

業務災害や通勤災害には、それぞれに定義があります。その上で、被災労働者や遺族は、労働基準監督署長に所定の保険給付請求書を提出します。

業務災害に関する定義

　労災保険における災害分類は、業務災害と通勤災害の2つに分類されます。業務災害とは、労働者が業務を原因として被ったケガや病気、または死亡（以下、傷病等）を指します。また、業務と傷病等との間に、一定の因果関係があることを「業務上」と定義します。業務災害に対する労災保険の保険給付は、労働者が労災保険の適用される事業場に雇用されて、事業主の支配下にあるときに、業務が原因で発生した災害に対して行われるものです。なお、ここでの事業場とは、法人・個人を問わず、一般に労働者が使用される事業が適用されます。

通勤災害に関する定義

　通勤災害は、労働者が通勤によって被った傷病等をいいます。ここでの通勤とは、就業に関して住居と就業の場所との往復、就業の場所から他の就業の場所への移動、単身赴任先の住居と帰省先の住居との間の移動について、合理的な経路及び方法で行うことをいいます。このため、合理的な経路や方法を逸脱または中断した場合には、逸脱または中断の間とその後の移動については、通勤と認められません。また、たとえば事業主の提供する専用交通機関を使用して出退勤をする場合や、緊急用務のため休日に呼び出しを受けて出勤する場合などの移動による災害は、業務の性質を有するものとして、通勤災害ではなく業務災害となります。

保険給付の手続き

　労災保険の給付を受けるには、被災労働者の所属事業場の所在地を管轄する労働基準監督署長（二次健康診断等給付は所属労働局長）に、被災労働者やその遺族等が所定の保険給付請求書に必要事項を記載した上で提出することが必要です。

労働者災害補償保険

療養（補償）給付の手続きの流れ

出典：厚生労働省

療養費用、休業（補償）給付、障害（補償）給付、遺族（補償）給付、葬祭料（葬祭給付）、介護（補償）給付の手続きの流れ

・療養の費用について
第2回目以降の請求が離職後である場合には、事業主による請求書への証明は必要ない
・休業（補償）給付について
第2回目以降の請求が離職後である場合には、事業主による請求書への証明は必要ない。
ただし、離職後に請求する場合でも、当該請求における療養のため労働できなかった期間の全部又は一部が離職前であった場合は、請求書への証明が必要

出典：厚生労働省

雇用保険の仕組み

労働者が失業したり労働者の雇用の継続が困難となった場合、必要な給付を行うことで労働者の生活を安定させ、再雇用を支援するのが雇用保険です。

 労働者を雇用する事業には強制的に適用される

雇用保険は政府が管掌する強制保険制度であり、労働者を雇用する事業は、原則として強制的に適用されます。その目的については雇用保険法で、次のように定められています。

> 第1条　雇用保険は、労働者が失業した場合及び労働者について雇用の継続が困難となる事由が生じた場合に必要な給付を行うほか、労働者が自ら職業に関する教育訓練を受けた場合及び労働者が子を養育するための休業をした場合に必要な給付を行うことにより、労働者の生活及び雇用の安定を図るとともに、求職活動を容易にする等その就職を促進し、あわせて、労働者の職業の安定に資するため、失業の予防、雇用状態の是正及び雇用機会の増大、労働者の能力の開発及び向上その他労働者の福祉の増進を図ることを目的とする

 雇用保険の受給要件

雇用保険の中心となる基本手当は、失業した人が安定した生活を送りながら、1日も早く再就職するために給付されるものです。ただし、雇用保険（基本手当）は、必ず退職すれば受けられるものではなく、一定の受給要件を満たした場合にのみ受給することができます。雇用保険の基本手当の受給資格は、原則として離職前2年間に被保険者期間が12ヵ月以上必要となります。ただし、倒産や解雇などの理由によって離職した場合や、期間の定めのある労働契約が更新されなかったこと、その他

やむを得ない理由により離職した場合は、離職前1年間に被保険者期間が通算して6ヵ月以上必要となります。

離職前の休職期間も被保険者期間に含まれる

離職前2年間（倒産・解雇等の場合は1年間）の間に疾病、負傷、出産、育児などの理由により引き続き30日以上の賃金支払を受けることができなかった場合は、これらの理由により賃金の支払を受けることができなかった日数を加えた期間（加算後の期間が4年間を超えるときは4年間が最長）により、受給に必要な被保険者期間があるかを判断します。また、雇用保険（基本手当）の給付は、雇用の予約や就職が内定及び決定していない、失業の状態にある人にのみ支給されます。

雇用保険（基本手当）の給付における「失業の状態」

● 失業の状態とは、次の条件をすべて満たす場合のことをいう

❶ 積極的に就職しようとする意思があること

❷ いつでも就職できる能力（健康状態・環境など）があること

❸ 積極的に仕事を探しているにもかかわらず、現在職業に就いていないこと
このため以下のような人は受給できない
・妊娠、出産、育児、病気、ケガですぐに就職できない
・就職するつもりがない
・家事や学業に専念している
・会社などの役員に就任している
・自営業の人 など

雇用保険給付の種類

雇用保険の保険給付は、一般被保険者に対する求職者給付（基本手当）をはじめ、就職促進給付や教育訓練給付、雇用継続給付などがあります。

雇用保険の被保険者と失業等給付の分類

　雇用保険における保険給付の中心となる失業等給付には、求職者給付、就職促進給付、教育訓練給付、雇用継続給付があります。求職者給付については、65歳未満の常用労働者である一般被保険者、65歳以上の労働者である高齢被保険者、季節的に雇用される短期雇用特例被保険者、日々雇用される人や30日以内の期限を定めて雇用される人が該当する日雇い労働被保険者という4つの区分それぞれに対応する形で、各々の求職者給付が定められています。

一般被保険者に対する求職者給付（基本手当）

　求職者給付における基本手当は、雇用保険の一般被保険者が、定年、倒産、契約期間の満了等により離職した際、失業中の生活を心配せずに新しい仕事を探し、再就職するために支給されるものです。雇用保険の一般被保険者に対する求職者給付の基本手当の所定給付日数（基本手当の支給を受けることができる日数）は、受給資格に係る離職の日における年齢、雇用保険の被保険者であった期間、離職の理由などによって決まり、90日〜360日の間でそれぞれ定められます。

雇用を促進するための様々な給付

　就職促進給付は、早期の再就職を促すことを目的として、再就職手当や就業促進定着手当、就業手当等が支給されます。教育訓練給付は、働く人の能力開発の取り組みや中長期的なキャリア形成を支援するために、

教育訓練の受講に支払った費用の一部が支給されるものです。また初めて、通信制・夜間制を除く専門実践教育訓練を受講する人で、受講開始時に45歳未満など一定の要件を満たす人が、訓練期間中に失業状態にある場合、訓練受講をさらに支援するため、教育訓練支援給付金が支給されます。雇用継続給付は、職業生活の円滑な継続を援助・促進することを目的に、高年齢雇用継続給付、介護休業給付が支給されます。さらに、労働者が子を養育するための休業をした場合に必要な給付として、育児休業給付も失業等給付とは別立てで存在します。

保険給付の種類

雇用保険
- 失業等給付
  - 求職者給付
    - 一般被保険者に対する求職者給付
      - 基本手当
      - 技能習得手当
        - 受講手当
        - 通所手当
      - 寄宿手当
      - 傷病手当
    - 高年齢被保険者に対する求職者給付
      - 高年齢求職者給付金
    - 短期雇用特例被保険者に対する求職者給付
      - 特例一時金
    - 日雇労働被保険者に対する求職者給付
      - 日雇労働求職者給付金
  - 就職促進給付
    - 就業促進手当
      - 再就職手当
      - 就業促進定着手当
      - 就業手当
      - 常用就職支度手当
    - 移転費
    - 求職活動支援費
      - 広域求職活動費
      - 短期訓練受講費
      - 求職活動関係役務利用費
  - 教育訓練給付
    - 教育訓練給付金
  - 雇用継続給付
    - 高年齢雇用継続給付
    - 介護休業給付
- 育児休業給付
  - 育児休業給付金
- 雇用保険二事業
  - 雇用安定事業
  - 能力開発事業

出典：ハローワーク

雇用保険給付の手続き

雇用保険の基本手当については、離職した人自身が必要書類等を用意した上で、ハローワークに直接出向き、受給資格の確認・決定などを経て給付を受けます。

受給手続きと必要書類

　雇用保険（基本手当）の受給を受けるには、まず離職した人が手続きに必要な書類等を用意し、その人の住居地を管轄するハローワークに出向いて受給手続きを行います。

> 【必要書類】
> １．勤務していた事業所から支給された離職票
> ２．個人番号確認書類／マイナンバーカード、通知カード、個人番号の記載のある住民票の写しのいずれか
> ３．身元（実在）確認書類／運転免許証、マイナンバーカード、写真付であり氏名・生年月日又は住所が記載されている官公署が発行した身分証明書・資格証明書など（届出の時点で有効なもの又は発行・発給された日から６ヵ月以内のもの）
> ４．印鑑（認印可、スタンプ印不可）
> ５．写真２枚（最近の写真、正面上半身、タテ3.0cm×ヨコ2.5cm）又はマイナンバーカード
> ６．本人名義の預金通帳又はキャッシュカード（一部指定できない金融機関がある）

受給資格の決定から支給終了まで

　ハローワークでは、提出された書類等により、離職した人の受給資格の確認と決定を行います。その上で、離職者に対して雇用保険説明会が行われ、受給資格者証などの必要書類が交付されます。また、受給手続

きの進め方や今後の就職活動についての説明も行われます。その後、待期期間が満了すると、認定日ごとに失業認定申告書を提出し、基本手当が支払われます。再就職が決まる、または受給期間が終了すると、基本手当の支給は終了します。

受給手続きの流れ

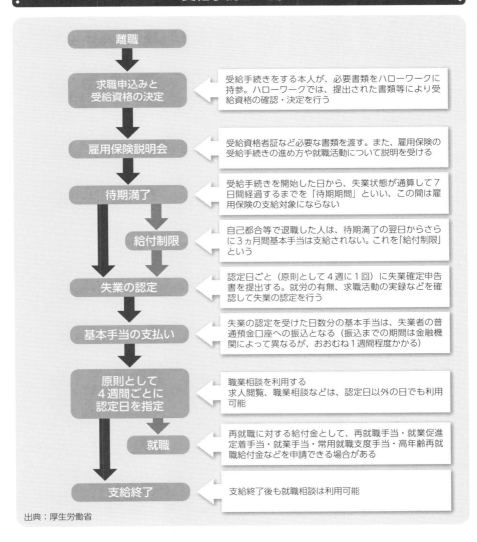

離職

↓

求職申込みと受給資格の決定 — 受給手続きをする本人が、必要書類をハローワークに持参。ハローワークでは、提出された書類等により受給資格の確認・決定を行う

↓

雇用保険説明会 — 受給資格者証など必要な書類を渡す。また、雇用保険の受給手続きの進め方や就職活動について説明を受ける

↓

待期満了 — 受給手続きを開始した日から、失業状態が通算して7日間経過するまでを「待期期間」といい、この間は雇用保険の支給対象にならない

↓

給付制限 — 自己都合等で退職した人は、待期満了の翌日からさらに3ヵ月間基本手当は支給されない。これを「給付制限」という

↓

失業の認定 — 認定日ごと（原則として4週に1回）に失業確定申告書を提出する。就労の有無、求職活動の実録などを確認して失業の認定を行う

↓

基本手当の支払い — 失業の認定を受けた日数分の基本手当は、失業者の普通預金口座への振込となる（振込までの期間は金融機関によって異なるが、おおむね1週間程度かかる）

↓

原則として4週間ごとに認定日を指定 — 職業相談を利用する　求人閲覧、職業相談などは、認定日以外の日でも利用可能

↓

就職 — 再就職に対する給付金として、再就職手当・就業促進定着手当・就業手当・常用就職支度手当・高年齢再就職給付金などを申請できる場合がある

↓

支給終了 — 支給終了後も就職相談は利用可能

出典：厚生労働省

自立した生活を送るための仕組み

地域包括ケアとは、介護や医療が必要になっても、可能な限り住み慣れた地域で暮らし続け、それぞれの人の能力に応じ自立した生活が続けられるように、医療と介護、住まい、生活支援などが包括的に確保されるという考え方です。こうした考えに基づいた仕組みを地域包括ケアシステムと呼びます。地域包括ケアにおいては、その名前の通り、地域の実情に合わせた取り組みを進めることが重要となり、団塊の世代が後期高齢者となる2025年を目途に構築することが求められ、その整備と普及が行われてきました。

こうして、おおむね全国各地で2025年に向けた地域包括ケアシステムが出来上がった現在、さらにその先にある、日本の高齢化がピークとなる2040年に向けて、地域の人と人、人と資源が世代や分野を超えて「丸ごと」つながることで、住民一人ひとりの暮らしと生きがい、地域をともに創っていく、新たな地域共生社会の実現が求められています。

地域共生社会について国は、「制度・分野ごとの『縦割り』や『支え手』『受け手』という関係を超えて、地域住民や地域の多様な主体が、『我が事』として参画し、人と人、人と資源が世代や分野を超えて『丸ごと』つながることで、住民一人ひとりの暮らしと生きがい、地域を共に作っていく社会」と定義しています。

こうした地域共生社会を実現するために、改革の方向性として、

- 公的支援の「縦割り」から「丸ごと」への転換
- 「我が事」・「丸ごと」の地域づくりを育む仕組みへの転換

の2つを示しました。

その上で、4つの改革骨子として、「地域課題の解決力の強化」「地域を基盤とする包括的支援の強化」「地域丸ごとのつながりの強化」「専門人材の機能強化・最大活用」を掲げ、これに基づいた更なる社会保障制度の改革を進めています。

社会福祉制度

社会福祉制度は、社会的な困難を抱える人たちに対し、
福祉サービスや保育などの様々なサービスを社会的に
提供することで、生活安定や自己実現を支援します。

社会福祉制度の全体像

社会福祉制度は、社会福祉法を基本として、福祉六法などにより規定される様々な
サービスや援助で、社会的に困難を抱える人たちを支える仕組みです。

個人では解決できない困難を支援する

　社会福祉制度とは、障害者への福祉サービスや子どもへの保育などを
社会的に提供することで、生活の安定や自己実現を支援するものです。
一人ひとりの自己責任で解決することが難しい生活上の様々な問題に関
して、社会的に多岐にわたるサービスを提供することにより、その人の
生活の安定や自己実現を支援します。

対象ごとに個別の法律がある

　社会福祉制度は、公的医療保険制度や介護保険制度等とは異なり、税
金を主な財源として運営されています。また、医療保険や介護保険のよ
うに、あらかじめ制度に加入したり、保険料を納める必要はありません。
障害者や児童、母子家庭、高齢者など、それぞれ法律に基づいた対象が
規定された上で、個別に制度化されていることが特徴です。

実施主体は都道府県、サービス提供は市町村

　社会福祉制度を実施する主体は地方自治体で、障害者、保育を要する
子ども、高齢者への福祉サービスなどは、各市町村が実施しています。
制度に基づいて行われる給付は、児童福祉法による保育サービス、ある
いは障害者総合支援法による障害者福祉サービスなど人的なサービスが
中心で、サービス提供の形態は施設サービスと在宅サービスに大別され
ます。また、児童手当など金銭給付もあります。

社会福祉の実施体制

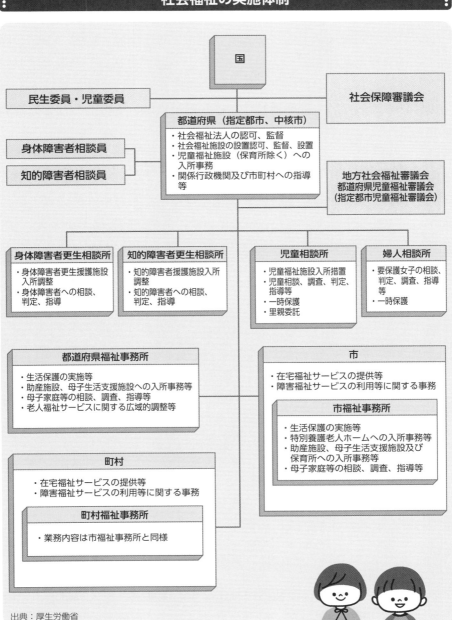

国

民生委員・児童委員

身体障害者相談員

知的障害者相談員

社会保障審議会

都道府県（指定都市、中核市）
・社会福祉法人の認可、監督
・社会福祉施設の設置認可、監督、設置
・児童福祉施設（保育所除く）への入所事務
・関係行政機関及び市町村への指導等

地方社会福祉審議会
都道府県児童福祉審議会
(指定都市児童福祉審議会)

身体障害者更生相談所
・身体障害者更生援護施設入所調整
・身体障害者への相談、判定、指導

知的障害者更生相談所
・知的障害者援護施設入所調整
・知的障害者への相談、判定、指導

児童相談所
・児童福祉施設入所措置
・児童相談、調査、判定、指導等
・一時保護
・里親委託

婦人相談所
・要保護女子の相談、判定、調査、指導等
・一時保護

都道府県福祉事務所
・生活保護の実施等
・助産施設、母子生活支援施設への入所事務等
・母子家庭等の相談、調査、指導等
・老人福祉サービスに関する広域的調整等

市
・在宅福祉サービスの提供等
・障害福祉サービスの利用等に関する事務

　市福祉事務所
　・生活保護の実施等
　・特別養護老人ホームへの入所事務等
　・助産施設、母子生活支援施設及び保育所への入所事務等
　・母子家庭等の相談、調査、指導等

町村
・在宅福祉サービスの提供等
・障害福祉サービスの利用等に関する事務

　町村福祉事務所
　・業務内容は市福祉事務所と同様

出典：厚生労働省

社会福祉とは

第**4**章　社会福祉制度　**139**

社会福祉の法体系

　日本における社会福祉は、障害者、児童、母子家庭、高齢者など、対象ごとに異なる法律に基づいた制度が整備されており、その範囲は非常に多岐にわたります。その上で社会福祉の法体系は、社会福祉制度全体の基本法となっている社会福祉法、社会福祉六法、その他の社会福祉関係法の3つに分類することができます。

 ## 社会福祉制度の基本法である社会福祉法

　社会福祉法は、日本における社会福祉を目的としたすべての事業に共通する基本的な事項を定めたものです。その前身は戦後まもない1951（昭和26）年に制定された社会福祉事業法で、この法律が2000（平成12）年に改正・改称されたのが、現在の社会福祉法です。この法律の目的は、次のように定められています。

> 第1条　この法律は、社会福祉を目的とする事業の全分野における共通的基本事項を定め、社会福祉を目的とする他の法律と相まって、福祉サービスの利用者の利益の保護及び地域における社会福祉（以下「地域福祉」という）の推進を図るとともに、社会福祉事業の公明かつ適正な実施の確保及び社会福祉を目的とする事業の健全な発達を図り、もって社会福祉の増進に資することを目的とする

　その上で社会福祉法では、福祉サービスの基本的な理念をはじめ、サービス提供の原則や国及び地方公共団体の責務、社会福祉事業の分類などについても定めています。

 ## 社会福祉六法とその他の関連法

　社会福祉六法は、身体障害者福祉法、生活保護法、老人福祉法、児童福祉法、知的障害者福祉法、母子及び父子並びに寡婦福祉法、以上6つ

の社会福祉に関する**法律の総称**です。身体障害者福祉法は、身体障害者自身が自立への努力をするべき旨を定めるとともに、社会参加の機会、国及び地方公共団体や国民の責務、事業や施設などについても定めています。生活保護法は日本国憲法第25条に基づいた、最低限度の生活の保障と自立助長を目的としています。老人福祉法は高齢者を対象に、福祉の措置、事業及び施設、老人福祉計画、指定法人や有料老人ホームなどについて規定を設け、児童福祉法は児童の福祉全般にわたる原理として、その目的や対象、責任の所在などを定めています。また、知的障害者福祉法は、「知的障害者の自立と社会経済活動への参加を促進するため、知的障害者を援助する」ことを目的とし、母子及び父子並びに寡婦福祉法は、ひとり親家庭の福祉を図ることを目的としています。

　これら社会福祉六法に加えて、その他の社会福祉関連法には、**母子保健法、精神保健及び精神障害者福祉に関する法律、高齢者の医療の確保に関する法律（旧老人保健法）、障害者総合支援法**などがあります。

社会福祉に関する法律

社会福祉の基本となる法律	社会福祉法
障害者の福祉に関する法律	・障害者基本法　・障害者総合支援法　・身体障害者福祉法 ・知的障害者福祉法　・精神保健及び精神障害者福祉に関する法律 ・発達障害者支援法　・高齢者、障害者等の移動等の円滑化の促進に関する法律（新バリアフリー法）
低所得者や生活が困難な人に関する法律	・生活保護法　・生活困窮者自立支援法 ・子どもの貧困対策の推進に関する法律　など
高齢者の福祉に関する法律	・老人福祉法　・介護保険法 ・高齢者の居住の安定確保に関する法律　など
児童・家庭の福祉に関する法律	・児童福祉法　・母子及び父子並びに寡婦福祉法　・児童手当法 ・児童扶養手当法　・児童の虐待防止等に関する法律　など

障害者福祉制度の全体像

障害者福祉に関する制度は、障害者基本法をはじめとして多岐にわたります。これらの制度は措置の時代を経て、現在の障害者総合支援法に至ります。

 ## 障害者福祉の基本理念

社会福祉制度の中でも、障害者に対する福祉に関する制度（法律）には、身体障害者福祉法をはじめ、精神保健及び精神障害者福祉に関する法律、知的障害者福祉法、障害者基本法、障害者総合支援法、発達障害者支援法、高齢者、障害者等の移動等の円滑化の促進に関する法律（新バリアフリー法）など、数多くのものがあります。

中でも、1970（昭和45）年に定められた障害者基本法はその目的として、障害者福祉の基本理念を次のように示しています。

第1条　この法律は、全ての国民が、障害の有無にかかわらず、等しく基本的人権を享有するかけがえのない個人として尊重されるものであるとの理念にのっとり、全ての国民が、障害の有無によって分け隔てられることなく、相互に人格と個性を尊重し合いながら共生する社会を実現するため、障害者の自立及び社会参加の支援等のための施策に関し、基本原則を定め、及び国、地方公共団体等の責務を明らかにするとともに、障害者の自立及び社会参加の支援等のための施策の基本となる事項を定めること等により、障害者の自立及び社会参加の支援等のための施策を総合的かつ計画的に推進することを目的とする

障害者の定義と社会的障壁

障害者の法律的な定義については、障害者基本法の第2条で、「身体障

害、知的障害、精神障害〈発達障害を含む〉その他の心身の機能の障害（以下「障害」と総称する）がある者であって、障害及び社会的障壁により継続的に日常生活又は社会生活に相当な制限を受ける状態にあるもの」としています。さらに同法では、「障害がある者にとって日常生活又は社会生活を営む上で障壁となるような社会における事物、制度、慣行、観念その他一切のもの」を「社会的障壁」と定義、いわゆるバリアフリーという考え方を法律に明確に位置付けました。

 ## 複雑多岐にわたる、障害者福祉の制度

　日本における障害者福祉は、身体障害・知的障害・精神障害という3つの区分に基づいて、それぞれに対応する形で法制度が長年にわたって整備されてきました。このような歴史的な経緯から、各種の法律や制度は多岐にわたり、複雑で利用がしにくいという問題点がありました。これに応えるため、障害の区分にかかわらず障害者のニーズに合わせたサービスを提供しようと成立したのが、後述する障害者自立支援法（現・障害者総合支援法）です。

障害者福祉に関する法律

障害者福祉に広く関わる法律	・障害者基本法　・障害者の雇用の促進等に関する法律 ・障害者の虐待の防止、障害者の養護者に対する支援等に関する法律（障害者虐待防止法）　・障害を理由とする差別の解消の推進に関する法律（障害者差別解消法）
障害の区分に関する法律	・身体障害者福祉法　・知的障害者福祉法　・精神保健及び精神障害者福祉に関する法律（精神保健福祉法） ・発達障害者支援法
障害者の生活を総合的に支援するための法律	・障害者の日常生活及び社会生活を総合的に支援するための法律（障害者総合支援法）
障害のある子どもの福祉に関する法律	・児童福祉法　など
その他	・高齢者、障害者等の移動等の円滑化の促進に関する法律（バリアフリー新法）　など

日本における障害者福祉の始まり

　第二次世界大戦が終結した後の1947（昭和22）年、戦争で障害を受け
た傷痍軍人のための施設である、身体障害者収容授産施設が作られまし
た。さらに、その２年後となる1949（昭和24）年には身体障害者福祉法
が制定されます。この法律が、戦後から現在に至る、障害者福祉の始ま
りとなりました。身体障害者福祉法は、障害を持った人が職業につき自
立していくことを基本的な理念としており、戦前の救貧政策を基本とし
た障害者支援とは、一線を画するものでした。

措置の時代から契約によるサービス提供へ

　その後、日本の障害者福祉政策は、行政が必要なサービスを判断し、
提供することを決定する措置制度に基づいて行われてきました。しかし
このような制度下では、サービス利用者である障害者本人の意思や要望
が必ずしも適切に反映されず、行政の都合により決められ提供されると
いう問題点がありました。これを受けて1997（平成９）年から進められ
た社会福祉基礎構造改革では、それまでの社会福祉サービスの在り方を
一新する、支援費制度の導入という大きな制度改革が行われました。

　これにより、行政がサービス利用を決める措置制度から、利用者がサー
ビスを選んで決定する契約制度となりました。また、サービスを提供す
る側についても規制緩和が行われ、民間企業やＮＰＯなども障害福祉サー
ビスに参入できるようになったのです。

障害者総合支援法の創設

　支援費制度は、利用者である障害者の自己決定権の尊重を基本的な理
念とし、民間事業者の参入を促すことでサービスの質の向上も目指すも
のでした。一方でこうした改革によりサービス利用者が急増し、財源の
確保が難しくなります。また支援費制度には、精神障害者が含まれない

という問題点もありました。こうした支援費制度の課題や問題点を解決するため、2005（平成17）年に制定されたのが障害者自立支援法であり、これをさらに改革・改正したものが、現在の障害者の日常生活及び社会生活を総合的に支援するための法律、いわゆる障害者総合支援法です。

措置制度と支援費制度の違い

A. 措置制度

行政がサービスの必要性を判断し、提供する事業者とサービスの内容を決める仕組み

① 中間申請
⑤ 措置委託費
④ 措置
③ 受託
措置権者（行政）
⑦ 費用徴収
② 措置委託
⑥ サービスの提供

対象者

受託事業者（サービス提供事業者）

B. 支援費制度

② 支援費支給申請
⑦ 支援費支払い
③ 支給決定
⑥ 請求
市町村

① 契約
④ サービスの提供
⑤ 利用者負担支払い

利用者

指定事業者施設（サービス提供事業者）

利用者自身が自分の受けたいサービスを選び、サービス提供事業者と契約して利用料金を支払い、サービスを受ける仕組み

支援費制度のメリット・デメリット

メリット	利用者の自己決定権の尊重、民間の営利団体など、多様な経営主体の社会福祉への参入
デメリット	障害者の種別による格差、地域間の格差、財源の不足

障害者総合支援法の全体像

障害者総合支援法は、前身である障害者自立支援法を引き継ぎ、さらに障害のある人たちの地域での生活支援と共生を支えることを目的に施行されました。

障害者自立支援法を発展させて成立

　障害者総合支援法の正式名称は、障害者の日常生活及び社会生活を総合的に支援するための法律といいます。2006（平成18）年の施行時には障害者自立支援法と呼ばれましたが、2013（平成25）年には障害者総合支援法と改称され、制度の見直しが行われ現在に至っています。

　それ以前、障害者の保健福祉施策については、平成15年度からノーマライゼーションの理念に基づいて導入された支援費制度により充実が図られてきました。しかし、「障害種別ごとで仕組みがわかりにくく使いにくい」「サービス提供において、地方公共団体間の格差が大きい」「費用負担の財源確保が困難である」といったことから、障害者自立支援法が施行されます。

　その後、障害者（児）を権利の主体と位置づけた基本理念を定め、障害児については児童福祉法を根拠法に整理しなおすとともに、難病を対象にするなどの改正を行った上で、障害者総合支援法と名前を変えて施行されました。

法律の基本的な構造は障害者自立支援法と同じ

　障害者総合支援法は、「地域社会における共生の実現に向けて、障害福祉サービスの充実等、障害者の日常生活及び社会生活を総合的に支援するため、新たな障害保健福祉施策を講ずる」ことを趣旨とし、障害者自立支援法を改正する形で創設されました。このため法律の名称は変更されましたが、その基本的な構造は、障害者自立支援法と同じです。

障害のある人が住み慣れた地域で暮らし続けられるように

　障害者総合支援法は、その目的を、「障害者及び障害児が基本的人権を享受する個人としての尊厳にふさわしい日常生活又は社会生活を営む」こととして、地域生活支援事業による支援を含めた総合的な支援を行うことを法律に明記しました。つまり、障害のある人も、そうでない人と同様に、できるだけ住み慣れた地域で自立しながら暮らし続けられるように、多様なニーズに対応していこうというものです。

障害者総合支援法

障害者総合支援法の基本理念

1. すべての国民が、障害の有無にかかわらず、等しく基本的人権を享有するかけがえのない個人として尊重されること

2. すべての国民が、障害の有無によって分け隔てられることなく、相互に人格と個性を尊重し合いながら共生する社会を実現すること

3. すべての障害者及び障害児が可能なかぎりその身近な場所において必要な日常生活又は社会生活を営むための支援を受けられること

4. 社会参加の機会が確保されること

5. どこで誰と生活するかについての選択の機会が確保され、地域社会において他の人々と共生することを妨げられないこと

6. 障害者及び障害児にとって日常生活又は社会生活を営む上で障壁となるような社会における事物、制度、慣行、観念その他一切のものの除去に資すること

障害者総合支援法の対象者と費用負担

障害者総合支援法では、障害者に加えて難病の人も対象となっています。サービス利用の負担は、問題点の多かった応益負担から応能負担に改正されました。

障害者総合支援法の対象

　障害者総合支援法が対象とする障害者の範囲は、**身体障害者、知的障害者、精神障害者（発達障害者を含む）**に加えて、これまで制度の谷間となって支援の充実が求められていた**難病等の人**も含まれます。ここでいう難病等は具体的には、「治療方法が確立していない疾病その他の特殊の疾病であって政令で定めるものによる障害の程度が厚生労働大臣が定める程度である者であって18歳以上であるもの」とされます。これにより、障害者手帳の有無にかかわらず、その人に必要だと認められた障害福祉サービスを利用できるようになりました。一方で、18歳未満の障害のある子どもについては、すべて**児童福祉法**に位置付けられ、その対象は児童福祉法第4条第2項に規定されています。

応益負担から応能負担へ

　当初、障害者自立支援法では、サービス利用の自己負担については、利用料の1割を利用者が負担する**応益負担（定率負担）**でした。しかし、この仕組みでは、障害が重い人ほどサービス利用が多くなり、自己負担額が増えることで、むしろサービス利用が制限される事例が大きな問題となりました。そこで改正された障害者総合支援法では、サービスの利用量に関わりなく、利用者の所得に応じて負担額が決まる、**応能負担**という仕組みとなっています。

　障害福祉サービスの利用に当たっては、世帯の家計によって自己負担の上限額が決められています。それぞれの世帯の負担上限額よりもサー

ビスに要する費用の1割相当額が低い場合には、1割の額を利用者が負担することとなります。

障害者総合支援法における障害者の定義

	0歳〜	18歳以上
身体障害者	身体に障害がある18歳未満の児童	身体に障害がある18歳以上の人で身体障害者手帳の交付を受けている人
知的障害者	知的機能の障害が見られる18歳未満の児童	知的機能の障害が見られる18歳以上の人
精神障害者	統合失調症、てんかん、高次脳機能障害などの精神疾患がある18歳未満の児童	統合失調症、てんかん、高次脳機能障害、薬物やアルコールによる急性中毒やその依存症などの精神疾患がある18歳以上の人
発達障害者	自閉症、アスペルガー症候群などの広汎性発達障害、学習障害、注意欠陥多動性障害などによる脳機能の障害がある18歳未満の児童	自閉症、アスペルガー症候群などの広汎性発達障害、学習障害、注意欠陥多動性障害などによる脳機能の障害があり、日常生活や社会生活に制限のある18歳以上の人
難病患者	原因不明、治療方針未確定で、かつ後遺症を残す可能性がある病気の18歳未満の児童	原因不明、治療方針未確定で、かつ後遺症を残す可能性がある病気の18歳以上の人

障害児　　　　　　　　　障害者

利用者の負担額とサービス量の関係

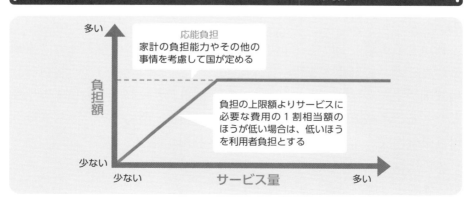

障害者総合支援法

申請から利用までの流れ

障害者総合支援法に定められた障害福祉サービスを利用するには、まず障害支援区分の認定を受けた上で、サービス等利用計画を策定しなければなりません。

障害支援区分の認定

障害者総合支援法の障害福祉サービスを利用するには、まずサービスを利用する本人、あるいは保護者や代理人が、本人が住んでいる市町村の窓口で申請を行い、障害支援区分の認定を受ける必要があります。

障害支援区分とは、「障害者等の障害の多様な特性その他の心身の状態に応じて必要とされる標準的な支援の度合を総合的に示すものとして厚生労働省令で定める区分」であり、非該当から区分6まで、7段階に分かれ、必要とされる支援の度合いが高いほど数字が大きくなります。また、障害支援区分によって、利用できるサービスと利用できないサービスがあります。

サービス利用申請の際には、指定特定相談支援事業者が作成したサービス等利用計画案の提出を求められるので、事前にこれを策定しておかなければなりません。

サービスなど計画書の策定からモニタリングまで

利用者の申請を受けて、市町村は提出された計画書や検討すべき事項を踏まえて、利用者へのサービス提供を決定。これを受けて、指定特定相談支援事業者はサービス担当者会議を開き、サービスを提供する事業者などとの連絡調整を行った上で、実際に利用するためのサービス等利用計画を作成し、これに基づいてサービス利用が開始されます。なお、サービス提供後は、一定期間ごとにモニタリングが行われ、必要に応じてサービス等利用計画の見直しが行われます。

障害児については、居宅サービス、通所サービス、入所サービスごとに、利用計画案の作成事業者が異なりますので注意が必要です。

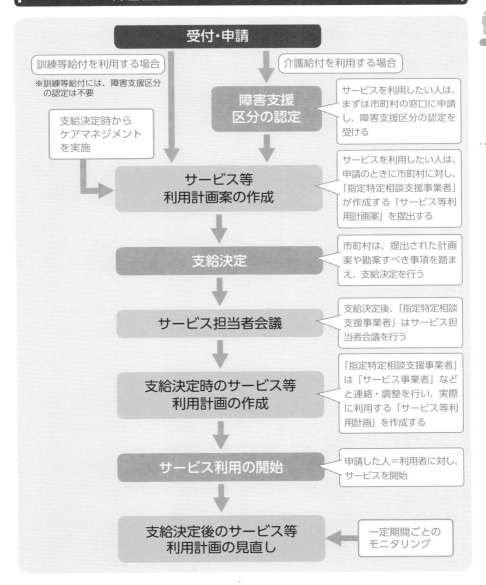

障害福祉サービスを利用するまでの流れ

受付・申請

訓練等給付を利用する場合

※訓練等給付には、障害支援区分の認定は不要

介護給付を利用する場合

障害支援区分の認定
> サービスを利用したい人は、まずは市町村の窓口に申請し、障害支援区分の認定を受ける

支給決定時からケアマネジメントを実施

サービス等利用計画案の作成
> サービスを利用したい人は、申請のときに市町村に対し、「指定特定相談支援事業者」が作成する「サービス等利用計画案」を提出する

支給決定
> 市町村は、提出された計画案や勘案すべき事項を踏まえ、支給決定を行う

サービス担当者会議
> 支給決定後、「指定特定相談支援事業者」はサービス担当者会議を行う

支給決定時のサービス等利用計画の作成
> 「指定特定相談支援事業者」は「サービス事業者」などと連絡・調整を行い、実際に利用する「サービス等利用計画」を作成する

サービス利用の開始
> 申請した人＝利用者に対し、サービスを開始

支給決定後のサービス等利用計画の見直し
> 一定期間ごとのモニタリング

主な障害福祉サービスの内容

障害者総合支援法による障害福祉サービスは、自立支援給付と地域生活支援事業の2つに大別され、それぞれに含まれる支援により障害者の生活を支えます。

 ## 多岐にわたる自立支援給付の内容

　障害者総合支援法における自立支援給付は、利用者である障害者に個別に提供される障害福祉サービスです。その内容は、身の回りの介護・援助から就労支援、生活に欠かすことのできない用具の給付や貸与、さらには地域での創作・生産活動の支援まで、多岐にわたります。これらはさらに、介護の支援サービスを受ける介護給付、自立訓練や共同生活援助などの訓練等給付、その他の3つに分けられます。

 ## それぞれの給付内容

　介護給付は、在宅をはじめ、通所や入所施設を利用する際、日常生活に必要な介護サービスを受けるというもので、居宅介護、重度訪問介護、行動援護、短期入所など9つのサービスがあります。一方で訓練等給付は、社会の一員として生活をするための訓練などのサービスが提供されるもので、自立訓練、就労移行支援、就学継続支援、共同生活援助などがあります。これら介護給付や訓練等給付に分類されないものには、障害のある人の自立した生活に必要とされる自立支援医療や補装具の購入・修理のための補装具費の給付などがあります。

 ## 市町村と都道府県が行う地域生活支援事業

　地域生活支援事業は、市町村が行うものと都道府県が行うものの2つがあります。市町村による地域生活支援事業は、市町村の創意工夫によって利用者の状況に応じてサービスを提供するものです。具体的には必須

事業として、相談支援や日常生活用具の給付や貸与、移動支援などがあります。一方で都道府県が行う地域生活支援事業は、専門性の高い相談支援事業や広域的な支援事業など5つが必須と定められています。

主な障害福祉サービス

市町村

自立支援給付

- 介護給付
  - 居宅介護
  - 重度訪問介護
  - 同行援護
  - 行動援護　など
- 訓練等給付
  - 自立訓練
  - 就労移行支援
  - 就労継続支援　など
- 自立支援医療
  - 更生医療
  - 育成医療　など
- 補装具　●その他

地域生活支援事業

- 相談支援事業
- 意思疎通支援事業
- 成年後見制度利用支援事業
- 移動支援事業
- 日常生活用具の給付又は貸与事業
- 地域活動支援センターの機能強化事業

など

↑ 支援

- 専門性の高い相談支援　●広域的な対応が必要な事業　●人材育成
- 専門性の高い意思疎通支援を行う人の育成・派遣
- 意思疎通支援を行う人の広域的な連絡調整、派遣調整　など

都道府県

介護保険サービスとの関係

サービスを利用する障害者が65歳以上であるなど、介護保険の被保険者である場合、同種のサービス利用については介護保険のサービスが優先されます。

 ## 介護保険の被保険者であれば、介護保険サービスが優先

　障害者総合支援法による障害福祉サービスには、たとえば居宅介護や訪問看護など、介護保険と同種のサービスが少なくありません。これらについて、サービスを利用する障害者が65歳以上の場合、障害福祉サービスと介護保険サービスのどちらを利用するかについては、原則として介護保険によるサービス利用が優先されます。また、たとえ障害者であっても、65歳以上の人および40歳以上65歳未満で医療保険に加入している人は、介護保険制度の被保険者となります。

 ## 介護給付や予防給付は介護保険が優先

　障害者のサービス利用に関して、介護保険が優先されるサービスは、介護給付（高額医療合算介護サービス費の支給を除く）、予防給付（高額医療合算介護サービス費の支給を除く）、市町村特別給付です。これらに関しては、原則として障害福祉サービスを受給することができません。一方で同行援護や行動援護、自立訓練（生活訓練）、就労移行支援、就労継続支援などについては、介護保険のサービスにこれらがないことから、障害福祉サービスとして受給することができます。

　補装具についても同様に、介護保険によって貸与される福祉用具に障害福祉サービスの利用者である障害者が必要とするものと同じ品目がある場合には、原則として介護保険による給付が優先します。

障害福祉サービスと介護保険サービスの違い

項目	介護保険サービス	障害福祉サービス
介護の必要度	要介護状態区分 （要支援 1・2、要介護 1 ～ 5）	障害支援区分 （区分 1 ～ 6）
サービスの 支給限度	要介護状態区分別に支給限度額を認定	利用者・家族の意向を踏まえ、支給決定基準に基づいて、市町村がサービスの種類、支給量を決定
サービスの 利用計画	地域包括支援センター・居宅介護支援事業所の介護支援専門員（ケアマネジャー）が作成	指定特定相談支援事業所の相談支援専門員が作成
利用者負担	原則 1 割負担 ※一定以上所得者は 2 割あるいは 3 割負担 （利用者負担が高額になった場合、世帯の課税状況に基づいた上限額を超えた分については、申請により高額介護サービス費として支給）	原則 1 割負担 （世帯の課税状況に基づき、事前に負担上限月額を決定）

障害福祉サービス利用が認められるケース

	介護保険サービス	障害福祉サービス
介護保険に相当するサービスがある場合 （介護給付、予防給付など）	優先	原則受給できない
介護保険に相当するサービスがない場合 （同行援護、行動援護、自立訓練、就労移行支援など）	—	受給できる

様々な利用者負担の軽減措置

障害者総合支援法では、就労機会や所得が少ないという障害者の特性を考慮して、サービス利用に当たっての様々な負担軽減措置を用意しています。

 様々な負担軽減の措置

　障害者は働く機会が少なく、またその機会があったとしても就労によって得られる所得は非常に少ないのが現実です。このため、障害者総合支援法における障害福祉サービスは、利用者の負担が少ない応能負担の仕組みを採用するとともに、さらに利用者の金銭的な負担を少なくするために、以下のような負担軽減措置を用意しています。

1. 利用者負担の上限月額の設定
2. 医療型個別減免
3. 高額障害福祉サービス費
4. 補足給付
5. 通所施設利用者に対する食事等の軽減措置
6. 生活保護への移行

 負担軽減の中核となる利用者負担の上限月額

　利用者に対する負担軽減措置の中でも、その中核をなすのが利用者負担の上限月額です。この措置は、利用者の所得に応じて1ヵ月の利用負担上限を定め、その金額を超える分のサービス利用料については、利用者が負担しなくてもよいというものです。上限となる金額は、所得に応じて生活保護、低所得、一般1、一般2の4段階に区分されます。そのうち生活保護と低所得の区分については負担上限は0円となっており、サービス利用料の利用者負担は無料ということになります。利用者の所

得を判断する際の世帯の範囲は、18歳以上の障害者（施設に入所する場合を除く）は本人とその配偶者、障害児（施設に入所する18〜19歳を含む）は保護者が属する住民基本台帳での世帯です。

利用者負担の仕組みと軽減措置

●利用者負担に対する様々な軽減措置

	入所施設利用者（20歳以上）	グループホーム利用者	通所施設利用者	ホームヘルプ利用者	入所施設利用者（20歳未満）	医療型施設利用者（入所）
自己負担	利用者負担の負担上限月額設定 ←利用者負担には、月ごとに上限がある					
	高額障害福祉サービス費 ←世帯での合計額が基準額を上回る場合は、高額障害福祉サービス等給付費が支給される					医療型個別減免 ←療養介護を利用する場合、医療費と食費の減免がある
			事業主の負担による就労継続支援A型事業（雇用型）の減免措置			
	生活保護への移行の防止 ←負担減免をしても、自己負担や食費などを負担することで生活保護の対象となってしまう場合は、生活保護の対象にならない額まで自己負担の負担上限月額や食費など実費負担額を引き下げる					
食費・光熱費など	補足給付 ←食費や光熱費、水道代の負担を減免（5万3,500円を限度として施設ごとに額が設定）	補足給付 ←家賃の負担を減免。利用者1人当たり月額1万円を上限	通所施設利用者に対する食事等の支給による減免措置 ←低所得・一般1（グループホーム利用者〈所得割16万円未満〉を含む）の場合、食材料費のみ負担（食材料費は施設によって異なる）		補足給付 ←食費や光熱費、水道代の負担を減免（5万3,500円を限度として施設ごとに額が設定）	

●利用者負担の上限について

区分	世帯の収入状況	負担上限月額
生活保護	生活保護受給世帯	0円
低所得	市町村民税非課税世帯　※1	0円
一般1	市町村民税課税世帯 （所得割16万円未満※2）※入所施設利用者（20歳以上）、グループホーム利用者を除く　※3	9,300円
一般2	上記以外	3万7,200円

※1…3人世帯で障害基礎年金1級受給の場合、収入がおおむね300万円以下の世帯が対象

※2…収入がおおむね600万円以下の世帯が対象

※3…入所施設利用者（20歳以上）、グループホーム利用者は、市町村民税課税世帯の場合、「一般2」となる

●所得を判断する際の世帯の範囲

種別	世帯の範囲
18歳以上の障害者（施設に入所する18、19歳を除く）	障害のある人とその配偶者
障害児（施設に入所する18、19歳を含む）	保護者の属する住民基本台帳での世帯

高額障害福祉サービス等給付費

同じ世帯で障害福祉サービスを利用する人が複数いる場合などは、それらの合算額が定められた基準額を超えた際に、負担軽減の対象となります。

複数サービス利用時の負担を軽減する

同じ1つの世帯で、障害福祉サービスを利用する人が複数いる場合や、障害福祉サービスと介護保険サービスを合わせて利用するなど、複数のサービスを利用することで増える利用者負担の軽減を目的とするのが高額障害福祉サービス等給付費です。下記のサービスに関して、それらの合算額が定められた基準額を上回る場合は軽減措置の対象となります。

1. 障害福祉サービス
2. 補装具費
3. 介護保険サービス
4. 障害児支援サービス

障害者と障害児、それぞれの負担軽減

障害者については、本人と配偶者の世帯で障害福祉サービスの負担額（介護保険サービスも併せて利用している場合は、その負担額も含む）の合計が基準額（利用者負担の上限月額と同様）を超える場合、高額障害福祉サービス等給付費が支給されます。

障害児については、障害者総合支援法に基づくサービス、児童福祉法に基づく障害児童通所支援、障害児入所支援のうち、いずれか2つ以上のサービスを利用している場合、利用者負担額の合算が、利用したサービスそれぞれのいずれか高い額を超えた部分について、高額障害福祉サービス等給付費が支給されます。また、世帯に複数の障害児がいる場合も、

合算した負担額が一人分の負担額と同様になるよう軽減をします。

高齢の障害者への新たな支援制度

　高額障害福祉サービス等給付費については2018（平成30）年から、介護保険の利用を始めた障害者に対する新高額障害福祉サービス等給付費が加えられました。具体的には、65歳以上で、65歳になるまでに5年以上、特定の障害福祉サービスの支給決定を受けていた人で、定められた要件を満たす場合、申請により障害福祉サービスに相当する介護保険サービスの利用者負担額が償還されるというものです。

　なお、高額障害福祉サービス等給付費の受給については、まず利用者が費用の全額を負担した上で市町村の窓口に申請をし、追って受給分の金額が支払われる償還払い方式となっています。

新高額障害福祉サービス等給付費(65歳以上で障害のある人の利用者負担軽減制度)

●**対象**
以下の❶〜❺のすべてを満たす人
❶ 65歳に達する日の前に5年間にわたり介護保険サービスに相当する障害福祉サービス（居宅介護、重度訪問介護、生活介護、短期入所）に係る支給決定を受けていた人
❷ 本人が65歳に達する日の前日の属する年度（4月〜6月の場合は前年度）において、本人およびその配偶者が市町村民税非課税者、または生活保護受給者であった人
❸ 65歳に達する日の前日において、障害支援区分（障害程度区分）の区分が2以上であった人
❹ 65歳に達するまでに介護保険法による保険給付を受けていない人
❺ 障害福祉サービスに相当する介護保険サービス（訪問介護、通所介護、短期入所生活介護、地域密着型通所介護、小規模多機能型居宅介護）を利用している人

●**対象となる利用者負担額**
介護保険サービスのうち、以下の障害福祉サービスに相当する介護保険サービスの利用者負担額
・訪問介護　　・通所介護　・短期入所生活介護　　・地域密着型通所介護
・小規模多機能型居宅介護

※高額介護サービス費及び高額医療合算介護サービス費の対象となる場合は、支給後の利用者負担額が対象となる。そのため新高額障害福祉サービス費の支払いは、高額介護サービス費および高額医療合算介護サービス費の決定後となる

自立支援医療

心や体の障害に対して、それらを取り除くために受けた医療費について、障害者本人の負担を軽減することを目的とするのが自立支援医療制度です。

 障害者自立支援法施行時に制度を統合

　自立支援医療制度は、心身の障害を取り除いたり、軽減するための医療に関して、障害者自身による医療費の自己負担を軽減することを目的とした公費負担医療制度です。かつては、身体障害者については身体障害者福祉法、身体障害児には児童福祉法、精神障害者は精神保健福祉法と、異なる３つの法律による制度でした。しかし、それぞれの法律ごとに申請の仕方や支給の手続きが異なり、利用者にとってはわかりにくい仕組みでした。そこで障害者自立支援法の施行時に、自立支援医療として統合されました。

 自立支援医療の３分類と、対象となる主な疾患・治療例

　自立支援医療制度は、身体障害者に対する更生医療、障害児に対する育成医療、精神障害者に対する精神通院医療の３つに分類されます。いずれの場合でも、自己負担が原則１割となっており、その人の所得や心身の状態によって、自己負担額の上限も定められています。

　自立支援医療の対象となる主な障害と、それらについての治療例には、以下のようなものがあります。

●更生医療及び育成医療

1.　肢体不自由…関節拘縮／人工関節置換術
2.　視覚障害…白内障／水晶体摘出術
3.　内部障害…心臓機能障害／弁置換術、ペースメーカー埋込術
　　　　　　　腎臓機能障害／腎移植、人工透析

●**精神通院医療**
精神疾患／向精神薬、精神科デイケアなど

自立支援医療における利用者負担の基本的な枠組み

	所得区分					
	一定所得以上 = 市町村民税23万5,000円以上	中間所得 = 市町村民税課税以上～23万5,000円未満		低所得		生活保護世帯
		中間所得2 = 市町村民税課税3万3,000円以上～23万5,000円未満	中間所得1 = 市町村民税課税以上～3万3,000円未満	低所得2 = 市町村民税非課税（本人収入が80万1円以上）	低所得1 = 市町村民税非課税（本人収入が80万円以下）	
更生医療	対象外	医療保険の高額療養費		5,000円	2,500円	0円
精神通院医療						
育成医療		1万円	5,000円	5,000円	2,500円	0円
重度かつ継続	2万円	1万円	5,000円	5,000円	2,500円	0円

更正医療と育成医療の実施主体（中心となって物事を行うところ）は市町村、精神通院医療の実施主体は都道府県・指定都市です

障害福祉サービス

第4章 社会福祉制度 **161**

補装具費支給制度

障害者の自立した生活に欠かせない、重要なものの1つが補装具。その購入や修理のための費用の一部を補助するのが補装具費支給制度です。

補装具の定義と求められる3つの要件

　体に障害のある人が装着することにより、失われた体の一部、あるいは機能を補完するものの総称を、補装具と呼びます。補装具は、厚生労働大臣によってその種類が定められており、以下に示す3つの要件をすべて満たすことが必要となります。

> 1. 身体の欠損または損なわれた身体機能を補完し、代替するもので、障害個別に対応して設計・加工されたもの
> 2. 身体に装着（装用）して日常生活または就学・就労に用いるもので、同一製品を継続して使用するもの
> 3. 給付に際して専門的な知見（医師の判定書または意見書）を要するもの

給付対象と自己負担額

　補装具の購入や修理を希望する人は、支給制度の実施主体となっている市町村に、費用支給の申請を行います。制度の対象となるのは、補装具を必要とする障害者、障害児、難病患者など（難病患者などについては、政令に定める疾病に限る）です。市町村は利用者の申請を受け、身体障害者更生相談所などの意見をもとに、補装具費の支給を行うことが適切だと認められた場合に、支給を決定します。

　補装具費支給制度を利用すると、補装具の修理や購入に関する費用について、本人の自己負担は原則1割となり、所得に応じて負担の上限額

も決められます。ただし、障害者本人または世帯に含まれる人のうち市町村民税所得割額の最多納税者の納税額が46万円以上の場合は、補装具費支給制度の支給対象外となるので注意が必要です。

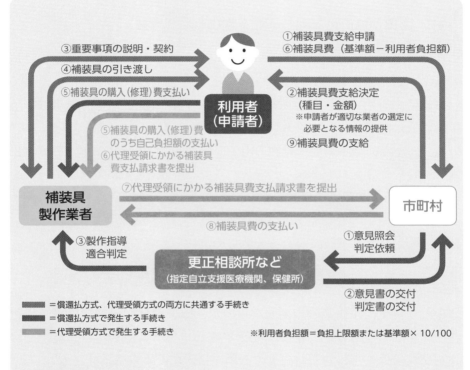

補装具費の支給の仕組み

③重要事項の説明・契約
④補装具の引き渡し
⑤補装具の購入（修理）費支払い

①補装具費支給申請
⑥補装具費（基準額－利用者負担額）

利用者（申請者）

②補装具費支給決定
（種目・金額）
※申請者が適切な業者の選定に必要となる情報の提供
⑨補装具費の支給

⑤補装具の購入（修理）費のうち自己負担額の支払い
⑥代理受領にかかる補装具費支払請求書を提出

補装具製作業者

⑦代理受領にかかる補装具費支払請求書を提出

市町村

⑧補装具費の支払い

③製作指導 適合判定

更正相談所など
（指定自立支援医療機関、保健所）

①意見照会 判定依頼

②意見書の交付 判定書の交付

■ ＝償還払方式、代理受領方式の両方に共通する手続き
■ ＝償還払方式で発生する手続き
■ ＝代理受領方式で発生する手続き

※利用者負担額＝負担上限額または基準額× 10/100

●補装具の種類

肢体不自由	義手、義足、上肢装具、下肢装具、体幹装具、靴型装具、座位保持装置、車椅子、電動車椅子、座位保持椅子、起立保持具、歩行器、歩行補助つえ、重度障害者用意思伝達装置、排便補助具（児童のみ対象）、頭部保持具（児童のみ対象）
視覚障害	盲人安全つえ、義眼、眼鏡
聴覚障害	補聴器

障害福祉サービス

ひとり親家庭支援のための施策

近年、離婚率の増加によってひとり親家庭が増えています。所得水準が低く、就労も不安定なひとり親家庭を支えるために、多様な支援策があります。

所得が低く、雇用も不安定なひとり親家庭

2015（平成27）年の国勢調査によれば、日本における母子家庭は約75万世帯、父子家庭は約8万世帯です。これらのひとり親家庭は、児童のいる世帯の平均に比べると所得水準が低く、特に母子世帯の場合は平均年間収入は348万円で、その所得は一般子育て世帯の約4割にとどまっています。また、母子家庭の母親の81.8％が就業していますが、そのうち正規の職員・従業員は44.2％、パート・アルバイト等が43.8％（派遣社員を含むと48.4％）と非正規労働の割合が高く、不安定な就労となっていることがわかります。このようなひとり親家庭の自立のために、福祉、保健、教育、雇用など、多岐にわたる分野での支援策が用意されています。

施策の根拠となるのが、母子及び父子並びに寡婦福祉法

ひとり親支援の施策の根拠となるのが、母子及び父子並びに寡婦福祉法です。この法律に基づいて2003（平成15）年に策定された「母子家庭等及び寡婦の生活の安定と向上のための措置に関する基本的な方針」が、現在のひとり親家庭に対する支援策の中心となっています。この方針のねらいは、以下のように示されます。

母子及び父子並びに寡婦福祉法に基づき、特別措置法等の趣旨、母子家庭及び父子家庭並びに寡婦の実態等を踏まえつつ、母子家庭等施策の展開の在り方について、国民一般に広く示すとともに、都道府県、市（特別区を含む）及び福祉事務所を設置する町村において自立促進

計画を策定する際の指針を示すこと等により、母子家庭等施策が総合的かつ計画的に展開され、個々の母子家庭等に対して効果的に機能することを目指すものである

 ひとり親家庭の支援

ひとり親家庭を支える施策の4つの柱

上記の方針に基づいたひとり親家庭への具体的な支援については、子育て・生活支援、就業支援、養育費確保支援、経済的支援の4つを柱として、施策が進められています。実施に当たっては、母子及び父子並びに寡婦福祉法に基づき、まず国が基本方針を定め、都道府県等は基本方針に即して区域におけるひとり親家庭等の動向、基本的な施策の方針、具体的な措置に関する事項を定める自立促進計画を策定します。その上で、主に**市町村が実施主体**となり、支援策を提供します。

ひとり親家庭等の自立支援策の体系

●ひとり親家庭等に対する支援として、「子育て・生活支援策」「就業支援策」「養育費の確保策」「経済的支援策」の4本柱により施策を推進

子育て・生活支援
○母子・父子自立支援員による相談支援
○ヘルパー派遣、保育所等の優先入所
○子どもの生活・学習支援事業等による子どもへの支援
○母子生活支援施設の機能拡充　　　など

就業支援
○母子・父子自立支援プログラムの策定やハローワーク等との連携による就業支援の推進
○母子家庭等就業・自立支援センター事業の推進
○能力開発等のための給付金の支給　など

養育費確保支援
○養育費相談支援センター事業の推進
○母子家庭等就業・自立支援センター等における養育費相談の推進
○「養育費の手引き」やリーフレットの配布　　　　　　　　　など

経済的支援
○児童扶養手当の支給
○母子父子寡婦福祉資金の貸付
○就職のための技能習得や児童の修学など12種類の福祉資金を貸付　　　など

出典：厚生労働省

ひとり親家庭支援の実際

ひとり親家庭支援の柱となる、子育て・生活支援、就業支援、養育費確保支援、経済的支援について、それぞれの主な具体的施策を解説します。

 ひとり親家庭への子育て・生活支援

　ひとり親家庭への具体的な支援について、子育て・生活支援の代表的なものとして広く行われているものに、母子・父子自立支援員による相談・支援があります。これは母子・父子自立支援員が、ひとり親家庭及び寡婦に対し、支援に関係する法令や生活一般についての相談指導、職業能力の向上や就業についての相談指導、その他自立に必要な相談を実施するものです。また、修学や疾病などにより生活援助、あるいは保育などのサービスが必要となったときに家庭生活支援員を派遣し、または家庭生活支援員の居宅等で子どもの世話などを行うことにより、ひとり親家庭の生活の安定を図る、ひとり親家庭等日常生活支援事業があります。

　その他にも、子どもの生活・学習支援事業（居場所づくり）、保護を必要とする母子を入所させる母子生活支援施設、保護者の疾病その他の理由により家庭で子どもを養育することが一時的に困難となった場合などに、一定期間、子どもを養育・保護する子育て短期支援事業など、様々な支援によって、ひとり親家庭の子育てや暮らしを支援します。

 自立に向けた就業支援

　母子家庭の就業者は非正規労働の割合が高く、父子家庭でも就労支援を要する人が少なくないことから、ひとり親家庭への支援では、就業支援も重要になります。ひとり親家庭に対する主な就業支援については、子育て女性等に対する再就職支援を実施する専門のハローワークであるマザーズハローワークに代表される就業相談・職業紹介等、託児サービ

スを付加した訓練コースなどの公共職業訓練、高等職業訓練促進給付金等事業をはじめとした給付金等があります。

ひとり親家庭の子育て・生活支援関係の主な事業

事業名		支援内容
母子・父子自立支援員による相談・支援		ひとり親家庭及び寡婦に対し、生活一般についての相談指導や母子父子寡婦福祉資金に関する相談・指導を行う
ひとり親家庭等日常生活支援事業		修学や疾病などにより家事援助、保育等のサービスが必要となった際に、家庭生活支援員の派遣等を行う
ひとり親家庭等生活向上事業	相談支援事業	ひとり親家庭等が直面する様々な課題に対応するために相談支援を行う
	家計管理・生活支援講習会等事業	家計管理、子どものしつけ・育児や健康管理などの様々な支援に関する講習会を開催する
	学習支援事業	高等学校卒業程度認定試験の合格のために民間事業者などが実施する対策講座を受講している親等に対して、補習や学習の進め方の助言等を実施する
	情報交換事業	ひとり親家庭が定期的に集い、お互いの悩みを相談しあう場を設ける
	子どもの生活・学習支援事業	ひとり親家庭の子どもに対し、放課後児童クラブ等の終了後に基本的な生活習慣の習得支援、学習支援や食事の提供等を行い、ひとり親家庭の子どもの生活の向上を図る
母子生活支援施設		配偶者のない女子又はこれに準ずる事情にある女子およびその者の監護すべき児童を入所させて、これらの者を保護するとともに、これらの者の自立の促進のためにその生活を支援し、あわせて退所した者について相談その他の援助を行うことを目的とする施設
子育て短期支援事業		児童の養育が一時的に困難となった場合に、児童を児童養護施設等で預かる事業

出典：厚生労働省

子どもの生活・学習支援事業（居場所づくり）

※平成28年度から実施

目　的
・ひとり親家庭の子どもが抱える特有の課題に対応し、貧困の連鎖を防止する観点から、放課後児童クラブ等の終了後に、ひとり親家庭の子どもに対し、児童館・公民館や民家等において、悩み相談を行いつつ、基本的な生活習慣の習得支援・学習支援、食事の提供等を行うことにより、ひとり親家庭の子どもの生活の向上を図る

事業内容
・①基本的な生活習慣の習得支援や生活指導　②学習習慣の定着等の学習支援　③食事の提供
　①及び②の支援を組み合わせて実施することを基本とし、これに加えて、③の支援を地域の実情に応じて実施する

実施体制・実施方法
・地域の学生や教員ＯＢ等のボランティア等で、ひとり親家庭の子どもの福祉の向上に理解と熱意を有する支援員を配置して、子どもに対して適切な生活支援や学習支援等を行うとともに、子どもの良き理解者として悩み相談や進学相談等に応じる
・食事の提供を行う場合には、食育の観点に配慮するとともに、衛生管理等に十分配慮する。また、食材の確保には、地域の農家、フードバンク等の協力を得る（食材費は、実費徴収可）
・支援員の募集・選定・派遣調整、教材作成等を行うコーディネーターや、支援員の指導・調整、運営管理等を行う管理者を配置する

出典：厚生労働省

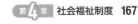

離婚した母子家庭の自立に欠かせない養育費

　ひとり親家庭の中でも、特に母子家庭が経済的に自立し、児童が健やかに成長するためには、母子家庭の母が養育費をその父親などから確保することが重要です。一方で、平成28年度全国ひとり親世帯等調査によれば、離婚した母子家庭のうち養育費の取り決めをしているという割合は42.9％、しかし実際に養育費を受け取っている割合は24.3％にすぎず、母子家庭に関する養育費の確保は大きな課題となっています。そこで、母子及び父子並びに寡婦福祉法に養育費支払いの責務を明記するとともに、ひとり親家庭への支援策の柱の1つとして、養育費確保支援が挙げられています。

 養育費相談支援センターの開設

　2007（平成19）年度、養育費確保支援の一環として、母子家庭等の養育費の取得率の向上を図ることを目的に、養育費相談支援センターが開設されました。ここでは、養育費に関する情報提供、母子家庭等就業・自立支援センターで受け付けた困難事例への支援、養育費相談に応じる人材養成のための研修等を行っています。その上で、同センターで研修やサポートを受けた養育費に関する専門知識を持つ相談員が、地域にある母子家庭等就業・自立支援センター等で、実際に養育費の問題で困っている人に対し、相談や支援を行います。

 ひとり親への経済的支援

　母子家庭の母親などが、就労や児童の就学などで資金が必要となったときに、都道府県、指定都市又は中核市から貸付を受けられる制度が、母子父子寡婦福祉資金貸付金制度です。これは、後述する児童扶養手当と並んで、ひとり親家庭に対する経済的支援の中心となっています。

　母子父子寡婦福祉資金貸付金では、母子福祉資金、父子福祉資金、寡

婦福祉資金として、それぞれ配偶者のいない人等に対し、生活資金や修学資金、医療介護資金などについて、無利子または年利1.0％で、一定の据置期間の後、3〜20年の返済期間での貸付を行います。平成30年度からは、修学資金と就学支度金について、貸付対象に大学院も追加されました。

養育費相談支援センター事業

《趣旨》
● 夜間・休日を含め利用しやすく、簡易・迅速な養育費の取決めや確保をサポートする相談機関の確保を図る
● 国においては、相談担当者の養成と各地の相談機関の業務支援を行う

《目指すべき方向》
● 養育費の取決め率、受給率の増
　↓
● ひとり親家庭の生活の安定
● ひとり親家庭で育つ子どもの健やかな健康

《スキーム》

国
　↓ 民間団体に委託

地方公共団体
　↓ 委託・実施

養育費相談支援センター

〈委託事業〉
● 各種手続についてわかりやすい情報提供
　→HP上で全国発信、パンフレットの作成
● 全国の自治体等において養育費相談にあたる人材養成のためのプログラム作成と研修会の実施
● 各地の相談機関の業務支援（困難事例への支援）
● 母子家庭等に対する電話・メール相談

研修・サポート

困難事例の相談

母子家庭等就業・自立支援センター

● リーフレット等による情報提供
● 養育費取決めや支払の履行・強制執行に関する相談・調整等の支援
● 母子家庭等への講習会の開催
● 弁護士による法律相談

出典：厚生労働省

母子保健の体系

女性と子どもたちの健全な育成を守るための施策が母子保健です。健康診査から医療対策まで、母子保健法を根拠に、多岐にわたる施策が講じられています。

母性と乳幼児の心身の健康を守る

　母子保健とは、母性が保護・尊重され、乳幼児が心身ともに健康に生育していけるよう、母性と乳幼児の健康を守ろうというものです。その根拠となるのが母子保健法であり、その目的を次のように規定しています。

> 第一条　この法律は、母性並びに乳児及び幼児の健康の保持及び増進を図るため、母子保健に関する原理を明らかにするとともに、母性並びに乳児及び幼児に対する保健指導、健康診査、医療その他の措置を講じ、もって国民保健の向上に寄与することを目的とする

　その上で母子保健施策の体系は、健康診査、保健指導、医療対策、その他の４つに大別することができます。

子育て世代包括支援センターの開設

　母子保健施策は当初、妊産婦や乳児・新生児死亡率の高さを背景として、それらの対策を行うことを主な目的としてきました。その後、健康診査や保健指導により妊産婦や乳児・新生児死亡率が低下する中、現在では思春期から出産にいたるまでの女性、そして出産後の母子に対するものまで、幅広く多岐にわたる施策が行われています。2015（平成27）年度からは、妊娠期から子育て期までの様々なニーズに対し、総合的な相談支援を提供する子育て世代包括支援センターが開設され、妊産婦などに切れ目のない支援を提供しています。

概　　要

(2017（平成29）年3月現在)

母子保健

区分	思春期	妊娠	出産	乳児期（〜1歳）	幼児期（1歳〜小学校入学）	学童期

健康診査等

- ●妊産婦健康診査
- ●乳幼児健康診査
  （1歳6ヵ月児健康診査）　（3歳児健康診査）
- ●先天性代謝異常等検査
- ●新生児聴覚検査
- ●HTLV-1母子感染対策事業 →
- ●B型肝炎母子感染防止事業 →

保健指導等

- ●妊娠の届出・母子健康手帳の交付
- ●保健師等による訪問指導等（妊産婦・新生児・未熟児等）
- ●乳児家庭全戸訪問事業（こんにちは赤ちゃん事業）
- ●養育支援訪問事業
- ●母子保健相談指導事業
  （両親学級等）　（育児学級）
- ●女性健康支援センター事業
- ●不妊専門相談センター事業（不育症相談を含む）
- ●子どもの事故予防強化事業
- ●思春期保健対策の推進
- ●妊娠・出産包括支援事業
  （子育て世代包括支援センター、産前・産後サポート事業、産後ケア事業等）
- ●食育の推進

医療対策等

- ●入院助産
- ●不妊に悩む方への特定治療支援事業
- ●未熟児養育医療 →
- ●代謝異常児等特殊ミルク供給事業
- ●結核児童に対する療育の給付
- ●子どもの心の診療ネットワーク事業
- ●児童虐待防止医療ネットワーク事業

その他

- ●健やか親子21（第2次）
- ●マタニティマークの周知・活用
- ●健やか次世代育成総合研究事業（厚生労働科学研究）

出典：厚生労働省

母子保健の主な施策

母子保健の施策には、健康診査の中心となる妊婦健康診査をはじめ、母子健康手帳、入院助産、近年注目されている不妊に悩む夫婦への支援などがあります。

 母子の健康を守るための健康診査

　母子保健に関する施策のうち、健康診査における代表的なものが妊婦健康診査です。この診査は、母子保健法第13条の「市町村は、必要に応じ、妊産婦又は乳児もしくは幼児に対して、健康診査を行い、又は健康診査を受けることを勧奨しなければならない」という規定を根拠としたものです。妊婦が受診することが望ましい健診回数は、妊娠初期より妊娠23週までは4週間に1回、妊娠24週より妊娠35週までは2週間に1回、妊娠36週以降分娩までは1週間に1回とされ、これに沿って受診した場合、受診回数は14回程度となります。これらの妊婦健康診査の費用について、公費での助成を行っています。

 継続性・一貫性のあるケアを担保する母子健康手帳

　母子保健施策の保健指導において、欠かすことのできないのが母子健康手帳の交付です。母子健康手帳は妊娠の届け出をした妊婦に交付されるもので、妊娠中の経過や乳幼児期の健康診査の記録、予防接種の記録、乳幼児身体発育曲線などを記録します。これにより、妊娠期から乳幼児期までの健康に関する重要な情報が、1つの手帳で管理されます。その結果、異なる場所で、異なる時期に、異なる専門職が母子保健サービスを行う場合でも、母子健康手帳の記録を参照することで、継続性や一貫性のあるケアを提供できるという大きなメリットがあります。

入院助産や不妊に悩む夫婦への支援

　母子保健に関する医療対策の代表的なものが、入院助産制度です。これは児童福祉法第22条に基づいて、出産に当たって、保健上必要であるにもかかわらず、経済的な理由で病院又は助産所に入院できない妊産婦を対象に、その費用を助成するというものです。

　また、不妊に悩む夫婦に対して、経済的な負担が大きい体外受精と顕微授精について費用の一部助成を行っています。この助成では、対象年齢を43歳未満、通算助成回数を6回（助成開始年齢が40歳以上の場合は3回）とし、年間助成回数の制限はありません。さらに、不妊に関する医学的な相談や、不妊による心の悩みの相談などを行う不妊専門相談センター事業も実施しています。

母子保健

妊婦健康診査の内容

(1) 妊婦健康診査においては、各回、基本的な妊婦健康診査の項目として、①健康状態の把握（妊娠月週数に応じた問診、診察等）、②検査計測、③保健指導を実施するとともに、妊娠期間中の適時に、必要に応じた医学的検査を実施すること

(2) 基本的な妊婦健康診査の一環として、各回実施する検査計測の項目の例としては、子宮底長、腹囲、血圧、浮腫、尿化学検査（糖・蛋白）、体重があり、第1回目の健康診査では、身長も測定すること

(3) 基本的な妊婦健康診査の一環として、各回実施する保健指導については、妊娠中の食事や生活上の注意事項等について具体的な指導を行うとともに、妊婦の精神的な健康の保持に留意し、妊娠、出産、育児に対する不安や悩みの解消が図られるようにすること

(4) 各回実施する基本的な妊婦健康診査の項目以外の各種の医学的検査について、標準的な検査項目を以下に例示する。市町村における公費負担の対象となる検査項目の設定にあたって、ほかと比べて参考にすること（医学的検査の例）
　①血液検査
　・妊娠初期に1回、血液型（ABO血液型・Rh血液型、不規則抗体）、血算、血糖、B型肝炎抗原、C型肝炎抗体、HIV抗体、梅毒血清反応、風疹ウイルス抗体の検査を実施
　・妊娠24週から35週までの間に1回、血算、血糖の検査を実施
　・妊娠36週以降に1回、血算の検査を実施
　・妊娠30週頃までにHTLV-1抗体検査を実施
　②子宮頸がん検診（細胞診）妊娠初期に1回実施
　③超音波検査 妊娠23週までの間に2回、妊娠24週から35週までの間に1回、36週以降に1回実施
　④B群溶血性レンサ球菌（GBS）妊娠24週から35週までの間に1回実施
　⑤性器クラミジア 妊娠30週頃までに1回実施

出典：厚生労働省

社会手当制度の概要と児童手当

法に定めた要件を満たした人に対し、資力調査を行わずに給付するのが社会手当。
その代表的なものの1つが、中学生までの児童が対象の児童手当です。

 ## 社会手当制度の考え方

　社会手当制度とは、法律に定められた要件に該当する人に対して、主に税財源から金銭を給付する制度をいいます。同様に税財源から現金を給付する制度に公的扶助（生活保護制度）がありますが、社会手当と異なる点は基本的に資力調査（ミーンズテスト）を行わない点にあります。また、生活保護制度が受給者によって給付される金額が異なるのに対し、社会手当は給付される金額が定型的に定められていることも大きな違いです。日本における社会手当制度には、児童に関する児童手当と児童扶養手当、障害者（児）を対象とする特別児童扶養手当や障害児福祉手当などがあります。

 ## 児童手当の仕組み

　児童手当は、子ども・子育て支援の適切な実施を図るため、父母その他の保護者が子育てについての第一義的責任を有するという基本的認識の下に、家庭等における生活の安定に寄与するとともに、次代の社会を担う児童の健やかな成長に資することを目的としています。対象児童は0歳から中学校卒業までで、児童を養育している人が受給資格者となります。支給額は児童一人当たり、3歳未満は一律1万5,000円、3歳以上小学校修了前は1万円（第3子以降は1万5,000円）、中学生は一律1万円です。児童を養育している人の所得が所得制限限度額以上の場合は、特例給付として月額一律5,000円が支給されます。支給時期は原則として、毎年2月、6月、10月に、それぞれの前月分までの手当を支給します。

なお、児童手当制度では、以下のルールが適用されます。

1. 原則として、児童が日本国内に住んでいる場合に支給する（留学のために海外に住んでいて一定の要件を満たす場合は支給対象になる）
2. 父母が離婚協議中などにより別居している場合は、児童と同居している人に優先的に支給する
3. 父母が海外に住んでいる場合、その父母が、日本国内で児童を養育している人を指定すれば、その人（父母指定者）に支給する
4. 児童を養育している未成年後見人がいる場合は、その未成年後見人に支給する
5. 児童が施設に入所している場合や里親などに委託されている場合は、原則として、その施設の設置者や里親などに支給する

児童手当制度の概要

制度の目的	家庭等の生活の安定に寄与する 次代の社会を担う児童の健やかな成長に資する		
対象児童	国内に住所を有する中学校修了まで（15歳に到達後の最初の年度末まで）の児童（住基登録者：外国人含む） ※対象児童 1,660万人 （平成31年2月末）	受給資格者	・監護・生計同一（生計維持）要件を満たす父母等 ※所得制限限度額（年収ベース）960万円（夫婦と児童2人の場合） ・児童が施設に入所している場合は施設の設置者等
手当月額 （一人当たり）	0～3歳未満　一律1万5,000円 3歳～小学校修了まで　第1子・第2子：1万円　第3子以降：1万5,000円 中学生　一律1万円 所得制限限度額以上　一律5,000円（特例給付）※令和3年度より、一部改正予定		
支払月	毎年2月、6月、10月（前月までの4ヵ月分を支払）		
実施主体	市区町村（法定受託事務）※公務員は所属庁で実施		
費用負担	国、地方（都道府県・市区町村）、事業主拠出金で構成 ※事業主拠出金は、標準報酬月額及び標準賞与額を基準として、拠出金率（3.6/1000）を乗じて得た額を徴収し、児童手当等に充当		
給付総額	令和2年度予算：2兆929億円　（国負担分：1兆1,496億円、地方負担分：5,748億円　事業主負担分：1,765億円、公務員分：1,919億円）		

出典：内閣府

児童扶養手当

ひとり親家庭における、児童の健全育成を目的とした社会手当が児童扶養手当です。対象となる児童を監護・養育している人が受給資格者となります。

ひとり親家庭の子育てを支援する制度

　児童扶養手当は、ひとり親家庭の生活の安定や自立を助け、児童の健全な育成を図ることを目的とした社会手当制度です。かつては母子家庭のみが対象とされてきましたが、2010（平成22）年からは、父子家庭も給付の対象となりました。児童扶養手当を受給できるのは、18歳に達する日以後の最初の3月31日までの間にある（心身に一定の障害のあるときは20歳未満）児童を監護している父又は母、もしくは父又は母に代わってその児童を養育している人です。

児童扶養手当の受給要件

　児童扶養手当の要件として、以下、1～9のいずれかに該当する児童を監護・養育していることと定められています。

1. 父母が離婚（事実婚の解消を含む）した後、父又は母と生計を同じくしていない児童
2. 父又は母が死亡した児童
3. 父又は母が政令で定める障害の状態にある児童
4. 父又は母から1年以上遺棄されている児童
5. 父又は母が法令により引き続き1年以上拘禁されている児童
6. 父又は母が裁判所からのDV保護命令を受けた児童
7. 船舶や飛行機の事故等により、父又は母の生死が3ヵ月以上明らかでない児童
8. 婚姻（事実婚を含む）によらないで生まれた児童
9. 遺児などで、母が児童を懐胎した当時の事情が不明である児童

また、上記の要件に該当しても、次のいずれかに該当する場合は、手当は支給されません。

1. 児童が請求者の配偶者（事実上の婚姻関係にある者も含む）に養育されている
2. 児童が児童福祉施設などに入所している
3. 児童が里親などに委託されている
4. 手当を受けようとする人、対象となる児童が日本に住んでいない

>>> **手当額と所得制限**

　児童扶養手当の手当額は、受給資格者が監護・養育する子どもの数や、受給資格者の所得額などにより決まり、**奇数月に年6回、2ヵ月分ずつ支給**されます。また、受給資格者の所得が制限を超える場合や、受給している公的年金が児童扶養手当より高額な場合などについては、手当は支給されません（受給している公的年金が児童扶養手当より低い場合は、その差額が支給されます）。また、手当額は消費者物価指数の変動に応じて、毎年改定されます。

児童扶養手当の支給額（令和2年4月現在）

児童1人の場合 （本体月額）	●全額支給（所得制限額未満）／月額4万3,160円 ●一部支給／所得に応じて月額4万3,150円から1万180円まで10円単位で変動
児童2人目の加算額	●全部支給／1万190円 ●一部支給／1万180円から5,100円まで10円単位で変動（所得に応じて決定される）
児童3人目以降の加算額 （1人につき）	●全部支給／6,110円 ●一部支給／6,100円から3,060円まで10円単位で変動（所得に応じて決定される） ※児童扶養手当の額は、物価の変動等に応じて毎年額が改定される（物価スライド制）

障害児・者に対する社会手当

障害児・者に対する社会手当としては、特別児童扶養手当をはじめ、障害児福祉手当や特別障害者手当、特別障害給付金があります。

 特別児童扶養手当の支給要件

　特別児童扶養手当や**障害児福祉手当、特別障害者手当**は、特別児童扶養手当等の支給に関する法律に基づいて支給される社会手当です。いずれも、住所地市町村の窓口に申請することで受給ができます。

　このうち特別児童扶養手当は、精神又は身体に障害を有する児童について手当を支給することにより、これらの児童の福祉の増進を図ることを目的にしています。支給要件は、**20歳未満で精神又は身体に障害を有する児童を家庭で監護・養育している父母等**で、重度の障害のある児童（1級）については一人当たり月額5万2,500円、中等度の障害のある児童（2級）は月額3万4,970円が支給されます（令和2年4月現在）。支給金額については、児童扶養手当と同様に毎年改定され、支払時期は、原則として毎年4月、8月、12月にそれぞれの前月分までが支給されます。

　なお、特別児童扶養手当には所得制限があり、受給資格者（障害児の父母等）もしくはその配偶者又は生計を同じくする扶養義務者（同居する父母等の民法に定める者）の前年の所得が一定の額以上であるときは手当は支給されません。また、児童が福祉施設に入所している場合も支給されません。

 障害児本人に支給される障害児福祉手当

　障害児福祉手当は、重度障害児に対して、その障害のため必要となる精神的、物質的な特別の負担の軽減の一助として手当を支給することにより、特別障害児の福祉の向上を図ることを目的としています。上述の

特別児童扶養手当が障害児を監護・養育している父母に対して支給されるのに対し、障害児福祉手当は障害児本人に支給されます。支給要件は、精神又は身体に重度の障害を有するため、日常生活において常時の介護を必要とする状態にある在宅の20歳未満の人です。支給月額は1万4,880円で（令和2年4月）、原則として毎年2月、5月、8月、11月に、それぞれの前月分までが支給されます。

なお、受給資格者（重度障害児）の前年の所得が一定の額を超えるとき、もしくはその配偶者又は受給資格者の生計を維持する扶養義務者（同居する父母等の民法に定める者）の前年の所得が一定の額以上であるときは、障害児福祉手当は支給されません。

特別児童扶養手当の対象障害程度と手続き

障害程度（例）

1級
- 身体障害者手帳1～2級及び3級の一部と同程度の身体障害児
- 療育手帳A1及びA2と同程度の知的障害児または精神障害児
- 終日就床を必要とする症状であって活動がベッド周辺に限られる児童

2級
- 身体障害者手帳3級及び4級の一部と同程度の身体障害児
- 療育手帳B1と同程度の知的障害児または精神障害児
- 日中50%以上就床または起居している病状であって軽い運動ができない児童

特別児童扶養手当の手続き（例）

- 居住地の市区町村窓口で、次の書類を添えて請求の手続きを行う
  ※特別児童扶養手当は、原則として認定請求をした日の属する月の翌月から（3月に請求した場合は4月分から）支給

手続きに必要なもの

- 請求者と対象児童の戸籍謄本または抄本（外国籍の人は登録済証明書）
  ※交付日から1ヵ月以内のもの
- 対象児童の障害についての医師の診断書等
  ※診断書作成日から1ヵ月以内のもの（疾病により必要な書類が追加される場合あり）
  ※身体障害者手帳、療育手帳を取得している人は、診断書を省略できる場合あり
- 銀行等の口座番号と口座名義が確認できるもの（請求者名義のもの）
- その他必要書類（詳しくは市区町村窓口で要確認）

重度の障害がある人を対象とした特別障害者手当

　特別障害者手当は、精神又は身体に著しく重度の障害を有し、日常生活において常時特別の介護を必要とする特別障害者に対して、重度の障害のため必要となる精神的、物質的な特別の負担の軽減の一助として手当を支給することにより、特別障害者の福祉の向上を図ることを目的にしています。支給要件は、**精神又は身体に著しく重度の障害を有するため、日常生活において常時特別の介護を必要とする状態にある在宅の20歳以上の人**で、支給月額は2万7,350円（令和2年4月）です。なお、支給月や所得制限は、障害児福祉手当と同様です。また、障害者総合支援法に基づく障害者支援施設などに入所している場合などには、支給されません。

 障害基礎年金を補完する特別障害給付金

　特別児童扶養手当や障害児福祉手当、特別障害者手当が、特別児童扶養手当等の支給に関する法律に基づいて支給されるのに対し、特別障害給付金は、特定障害者に対する特別障害給付金の支給に関する法律に基づいて支給されるものです。この制度は、国民年金に任意加入していなかったことにより、障害基礎年金等を受給していない障害者に対して、福祉的措置として創設されたものです。

　支給の対象となるのは、国民年金に任意加入していなかった時期に初診日があり、現在障害基礎年金の1級又は2級相当の障害のある人で、以下の1.2.のいずれかに該当する人です。

1. 1991（平成3）年3月以前に国民年金任意加入対象者であった学生
2. 1986（昭和61）年3月以前に国民年金任意加入対象者であった被用者（厚生年金、共済組合等の加入者）の配偶者

　なお、障害基礎年金や障害厚生年金、障害共済年金などを受給することができる人は対象になりません。また給付金を受けるためには、厚生

労働大臣の認定が必要になります。支給月額は、障害基礎年金1級相当に該当する人は5万2,450円（令和2年4月）、障害基礎年金2級相当に該当する人は4万1,960円（令和2年4月）です。特別障害給付金の月額は、前年の消費者物価指数の上昇下降に合わせて毎年度自動的に見直されます。また、老齢年金等の支給を受けている場合や、本人に一定以上の所得がある場合は、支給制限があります。

特別児童扶養手当、障害児福祉手当・特別障害者手当の所得制限

特別児童扶養手当

（単位：円、平成14年8月以降適用）

扶養親族等の数	受給資格者本人		受給資格者の配偶者および扶養義務者	
	所得額（※1）	参考：収入額の目安（※2）	所得額（※1）	参考：収入額の目安（※2）
0	459万6,000	642万0,000	628万7,000	831万9,000
1	497万6,000	686万2,000	653万6,000	859万6,000
2	535万6,000	728万4,000	674万9,000	883万2,000
3	573万6,000	770万7,000	696万2,000	906万9,000
4	611万6,000	812万9,000	717万5,000	930万6,000
5	649万6,000	855万1,000	738万8,000	954万2,000

障害児福祉手当・特別障害者手当

扶養親族等の数	受給資格者本人		受給資格者の配偶者および扶養義務者	
	所得額（※1）	参考：収入額の目安（※2）	所得額（※1）	参考：収入額の目安（※2）
0	360万4,000	518万0,000	628万7,000	831万9,000
1	398万4,000	565万6,000	653万6,000	859万6,000
2	436万4,000	613万2,000	674万9,000	883万2,000
3	474万4,000	660万4,000	696万2,000	906万9,000
4	512万4,000	702万7,000	717万5,000	930万6,000
5	550万4,000	744万9,000	738万8,000	954万2,000

※1　所得額は、地方税法の都道府県民税についての非課税所得以外の所得等から、医療費控除、障害者控除および寡婦控除等の額を差し引いた額
※2　ここに掲げた収入額は、給与所得者を例として給与所得控除額等を加えて表示した額

出典：厚生労働省

LGBTQ＋とダイバーシティ

社会的な意識と制度改革の必要性

　近年、LGBTQ＋と言われる、性的指向及び性自認の人々に対する差別や偏見をなくしていこうという機運が高まりを見せています。LGBTQ＋とは、レズビアン・ゲイ・バイセクシュアル・トランスジェンダー・クエスチョニング（クィア）という、主なセクシャルマイノリティを示す頭文字に、その他の多様な性自認・性的指向の人々を表す「＋」という文字を加えたものです。

　LGBTQ＋の人々は、その性的指向や性自認を理由に、様々な困難を抱えています。LGBTQ＋の当事者団体の連合体である、性的指向および性自認等により困難を抱えている当事者等に対する法整備のための全国連合会の調査によれば、「就職活動の際、結婚などの話題から性的指向や性自認をカミングアウトしたところ、面接を打ち切られた」「認知症・意識不明状態のパートナーが入院したが、病院・医師から安否情報の提供や治療内容の説明を受けられず、面会もできなかった」「同性パートナーと公営住宅への入居を申し込もうとしたが、同居親族に当たらないことを理由に拒否された」など、教育や就労、医療や公共サービス・社会保障など、様々な生活領域において、LGBTQ＋の人々が困難に直面していることが示されました。

　こうした課題に対し、たとえば東京都では、渋谷区や世田谷区が2015（平成27）に同性パートナーの証書の発行を行う制度を開始したことを皮切りに、同様の制度改革が全国各地で進んでいます。国の動きとしては、法務省が「性的指向を理由とする偏見や差別をなくそう」・「性自認を理由とする偏見や差別をなくそう」を啓発活動の強調事項として掲げており、一般社団法人日本経済団体連合会（経団連）も、LGBTQ＋への適切な理解を促すとともに、その認識・受容を進める上での視点と、取組みの具体例を各企業に示しています。

公的扶助

生活保護制度を中心に、生活福祉資金貸付制度や公営
住宅制度などで構成される公的扶助は、社会保険と並
んで社会保障制度を支える、大きな柱となっています。

▶ 公的扶助とは

公的扶助の全体像

公的扶助は、社会保険と並んで社会保障制度を支える大きな柱。生活保護を中心に、低所得者対策としての貸付金や住宅制度などで構成されています。

公的扶助の特徴

　社会保障制度を支える大きな柱の1つである公的扶助は、社会保険制度と並んで生活を保障する重要な制度です。社会保険制度が、生活上の困難がもたらす一定の事由（保険事故）に対して、被保険者があらかじめ保険料を拠出し、保険者が給付を行う保険技術を用いた公的制度であるのに対し、公的扶助制度は、国民の健康と生活を最終的に保障する制度であり、以下のような特徴が挙げられます。

---

1. 貧困・低所得者を対象としていること
2. 最低生活の保障を行うこと
3. 公的責任で行うこと
4. 資力調査あるいは所得調査を伴うこと
5. 租税を財源としていること
6. 救貧的機能を有していること

公的扶助を構成する貧困者対策と低所得者対策

　公的扶助には、資力調査（ミーンズテスト）を要件とする貧困者対策と、所得調査（制限）を要件とする低所得者対策の2つがあります。中でも、公的扶助を代表する貧困者対策が、生存権を実現するための生活保護制度です。この制度は、生活に困窮しているすべての国民に対して、健康で文化的な最低限度の生活を保障するためのものです。

　一方で、低所得者対策には、公的扶助と社会保険の中間的性格を持つ

社会手当制度、資金の貸付を行う**生活福祉資金貸付制度**、低所得者層を中心に住宅を提供する**公営住宅制度**などがあります。

　ここでは、生活保護や生活福祉資金貸付制度などの公的扶助に含まれる制度や仕組みに加え、近年、社会保険と公的扶助の隙間を埋めるセーフティネットとして注目されている、**生活困窮者自立支援制度**や**求職者支援制度**についても解説します。

公的扶助の全体像

貧困者対策

低所得者対策

生活困窮者
自立支援制度

求職者支援制度

生活保護制度

社会手当

生活福祉資金貸付金

公営住宅制度

貧困者対策と低所得者対策の隙間を埋めるセーフティーネット

公的扶助は財源が全額、税金で賄（まかな）われているので、申請者に対して貯蓄額や収入、資産を活用する能力の有無に関する調査が行われ、受給資格のある・なしが判断されます

▶ 生活保護制度

生活保護制度の全体像

生活保護制度は、生活保護法に基づき、生活に困窮している人に対して、健康で文化的な最低限度の生活を保障し、その自立を助長するものです。

生活保護の目的と原則

　生活保護制度は、資産や能力などのすべてを活用してもなお生活に困窮する人に対して、困窮の程度に応じて必要な保護を行い、健康で文化的な最低限度の生活を保障し、その自立を助長するものです。生活保護制度は1950（昭和25）年に公布・施行された生活保護法に基づくものであり、その目的や原則は、次のように規定されています。

> （目的）
> 第一条　この法律は、日本国憲法第二十五条に規定する理念に基き、国が生活に困窮するすべての国民に対し、その困窮の程度に応じ、必要な保護を行い、その最低限度の生活を保障するとともに、その自立を助長することを目的とする
> （無差別平等）
> 第二条　すべて国民は、この法律の定める要件を満たす限り、この法律による保護（以下「保護」という）を、無差別平等に受けることができる
> （最低生活）
> 第三条　この法律により保障される最低限度の生活は、健康で文化的な生活水準を維持することができるものでなければならない

自立の助長も重要な目的

　生活保護法で重要なポイントは、最低限度の生活を保障すると同時に、

その人の<u>自立助長を目的</u>としていることです。ここでいう自立とは、生活保護を受けなくてもすむような経済的な自立という意味だけではありません。単純に経済的な自立だけを促すのではなく、母子世帯や高齢者、障害者など、様々なハンディキャップを負っている人に対し、社会の構成員として、保護を受けながらもその人らしく生活をしていく、<u>社会的・精神的自立を支える制度</u>でもあるのです。

　こうした自立助長のために、生活保護の実施に当たっては、ケースワーカーによる月1回の家庭訪問等による就労指導、福祉事務所とハローワークとの連携強化、福祉事務所への就労支援員の増配置など、様々な自立支援のための施策が講じられています。

生活保護制度の概要

●生活保護制度の目的

○最低生活の保障
　⇒ 資産、能力等すべてを活用してもなお生活に困窮する人に対し、困窮の程度に応じた保護を実施
○自立の助長

最低生活の保障

①資産、能力等あらゆるものを活用することが保護の前提。また、扶養義務者による扶養などは、保護に優先される

・不動産、自動車、預貯金等の資産
・稼働能力の活用
・年金、手当等の社会保障給付
・扶養義務者からの扶養　　　等

➡ ◇保護の開始時に調査
　　（預貯金、年金、手当等の受給の有無や可否、傷病の状況等を踏まえた就労の可否、扶養義務者の状況及び扶養能力等）
◇保護適用後にも届出を義務付け

②支給される保護費の額
・厚生労働大臣が定める基準で計算される最低生活費から収入を差し引いた差額を保護費として支給

最　低　生　活　費	
年金・児童扶養手当等の収入	

↓
支給される保護費

収入としては、就労による収入、年金等社会保障の給付、親族による援助等を認定。預貯金、保険の払戻し金、不動産等の資産の売却収入等も認定するため、これらを消費した後に保護適用となる

自立の助長

・ケースワーカーの月1回の家庭訪問等による就労指導
・福祉事務所とハローワークの連携強化
・福祉事務所への就労支援員の増配置

出典：厚生労働省

保護の要件とその種類

生活保護は、世帯全員の所得や資産をすべて活用した上での受給が前提です。扶助には生活扶助から葬祭扶助まで、8つの内容が定められています。

 生活保護を受けるための要件

生活保護は世帯単位で行われ、その世帯に属する全員が、利用し得る資産、能力その他あらゆるものを、最低限度の生活維持のために活用することが前提となっています。また扶養義務者の扶養は、生活保護法による保護に優先します。

このため、預貯金や生活に利用されていない土地や家屋等があれば、売却するなどして生活費に充てなけれなばりません。また、働くことが可能な人は、その能力に応じて働かなければなりません。さらに、年金や手当など他の制度で給付を受けることができる場合は、まずそれらを活用します。加えて扶養義務者の扶養として、親族等から援助を受けることができる場合は、援助を受けることが求められます。

その上で、世帯の収入と厚生労働大臣の定める基準で計算される最低生活費を比較し、収入が最低生活費に満たない場合に、生活保護が適用されます。

 生活保護の種類

生活保護には、それぞれの生活の状態やニーズに応じて、日常生活に必要な費用である生活扶助、アパート等の家賃である住宅扶助、義務教育を受けるために必要な学用品費である教育扶助、医療サービスの費用である医療扶助、介護サービスの費用である介護扶助、出産費用となる出産扶助、就労に必要な技能の修得等にかかる費用である生業扶助、葬祭費用である葬祭扶助、以上の8種類があります。

生活保護の給付

　たとえば生活扶助については、基準額は食費等の個人的費用と光熱水費等の世帯共通費用を合算して算出し、母子加算など特定の世帯への加算があるなど、8つの扶助それぞれについて基準額が定められており、毎年1回4月に改定されます。

　生活保護による扶助の中でも、中心となるのは生活扶助です。これに加え、必要に応じて住宅扶助や教育扶助、医療扶助などの各種扶助が組み合わされて給付されます。給付について、生活扶助、住宅扶助、教育扶助、医療扶助、介護扶助は毎月の継続的な給付となり、出産扶助、生業扶助、葬祭扶助は一時的な給付となります。

生活保護の種類と内容

生活を営む上で生じる費用	扶助の種類	支給内容
日常生活に必要な費用 （食費・被服費・光熱費等）	生活扶助	基準額は、 (1) 食費等の個人的費用 (2) 光熱水費等の世帯共通費用を合算して算出。 特定の世帯には加算がある（母子加算等）
アパート等の家賃	住宅扶助	定められた範囲内で実費を支給
義務教育を受けるために必要な学用品費	教育扶助	定められた基準額を支給
医療サービスの費用	医療扶助	費用は直接医療機関へ支払い（本人負担なし）
介護サービスの費用	介護扶助	費用は直接介護事業者へ支払い（本人負担なし）
出産費用	出産扶助	定められた範囲内で実費を支給
就労に必要な技能の修得等にかかる費用	生業扶助	定められた範囲内で実費を支給
葬祭費用	葬祭扶助	定められた範囲内で実費を支給

出典：厚生労働省

生活扶助基準額の例(令和2年10月1日現在)

	東京都区部等	地方郡部等
3人世帯（33歳、29歳、4歳）	15万8,760円	13万9,630円
高齢者単身世帯（68歳）	7万7,980円	6万6,300円
高齢者夫婦世帯（68歳、65歳）	12万1,480円	10万6,350円
母子世帯（30歳、4歳、2歳）	19万550円	16万8,360円

※ 児童養育加算等を含む
出典：厚生労働省

申請から受給までの流れ

生活保護は、地域の福祉事務所に相談をした上で申請をします。原則として申請から14日以内に可否の判定がされ、定められた額の給付が行われます。

地域の福祉事務所へ相談する

　生活保護に関する事務を行っているのは、都道府県及び市町村の福祉事務所です。このため生活保護制度の利用を希望する人は、まずは住所のある地域を所管する福祉事務所の生活保護担当へ相談をします。生活保護担当員は、生活保護制度についての説明をした上で、生活福祉資金や各種社会保障施策などの活用についても併せて検討します。

生活保護の申請

　生活保護の申請をする人については、保護の決定のために以下のような調査（ミーンズテスト）を実施します。

1. 生活状況等を把握するための実地調査（家庭訪問等）
2. 預貯金、保険、不動産等の資産調査
3. 扶養義務者による扶養（仕送り等の援助）の可否の調査
4. 年金等の社会保障給付、就労収入等の調査
5. 就労の可能性の調査

　調査した結果と申請者の最低生活費を比較し、保護が必要かどうかの判定が行われます。その上で必要と認められれば保護が開始されます。

申請から受給の可否判断までは原則14日以内

　生活保護の申請に当たっては、必要な書類は特別にはありません。ただし、生活保護制度の仕組みや各種の社会保障施策等の活用について十

分な説明を行うために、申請に際しては福祉事務所の生活保護担当窓口での事前の相談が重要です。また、生活保護の申請をした後の調査においては、**世帯の収入や資産等の状況がわかる資料（通帳の写しや給与明細等）の提出を求められる**ことがあります。

　申請から受給までの時間については、一般的に生活状況の調査や資産調査（預貯金、生命保険等）などを行った上で、**申請した日から原則14日以内（調査に日時を要する特別な理由がある場合は最長30日）**に生活保護の可否について回答をします。なお、生活保護の申請をしてから生活保護が開始されるまでの当座の生活費がない場合は、社会福祉協議会が行う**臨時特例つなぎ資金貸付**を利用できる場合もあります。

保護費の支給

　保護の実施においては、厚生労働大臣が定める基準に基づく最低生活費から収入（年金や就労収入等）を引いた額を保護費とし、毎月支給されます。生活保護の受給中は、収入の状況を毎月申告しなければなりません。また世帯の実態に応じて、福祉事務所のケースワーカーが年数回の訪問調査を行います。就労の可能性のある人については、就労に向けた助言や指導を行い、できるだけ自立ができるように促します。

生活保護の手続き

事前の相談	保護の申請	保護費の支給
●生活保護制度の説明 ●生活福祉資金、障害者施策等各種の社会保障施策等の紹介や助言	●預貯金、保険、不動産等の資産調査 ●扶養義務者による扶養の可否の調査 ●年金等の社会保障給付、就労収入等の調査 ●就労の可能性の調査	●最低生活費から収入を引いた額を支給 ●世帯の実態に応じて、年数回の訪問調査 ●収入、資産等の届出の受理、定期的な課税台帳との照合などを実施 ●就労の可能性のある人への就労指導

出典：厚生労働省

生活保護法による医療扶助

生活保護法による医療扶助は、困窮のために最低限度の生活を維持することのできない人に対して、医療扶助として医療の給付を行うものです。

医療扶助の目的と範囲

　生活保護制度では、困窮のために最低限度の生活を維持することのできない人に対して、医療扶助として医療を提供します。医療扶助は、生活扶助や住宅扶助などとは異なり、金銭給付ではなく現物給付（サービスの提供）を原則としています。医療給付の範囲は、健康保険及び国民健康保険の療養の給付と療養費の支給の範囲を併せたものとほぼ同様で、以下のようになります。

1. 診察
2. 薬剤又は治療材料
3. 医学的処置、手術及びその他の治療並びに施術
4. 居宅における療養上の管理及びその療養に伴う世話その他の看護
5. 病院又は診療所への入院及びその療養に伴う世話その他の看護
6. 移送

医療扶助の流れ

　公的医療保険では、あらかじめ被保険者証が交付され、患者はこれを医療機関等に提示することにより医療を受けます。しかし生活保護制度の医療扶助では、公的医療保険の保険証のような目的で交付されるものはありません。

　医療扶助は要保護者（被保護者）からの申請があってはじめて開始されるものです。このため、医療扶助を受けようとする患者は、まず、地

域の福祉事務所に申請しなければなりません。ただし急病等の場合、患者からの申請がなくても医療機関からの連絡等により必要な保護が行なわれます。

　医療扶助の申請を受理した福祉事務所は、患者に対する医療の必要性を検討した上で医療扶助の適用を決定し、その都度医療券・調剤券、治療材料券、施術券（はり・きゅうにあっては施術費給付承認書）を発行し、これによって医療の現物給付を受けることとなります。

医療扶助の対象者

　生活保護受給者は、国民健康保険の被保険者から除外されているため、ほとんどの生活保護受給者の医療費は、その全額を医療扶助で負担します。ただし、障害者総合支援法等の公費負担医療が適用される人や、被用者保険の被保険者又は被扶養者については、各制度において給付されない部分が医療扶助の給付対象となります。

医療扶助の実施方法

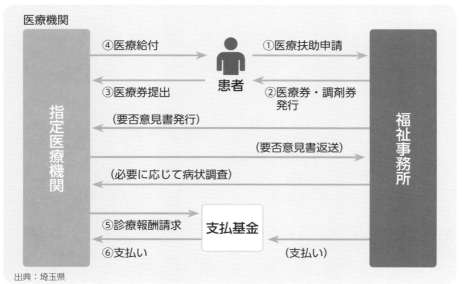

出典：埼玉県

生活保護法による介護扶助

介護扶助は、介護保険の対象となる介護サービスについて、最低限度の生活の内容として、保護者による利用を保障するためのものです。

 介護扶助の目的と範囲

　介護扶助は、困窮のために最低限度の生活を維持することのできない要介護者、要支援者に対して、必要な介護サービスを提供するものです。医療扶助と同様に介護扶助も、金銭給付ではなく現物給付（サービスの提供）を原則としています。介護給付の範囲は以下のように、介護保険の給付と基本的に同一となります。

1. 居宅介護（居宅介護支援計画に基づき行うものに限る）
2. 福祉用具
3. 住宅改修
4. 施設介護
5. 介護予防（介護予防支援計画に基づき行うものに限る）
6. 介護予防福祉用具
7. 介護予防住宅改修
8. 介護予防・日常生活支援（介護予防支援計画又は介護保険法第115条の45第1項第1号ニに規定する第1号介護予防支援事業による援助に相当する援助に基づき行うものに限る）
9. 移送（施設への入退所や居宅療養管理指導に係る交通費、保険給付が行われない居宅介護サービス等利用に伴う交通費等）

 介護扶助の流れ

　介護保険では被保険者証が交付されますが、生活保護の介護扶助につ

いては、介護保険証に相当するものはありません。介護扶助は被保護者または要保護者からの申請に基づいて決定されます。このため介護扶助を受けようとする人は、介護保険の被保険者であっても、地域の福祉事務所に介護扶助の申請をする必要があります。ただし、急迫した状況にあるときは、申請がなくても必要な保護を行います。

福祉事務所は介護扶助の申請を受理すると、要介護認定の結果やケアプランに基づいて介護扶助の給付を決定します。その上で福祉事務所は、実際に利用者に介護サービスを提供する指定介護機関に、その都度、暦月を単位として介護券を送付します。介護券は福祉事務所が介護扶助の委託を決定した証明であり、介護扶助の対象者名、公費の負担割合、有効期間、本人支払額等が記載されています。

介護扶助の対象者

生活保護を受けていても、65歳以上の人（第1号被保険者）と40歳以上65歳未満の医療保険加入者（第2号被保険者）は、介護保険の被保険者となります。介護扶助を申請する人が介護保険の被保険者である場合には、自己負担部分（介護費の1割分）が生活保護からの給付（介護扶助）となります。介護保険の被保険者以外の者の場合には、介護扶助が10割全額を給付します。なお、他法令等による給付がある場合には、その給付を優先します。

介護扶助は、介護や支援が必要な生活保護受給者に対し、介護保険で行われるのと同等の介護サービスを提供するものです。ただ、生活保護受給者でも介護保険の対象者なので、65歳以上の生活保護受給者は9割は介護保険から、1割の自己負担分が介護扶助からの費用負担となります

生活保護受給における注意点

生活保護の受給に当たっての受給者の権利と義務、収入の申告、他法他施策優先の原則など、制度上の注意点やポイントについて解説します。

生活保護受給者の権利と義務

　生活保護の受給に当たっては、被保護者は不利益変更の禁止、公課禁止、差押禁止の3つの権利を得ます。一方で、譲渡禁止、生活上の義務、届出の義務、指示等に従う義務、費用返還義務などが発生します。その上で、生活保護受給世帯が得たすべてのお金は、収入として取り扱われます。

●収入の例
- 給与、賞与（ボーナス）、子どものアルバイトによる収入など
- 各種年金、恩給、諸手当、雇用保険の給付金など
- 親族からの仕送り
- 保険金、交通事故などの慰謝料・賠償金、財産を売った代金など
- その他世帯が得たすべての収入

収入や生活状況の変化の申告

　生活保護の被保護者は、収入の有無にかかわらず毎月、収入を申告しなければなりません。これは就労による収入だけでなく、年金などの社会保障給付や贈与・仕送りなど、あらゆる収入が対象となります。なお、就労による収入を申告した場合、収入額に応じた一定額や交通費などの必要経費が控除されます。また生活状況の変化について、世帯員の状況に右記のような変化があった場合、保護費が変更になることがあります。

●生活状況の変化の例

・就職や退職、転職など
・世帯員の増減（転出、転入、婚姻、離婚、妊娠、出生、死亡）など
・入院、退院、転院など
・進学、卒業、中退など
・交通事故や災害にあったとき
・長期間留守にするとき
・家賃や地代が変わったとき
・転居するとき
・その他生活状況が変わったとき

生活保護受給者の権利と義務

権利

●不利益変更の禁止（生活保護法第56条）
正当な理由なく、保護費を減らされたり保護を受けられなくなったりするなどの不利益を受けることはない

●公課禁止（生活保護法第57条）
保護により支給された金品には租税やその他の公課を課せられることはない

●差押禁止（生活保護法第58条）
保護により支給された金品は、差し押さえられたりすることはない

義務

●譲渡禁止（生活保護法第59条）
保護を受ける権利は、他者に譲り渡すことができない

●生活上の義務（生活保護法第60条）
能力に応じて勤労に励んだり、健康の保持及び増進に努めたりして支出の節約を図るなど、生活の維持・向上に努めなければならない

●届出の義務（生活保護法第61条）
収入や支出など、生計の状況に変動があったとき、あるいは居住地または世帯構成に変更があったときは、速やかに実施機関等へ届け出なければならない

●指示等に従う義務（生活保護法第62条）
保護の実施機関が、被保護者に対し生活の維持・向上その他保護の目的達成に必要な指導や指示を行った場合（第27条）や、適切な理由により救護施設等への入所を促した場合（第30条第1項但書）は、これらに従わなければならない

●費用返還義務（生活保護法第63条）
緊急性を要するなど、本来生活費に使える資力があったにもかかわらず保護を受けた場合は、その金品に相当する金額の範囲内において定められた金額を返還しなければならない

他法他施策優先の原則

　生活保護制度には、他法他施策優先の原則があります。これは生活保護法において、保護の補足性として明記されています。

> 第４条の２　民法（明治二十九年法律第八十九号）に定める扶養義務者の扶養及び他の法律に定める扶助は、すべてこの法律による保護に優先して行われるものとする

　これにより生活保護制度に基づいた給付に関しては、他の法律に重複するサービスや施策がある場合、そちらを優先することとなっています。たとえば、生活保護制度による被保護者が医療保険や介護保険の被保険者である場合は保険給付が優先され、自己負担分に医療扶助や介護扶助が当てられます。

 ## 働いても保護は受けられる

　働いていて就労収入がある人でも、その収入と資産が厚生労働大臣が定める基準（最低生活費）に満たない場合には、生活保護を受給することができます。この場合は収入と最低生活費を比較し、最低生活費から収入を差し引いた差額が保護費として支給されます。

 ## 介護扶助における「みなし２号」

　介護保険制度における第２号被保険者には、公的医療保険に加入していることという資格要件があります。しかし、生活保護の適用を受けている人の場合、そのほとんどは公的医療保険に加入していません。このため、40 〜 64歳で介護保険制度の対象となる特定疾病に該当している人でも、生活保護を受給している人については、その大多数が介護保険の被保険者となりません。

　そこで、生活保護を受給しているために介護保険の被保険者となって

いない40〜65歳の人が、特定疾病により介護が必要になった場合には、介護保険の被保険者と同様の介護サービスが受けられる措置がとられています。この措置の対象となる人は、**みなし2号**と呼ばれます。

40〜64歳で介護保険制度の対象となる特定疾病

1	がん（がん末期）	9	脊柱管狭窄症
2	関節リウマチ	10	早老症（ウェルナー症候群など）
3	筋萎縮性側索硬化症（ALS）	11	多系統萎縮症
4	後縦靱帯骨化症	12	糖尿病性神経障害、糖尿病性腎症および糖尿病性網膜症
5	骨折を伴う骨粗鬆症		
6	初老期における認知症（アルツハイマー型認知症、脳血管性認知症など）	13	脳血管疾患（脳出血、脳梗塞など）
		14	閉塞性動脈硬化症
7	進行性核上性麻痺、大脳皮質基底核変性症およびパーキンソン病（パーキンソン病関連疾患）	15	慢性閉塞性肺疾患（肺気腫、慢性気管支炎など）
		16	両側の膝関節又は股関節に著しい変形を伴う変形性関節症
8	脊髄小脳変性症		

介護扶助と介護保険の適用関係

要件	要介護又は要支援の状態にある被保護者		
	40歳以上65歳未満		65歳以上
	医療保険未加入者で特定疾病該当者	医療保険加入者で特定疾病該当者	
介護保険の適用	介護保険被保険者とならない	介護保険被保険者となる	
		第2号被保険者	第1号被保険者
要介護認定	生活保護法による要介護認定	介護保険法による要介護認定	
ケアプラン	生活保護法の指定介護機関に作成を委託	介護保険法に基づき作成	
	支給限度額以内のケアプランに限る		
給付割合	※生活保護法の指定介護機関からの介護サービスに限る		
	介護扶助10割	介護保険9割・介護扶助1割	
障害者施策関係	障害者手帳等を持っている場合は、障害者施策が介護扶助に優先する	介護保険・介護扶助優先。ただし、一部サービスでは自立支援医療（更生医療）が介護扶助に優先する	

出典：愛知県

※介護扶助には介護保険の取扱いと異なるものがある

生活保護制度

生活福祉資金貸付制度の全体像

低所得世帯をはじめ、障害者世帯や高齢世帯に対し、資金の貸付と相談支援によって、安定した生活の促進を図るのが生活福祉資金貸付制度です。

 60年以上にわたって続く支援制度

　生活福祉資金貸付制度は、低所得世帯や障害者世帯、高齢者世帯に対して資金の貸付と必要な相談支援を行うことにより、その世帯の経済的な自立や安定した生活、社会参加の促進などを図ることを目的とした制度です。1955（昭和30）年から実施され、以来、60年以上にわたって制度の見直しを繰り返しながら、現在に至っています。

 地域の社会福祉協議会が窓口となる

　生活福祉資金貸付制度は、全額公費（税金）を財源とし、都道府県社会福祉協議会が実施主体、市区町村社会福祉協議会が窓口となって実施されています。貸付に当たっては、低所得世帯、障害者世帯、高齢者世帯など、それぞれの世帯の置かれた状況を勘案して資金の貸付を行います。貸付金の用途として認められているのは、就職に必要な知識・技術等の習得、高校や大学等への就学、介護サービスを受けるための費用など多岐にわたります。また、この制度では資金の貸付による経済的な援助と同時に、各地域の民生委員が貸付先の世帯に対して相談支援を行うことも特徴です。

 生活困窮者自立支援制度との連携

　生活福祉資金貸付制度における貸付に関して、2015（平成27）年4月からは、生活困窮者自立支援制度（216ページ～）と連携した貸付を行うこととして、制度の見直しが行われました。その結果、総合支援資金

と緊急小口資金の貸付に当たっては、就職が内定している人等を除いて、生活困窮者自立支援制度における自立相談支援事業の利用を貸付の要件とすることになりました。

生活福祉資金の種類と内容

資金の種類			貸付条件		
			貸付限度額	貸付利子	連帯保証人
総合支援資金	生活支援費	・生活再建までの間に必要な生活費用	（2人以上）月20万円以内（単身）月15万円以内 ・貸付期間：原則3月、最長12月以内（延長3回）	連帯保証人あり無利子 連帯保証人なし年1.5%	原則必要ただし、連帯保証人なしでも貸付可
	住宅入居費	敷金、礼金等住宅の賃貸契約を結ぶために必要な費用	40万円以内		
	一時生活再建費	・生活を再建するために一時的に必要かつ日常生活費で賄うことが困難である費用。就職・転職を前提とした技能習得に要する経費や滞納している公共料金等の立て替え費用、債務整理をするために必要な経費等	60万円以内		
福祉資金	福祉費	生業を営むために必要な経費 ・技能習得に必要な経費及びその期間中の生計を維持するために必要な経費 ・住宅の増改築、補修等及び公営住宅の譲り受けに必要な経費 ・福祉用具等の購入に必要な経費 ・障害者用の自動車の購入に必要な経費 ・中国残留邦人等に係る国民年金保険料の追納に必要な経費 ・負傷又は疾病の療養に必要な経費及びその療養期間中の生計を維持するために必要な経費 ・介護サービス、障害者サービス等を受けるのに必要な経費及びその期間中の生計を維持するために必要な経費 ・災害を受けたことにより臨時に必要となる経費 ・冠婚葬祭に必要な経費 ・住居の移転等、給排水設備等の設置に必要な経費 ・就職、技能習得等の支度に必要な経費 ・その他日常生活上一時的に必要な経費	580万円以内 ※資金の用途に応じて上限目安額を設定	連帯保証人あり無利子 連帯保証人なし年1.5%	原則必要ただし、連帯保証人なしでも貸付可
	緊急小口資金	・緊急かつ一時的に生計の維持が困難となった場合に貸し付ける少額の費用	10万円以内	無利子	不要
教育支援資金	教育支援費	・低所得世帯に属する者が高等学校、大学又は高等専門学校に就学するのに必要な経費	（高校）月3.5万円以内 （高専）月6万円以内 （短大）月6万円以内 （大学）月6.5万円以内 ※特に必要と認める場合は、上記各限度額の1.5倍まで貸付可能	無利子	原則不要 ※世帯内で連帯借受人が必要
	就学支度費	・低所得世帯に属する者が高等学校、大学又は高等専門学校への入学に際し必要な経費	50万円以内		
不動産担保型生活資金	不動産担保型生活資金	・低所得の高齢者世帯に対し、一定の居住用不動産を担保として生活資金を貸し付ける資金	・土地の評価額の70%程度 ・月30万円以内 ・貸付期間 　借受人の死亡時までの期間又は貸付元利金が貸付限度額に達するまでの期間	年3%、又は長期プライムレートのいずれか低い利率	必要 ※推定相続人の中から選任
	要保護世帯向け不動産担保型生活資金	・要保護の高齢者世帯に対し、一定の居住用不動産を担保として生活資金を貸し付ける資金	・土地及び建物の評価額の70%程度（集合住宅の場合は50%） ・生活扶助額の1.5倍以内 ・貸付期間 　借受人の死亡時までの期間又は貸付元利金が貸付限度額に達するまでの期間		不要

出典：全国社会福祉協議会

第5章　公的扶助　201

貸付の対象・種類・条件

生活福祉資金貸付は低所得や障害者などの世帯を対象としたもので、総合支援資金、福祉資金、教育支援資金、不動産担保型生活資金の４種類があります。

 貸付の対象となる世帯

　生活福祉資金の貸付は、個人ではなく世帯を対象として資金の貸付を行います。貸付の対象となる世帯は、下記のとおりです。

> 1. 低所得世帯／必要な資金を他から借り受けることが困難な世帯（市町村民税非課税程度）で、資金の貸付けにあわせて必要な支援を受けることにより独立自活できると認められる世帯
> 2. 障害者世帯／身体障害者手帳、療育手帳、精神障害者保健福祉手帳の交付を受けた人の属する世帯（現に障害者総合支援法によるサービスを利用している等、これと同程度と認められる人を含む）
> 3. 高齢者世帯／65歳以上の高齢者の属する世帯（日常生活上療養又は介護を要する高齢者等）

 貸付資金の種類と貸付条件

　貸付資金は、総合支援資金、福祉資金、教育支援資金、不動産担保型生活資金の４種類があり、それぞれに貸付の目的、資金の種類、貸付限度額や償還期限などの貸付条件が定められています（201ページを参照）。たとえば総合支援資金は、失業者など日常生活全般に困難を抱えており、生活の立て直しのために継続的な相談支援（就労支援、家計指導等）と生活費及び一時的な資金を必要とし、貸付を行うことにより自立が見込まれる世帯に貸し付ける資金で、生活支援費、住宅入居費、一時生活再建費の３つがあります。

なお、4種類の資金の中でも福祉資金に含まれる福祉費については、資金の用途に応じて、貸付上限目安額が設定されています。

連帯保証人と貸付利子

生活福祉資金の借入を申し込むに当たっては、原則として連帯保証人を立てることが必要です。ただし連帯保証人を立てられない場合でも借入をすることができます。これに伴い貸付利子の利率については、連帯保証人を立てる場合は無利子、連帯保証人を立てない場合は年1.5%です。また福祉資金の緊急小口資金と教育支援資金は連帯保証人の有無にかかわらず無利子、不動産担保型生活資金は年3%又は長期プライムレートのいずれか低い利率となります。

福祉資金・福祉費対象経費の目的・貸付上限目安額・期間

	資金の目的	貸付上限額の目安	据置期間※	償還期間
福祉資金　福祉費	・生業を営むために必要な経費	460万円	6月	20年
	・技能習得に必要な経費及びその期間中の生計を維持するために必要な経費	技能を習得する期間が 6月程度　130万円 1年程度　220万円 2年程度　400万円 3年以内　580万円	同上	8年
	・住宅の増改築、補修等及び公営住宅の譲り受けに必要な経費	250万円	同上	7年
	・福祉用具等の購入に必要な経費	170万円	同上	8年
	・障害者用自動車の購入に必要な経費	250万円	同上	8年
	・中国残留邦人等に係る国民年金保険料の追納に必要な経費	513.6万円	同上	10年
	・負傷又は疾病の療養に必要な経費及びその療養期間中の生計を維持するために必要な経費	療養期間が 1年を超えないときは170万円 1年を超え1年6月以内であって、世帯の自立に必要なときは230万円	同上	5年
	・介護サービス、障害者サービス等を受けるのに必要な経費及びその期間中の生計を維持するために必要な経費	介護サービスを受ける期間が 1年を超えないときは170万円 1年を超え1年6月以内であって、世帯の自立に必要なときは230万円	同上	5年
	・災害を受けたことにより臨時に必要となる経費	150万円	同上	7年
	・冠婚葬祭に必要な経費	50万円	同上	3年
	・住居の移転等、給排水設備等の設置に必要な経費	50万円	同上	3年
	・就職、技能習得等の支度に必要な経費	50万円	同上	3年
	・その他日常生活上一時的に必要な経費	50万円	同上	3年

※資金の借入後、返済を開始するまでの猶予期間
出典：全国社会福祉協議会

貸付手続きの流れ

生活福祉資金貸付の手続きは、総合支援資金・緊急小口資金の場合と、福祉費・教育支援資金・不動産担保型生活資金の場合で異なります。

 ## 総合支援資金や緊急小口資金の借入

　生活福祉資金貸付手続きの流れは、総合支援資金・緊急小口資金と、福祉費・教育支援資金・不動産担保型生活資金の２つに分けられます。

　総合支援資金や緊急小口資金の借入を希望する場合は、生活困窮者自立支援制度における自立相談支援事業の利用が貸付の要件となります。ただし、すでに就職が内定している場合などは、この限りではありません。貸付の窓口となるのは、居住している市区町村にある社会福祉協議会あるいは生活困窮者自立支援制度で定められた自立相談支援機関です。社会福祉協議会窓口は、資金貸付に関する希望等を聞いた上で、自立相談支援機関の利用につなげます。自立相談支援機関では、相談者の自立に向けた支援プランを検討すると同時に、借入額や償還計画などについて相談・検討します。その上で、市区町村社会福祉協議会は必要書類を都道府県社会福祉協議会へ送付。都道府県社会福祉協議会が最終的な貸付の審査を行い貸付の可否を決定します。貸付決定となった場合は、都道府県社会福祉協議会に借用書を提出し、貸付金の交付となります。

 ## 福祉費、教育支援資金、不動産担保型生活資金の借入

　福祉費、教育支援資金、不動産担保型生活資金の借入を希望する場合は、市区町村社会福祉協議会で相談・申し込みをします。市区町村社会福祉協議会及び都道府県社会福祉協議会において申込内容の確認と貸付の審査を行い、貸付の可否を決定します。貸付決定となった場合は、都道府県社会福祉協議会に借用書を提出、貸付金交付となります。また貸

付の際には必要に応じて、生活困窮者自立支援制度と連携しながらの支援も行われます。

総合支援資金・緊急小口資金借入の流れ

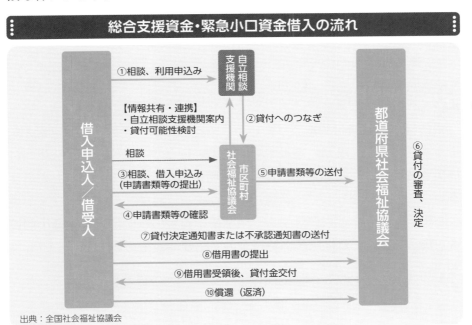

借入申込人／借受人

①相談、利用申込み → 自立相談支援機関

【情報共有・連携】
・自立相談支援機関案内
・貸付可能性検討

②貸付へのつなぎ

相談

市区町村社会福祉協議会

③相談、借入申込み（申請書類等の提出）

④申請書類等の確認

⑤申請書類等の送付

都道府県社会福祉協議会

⑥貸付の審査、決定

⑦貸付決定通知書または不承認通知書の送付

⑧借用書の提出

⑨借用書受領後、貸付金交付

⑩償還（返済）

出典：全国社会福祉協議会

福祉費・教育支援資金・不動産担保型生活資金借入の流れ

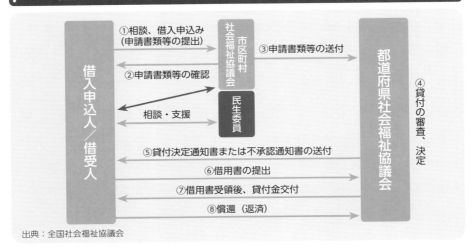

借入申込人／借受人

①相談、借入申込み（申請書類等の提出）

市区町村社会福祉協議会

②申請書類等の確認

③申請書類等の送付

民生委員

相談・支援

都道府県社会福祉協議会

④貸付の審査、決定

⑤貸付決定通知書または不承認通知書の送付

⑥借用書の提出

⑦借用書受領後、貸付金交付

⑧償還（返済）

出典：全国社会福祉協議会

生活福祉資金の特例貸付と
住居確保給付金

新型コロナウイルス感染症の影響で生活に困窮する人に対し、緊急対策として生活福祉資金の特例貸付と住居確保給付金の支給要件緩和が行われました。

大規模災害の発生時における被災者支援として

　生活福祉資金貸付制度では、1959（昭和34）年の伊勢湾台風対策を始まりとし、阪神・淡路大震災や東日本大震災など大規模災害の発生時に被災者支援として、緊急小口資金等の特例貸付を実施してきました。こうした流れの一環として、新型コロナウイルス感染症の影響で収入が減少し生活に困窮する人に対する、生活福祉資金の特例貸付（緊急小口資金・総合支援金）と住居確保給付金の支給要件緩和が行われました。

新型コロナウイルス感染症対策のための特例貸付

　生活福祉資金貸付制度では、令和3年3月末までの措置として、新型コロナウイルス感染症の影響を踏まえ、貸付の対象世帯を低所得世帯以外に拡大し、休業や失業等によって生活資金で困窮している人たち（世帯）に向けた、緊急小口資金と総合支援資金の特例貸付を実施しています。

　緊急小口資金の特例貸付では主に休業した人向けとして、新型コロナウイルスの影響を受け、休業等により収入の減少があり、緊急かつ一時的な生計維持のための貸付を必要とする世帯を対象に、少額費用（20万円以内）の貸付を実施。また、主に失業した人向けとして、新型コロナウイルスの影響を受け、収入の減少や失業等により生活に困窮し、日常生活の維持が困難となっている世帯に対し、生活再建までの間に必要な生活費用の貸付（月20万円以内）の貸付を行いました。

家賃相当額を自治体から家主に支給

　さらに従来は離職・廃業から２年以内の人を対象としてきた住宅確保給付金の支給について要件を緩和し、新型コロナウイルスの感染拡大を受けて、休業等により収入が減少し、離職・廃業と同程度の状況にある人に対しても、原則３ヵ月（最大９ヵ月）、家賃相当額を自治体から家主に支給するようになりました。

生活福祉資金貸付制度

生活福祉資金の特例貸付（令和３年３月末まで）

●緊急小口資金
- 対象者／新型コロナウイルスの影響を受け、休業等により収入の減少があり、緊急かつ一時的な生計維持のための貸付を必要とする世帯
  ※ 従来の低所得世帯等に限定した取扱を拡大
  ※ 新型コロナウイルスの影響で収入の減少があれば、休業状態になくても対象となる
- 貸付上限額／ 20万円以内
  ※ 従来の10万円以内とする取扱を拡大し、下記１〜７に該当する世帯は、貸付上限額を20万円以内とする
  1. 世帯員の中に新型コロナウイルス感染症の罹患者等がいるとき
  2. 世帯員に要介護者がいるとき
  3. 世帯員が４人以上いるとき
  4. 世帯員に新型コロナウイルス感染症拡大防止策として、臨時休業した学校等に通う子の世話を行うことが必要となった労働者がいるとき
  5. 世帯員に風邪症状など新型コロナウイルスに感染した恐れのある小学校等に通う子の世話を行うことが必要となった労働者がいるとき
  6. 世帯員の中に個人事業主等がいること等のため、収入減少により生活に要する費用が不足するとき
  7. 上記以外で休業等による収入の減少等で生活費用の貸付が必要な場合
- 据置期間／１年以内　※ 従来の２ヵ月以内とする取扱を拡大
- 償還期限／２年以内　※ 従来の12ヵ月以内とする取扱を拡大
- 貸付利子・保証人／無利子・不要
- 申込先／市区町村社会福祉協議会

●総合支援基金（生活支援費）
- 対象者／新型コロナウイルスの影響を受け、収入の減少や失業等により生活に困窮し、日常生活の維持が困難となっている世帯
- 貸付上限額／（２人以上）月20万円以内
  　　　　　　　（単身）月15万円以内
- 貸付期間／原則３ヵ月以内
- 据置期間／１年以内
- 償還期限／10年以内
- 貸付利子・保証人／無利子・不要

●申込先／市区町村社会福祉協議会

 ▶ 公営住宅制度

公営住宅制度の全体像

健康で文化的な生活の基盤となる住まいの確保は、社会保障上の大きな課題です。これを担保するための制度として、公営住宅制度があります。

 ## 公営住宅制度の目的

　住まいは、人が健康で文化的な生活を送るために欠かせないものです。このため、低所得や困窮などで住まいの確保に困難を生じている人を対象に、住宅を供給することを目的とするのが公営住宅制度です。この制度は1951（昭和26）年に制定された公営住宅法に基づくものであり、その目的を次のように規定しています。

> 第1条　この法律は、国及び地方公共団体が協力して、健康で文化的な生活を営むに足りる住宅を整備し、これを住宅に困窮する低額所得者に対して低廉な家賃で賃貸し、又は転貸することにより、国民生活の安定と社会福祉の増進に寄与することを目的とする

公営住宅の供給とその基準

　公営住宅は、市町村及び都道府県（地方公共団体）が建設あるいは買い取り・借り上げを行って低額所得者に賃貸又は転貸するための住宅をいいます。その際、国は整備費等を助成します。具体的には、全体工事費の概ね45％（建設、買い取り）又は共用部分工事費の3分の2の概ね45％（借り上げ）を助成します。

　また住宅の整備基準も定められており、国土交通省が規定した基準を参酌し、制定した条例等に従って整備されます。具体的には、床面積25㎡以上、省エネ・バリアフリー対応であること、台所・水洗便所・洗面

設備・浴室等の設備があることなどが、参酌基準の規定として定められています。

公営住宅制度を取り巻く最近の傾向

　公営住宅制度を取り巻く最近の傾向としては、少子高齢化を反映し、入居者の高齢化が見られます。平成27年度のデータでは、公営住宅の入居者のおよそ6割が60歳以上の高齢者世帯であり、その後も入居者の高齢化が進んでいると考えられます。また、公営住宅入居世帯の収入区分の推移をみると、入居者のうち、特に所得が低い者の割合が近年増加傾向にあり、低所得化も顕著です。このため、公営住宅入居者の家賃滞納が大きな課題になっています。

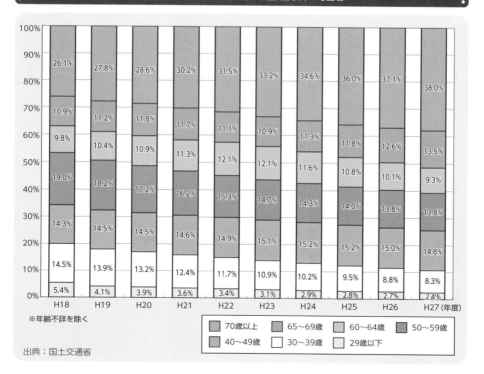

公営住宅の年齢別入居者数の推移

※年齢不詳を除く

凡例：70歳以上、65〜69歳、60〜64歳、50〜59歳、40〜49歳、30〜39歳、29歳以下

出典：国土交通省

公営住宅制度

公営住宅の入居制度

公営住宅の入居については公募の原則が定められています。入居後に収入が増えた場合などは、明渡努力義務が発生し、退去を求められることもあります。

入居に際しての公募の原則

　公営住宅制度においては、入居するための大前提として、**公募の原則**が法律により規定されています。

> （入居者の募集方法）
> 第22条第1項　事業主体は、災害、不良住宅の撤去、公営住宅の借上げに係る契約の終了、公営住宅建替事業による公営住宅の除却その他政令で定める特別の事由がある場合において特定の者を公営住宅に入居させる場合を除くほか、公営住宅の入居者を公募しなければならない
> 第2項　前項の規定による入居者の公募は、新聞、掲示等区域内の住民が周知できるような方法で行わなければならない

　また、入居の申し込みをした人の数が、入居させるべき公営住宅の戸数を超える場合は、住宅に困窮する実情を調査して、政令で定める選考基準に従って条例で定めるところにより、公正な方法で選考し、公営住宅の入居者を決定します。その際、特に居住の安定の確保が必要な人については地方公共団体の判断により、入居者選考において優先的に取り扱うこと（優先入居）が可能となっています。

収入超過者と高額所得者

　公営住宅の入居者については、3年以上入居し、入居収入基準（212ページ）を超える収入のある人（収入超過者）については、明け渡しの努力

義務が発生します。また、5年以上入居し最近2年間の月収が31万3,000円を超える収入のある人等（高額所得者）については、地方公共団体が明け渡しを請求することが可能となります。

　また入居者は、入居の際に同居した親族以外の人を同居させようとするときは、国土交通省令で定めるところにより、事業主体の承認を得なければなりません。一方で、入居者が死亡又は退去した場合において、その死亡時又は退去時にその入居者と同居していた人は、国土交通省令で定めるところにより、事業主体の承認を受けて、引き続きその公営住宅に住み続けることができます。

公募における政令で定められた特別の事由

- ●都市計画事業、土地区画整理事業等の施行に伴う住宅の除却
- ●土地収用事業等の執行に伴う住宅の除却
- ●現に公営住宅に入居している者（以下「既存入居者」という）の同居者の人数に増減があったこと又は既存入居者もしくは同居者が加齢、病気等によって日常生活に身体の機能上の制限を受ける者となったことにより、事業主体が入居者を募集しようとしている公営住宅に当該既存入居者が入居することが適切であること
- ●公営住宅の入居者が相互に入れ替わることが双方の利益となること

政令で定める公営住宅の選考基準

- ●住宅以外の建物もしくは場所に居住し、又は保安上危険もしくは衛生上有害な状態にある住宅に居住している者
- ●他の世帯と同居して著しく生活上の不便を受けている者又は住宅がないため親族と同居することができない者
- ●住宅の規模、設備又は間取りと世帯構成との関係から衛生上又は風教（ふうきょう）上不適当な居住状態にある者
- ●正当な事由による立退きの要求を受け、適当な立退き先がないため困窮している者（自己の責めに帰すべき事由に基づく場合を除く）
- ●住宅がないために勤務場所から著しく遠隔の地に居住を余儀なくされている者又は収入に比して著しく過大な家賃の支払を余儀なくされている者
- ●上記に該当する者の他、現に住宅に困窮していることが明らかな者

入居者資格と家賃制度

公営住宅への入居には、法律に定められた3つの基準があります。また家賃についても定められた計算方法があり、これに基づいて算定されます。

公営住宅入居の条件である3つの入居資格

公営住宅に入居するには、同居親族要件、入居収入基準、住宅困窮要件、以上3つの入居者資格を満たしていなければなりません。

同居親族要件とは、現在同居している、または同居しようとする親族があることです。ただし、老人や身体障害者など、特に居住の安定を図る必要があるとして政令で定める人については、単身での入居が可能です。

入居収入基準は、月収25万9,000円（収入分位50%）を上限として、政令で規定する基準（月収15万8,000円（収入分位25%））を参酌し、条例で設定します。ただし、入居者の心身の状況又は世帯構成、区域内の住宅事情その他の事情を勘案し、特に居住の安定を図る必要がある場合として条例で定める場合については、月収25万9,000円（収入分位50%）を上限として基準の設定が可能となります。

住宅困窮要件は、現に住宅に困窮していることが明らかな人であることです。

入居者の所得の計算

公営住宅入居者の所得（収入）の計算については、給与所得（会社員、日雇い、パート、アルバイト等による収入）、事業等所得（自営業、保険外交員、農林水産漁業等による収入等）、年金所得（国民年金、厚生年金、恩給等による収入）は、すべて所得（収入）として計算します。一方で、遺族年金、障害年金、失業給付金、仕送り、労災保険の各種給付金、生活保護の扶助費、支援給付金等の非課税所得、さらに退職一時金等の一

時的な所得は所得計算には含みません。なお、退職や事業の廃止などにより無収入になった場合は、所得は0円で計算します。

公営住宅の家賃算定方法

公営住宅の家賃は、入居者の収入と公営住宅の立地条件、住宅の規模、建設時からの経過年数、その他の事項に応じて、なおかつ近傍同種の住宅の家賃以下となるよう、事業主体が定めます。家賃の算定方法は、以下のように定められています。

> 家賃＝（家賃算定基礎額／入居者の収入区分に応じて定められる額）
> 　　　× （市町村立地係数／市町村の立地の偏差に応じた値）
> 　　　× （規模係数／住宅の専用部分の床面積に応じた値）
> 　　　× （経過年数係数／建設時からの経過年数に応じた値）
> 　　　× （利便性係数／住宅の利便性（交通条件、公営住宅の設備等）に
> 　　　応じて地方公共団体が定める値）

家賃計算の構成要素はすべて、**公営住宅法施行令**において規定されており、利便性係数のみ、地方公共団体の裁量によって決定することができます。

入居者の所得の計算

$$
\left[\;\boxed{\text{世帯の年間所得額}} - \boxed{\text{世帯の控除額の合計}}\;\right] \div \boxed{12ヵ月} = \boxed{\text{収入月額}}
$$

※この額に応じ
家賃額も変動

【所得控除】
● 給与所得：給与所得控除後の所得
● 事業等所得：必要経費等控除後の所得
● 年金所得：年金所得控除後の所得

※複数の所得がある場合は、各所得毎の控除
　後の額を合計して世帯の年間所得額を算出

【各種控除額（一人につき）】
① 同居親族等＜38万円＞
② 特定扶養親族＜25万円＞
③ 老人扶養親族・老人控除対象配偶者＜10万円＞
④ 寡婦・寡夫＜27万円＞
⑤ 障害者＜27万円＞
⑥ 特別障害者＜40万円＞
※「世帯の年間所得額」から①～⑥うち該当項目を控除

出典：国土交通省

公営住宅の優先入居

公営住宅への入居に当たっては、特に困窮度の高い人などに対し、地方公共団体の判断によって入居選考を優先的に行う優先入居があります。

 優先入居の定義と根拠

　公営住宅制度における入居者の募集方法については、住宅に困窮する低額所得者の中でも、特に困窮度が高い人に関しては地域の実情を踏まえた地方公共団体の判断により、入居選考において優先的に取り扱うことが可能となっています。これを優先入居と呼びます。

　公募によらず特定の人を入居させる特定入居については、災害、不良住宅の撤去、公営住宅の借上げに係る契約の終了、公営住宅建替事業による公営住宅の除却など、公営住宅法及び公営住宅法施行令に示されている特別の事由がある場合に限られます。このため、事業主体である地方公共団体が、独自に特定入居の事由を設定することはできません。

 優先入居の対象

　優先入居の対象について、法律や省令に則り、なおかつ現在の社会経済情勢なども勘案した上で、国は以下のように示しています。

1. 高齢者世帯
2. 障害者世帯
3. 著しく所得の低い世帯
4. 母子世帯、父子世帯
5. 小さな子どものいる世帯や多子世帯等住宅困窮度の高い子育て世帯
6. ＤＶ被害者世帯
7. 犯罪被害により従前の住居に居住することが困難となった世帯
8. 中国残留邦人等世帯

優先入居における３つの方法

　優先入居の具体的な方法としては、**倍率優遇方式**、**戸数枠設定方式**、**ポイント方式**の３つがあり、これらのうち複数の方法を組合わせて活用する例もあります。

　倍率優遇方式は、優先入居の取扱いを行う世帯の抽選における当選率を、他の一般の入居申込者より有利に取り扱う方式です。戸数枠設定方式 は、募集を行う公営住宅の住戸の中に、優先入居の取り扱いを行う世帯の戸数枠を設けるもの。ポイント方式は、住宅困窮度合いの指標となる居住水準、家賃負担等の各項目について点数で評価し 合計点数の高い世帯から入居者を決定する方式となります。

公営住宅制度

優先入居の事例～その１ (栃木市の場合)

	優先区分 A	優先区分 B
対象者	心身障害者または 心身障害者と同居する人 60 歳以上の者または 60 歳以上の者と同居する人	20 歳未満の子を扶養する ひとり親家庭
対象住居 (優先枠)	エレベーターのない中高層 住宅の１階に位置する住戸	同一団地において、左記住戸を除く募集が２戸以上ある場合、募集住戸の1/2(端数は切り捨て) で指定する住戸
優遇措置	優先枠の抽選に落選した場合、この月の優先枠以外の募集住戸 (一般枠)に入居申し込みをすることができる	

優先入居の事例～その２ (東京都「高齢者等優先申込制度の場合)

1	満 60 歳以上の高齢者がいる世帯
2	心身障害者がいる世帯
3	長期疾病等による歩行が困難な人がいる世帯
4	妊娠している人がいる世帯
5	満 5 歳未満の幼児がいる世帯

生活困窮者自立支援制度の全体像

生活困窮者自立支援制度は、いわゆる「公的扶助」ではありませんが、生活保護に至る前の第2のセーフティネットに位置づけられます。

自立支援のための、「第2のセーフティネット」

生活困窮者自立支援制度は、2015（平成27）年から施行された、比較的新しい社会保障制度の1つです。この制度は生活困窮者自立支援法に基づいたもので、生活困窮者の自立の支援に関する措置を講ずることにより、自立促進を図ることを目的としています。生活保護に至る前の自立支援を図るための、「第2のセーフティネット」とも呼ばれるこの制度について、法律では次のような基本理念を示しています。

> 第2条　生活困窮者に対する自立の支援は、生活困窮者の尊厳の保持を図りつつ、生活困窮者の就労の状況、心身の状況、地域社会からの孤立の状況その他の状況に応じて、包括的かつ早期に行われなければならない
> 2　生活困窮者に対する自立の支援は、地域における福祉、就労、教育、住宅その他の生活困窮者に対する支援に関する業務を行う関係機関（以下単に「関係機関」という）及び民間団体との緊密な連携その他必要な支援体制の整備に配慮して行われなければならない

生活困窮者自立支援制度の事業

生活困窮者自立支援制度における必須の事業には、自立相談支援と住居確保給付金の支給の2つがあります。これらに加えて任意事業として、就労準備支援事業と認定就労訓練事業（いわゆる「中間的就労」）、一時生活支援事業、家計相談支援事業、子どもの学習支援、その他の支援が

あります。これらの事業については、施行から3年後を経て2018（平成30）年に一部の見直しが行われました。

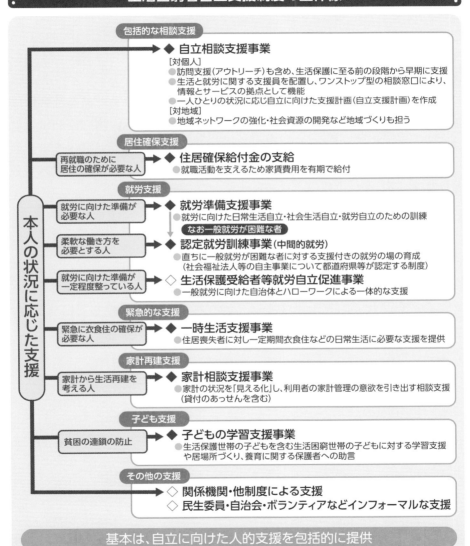

生活困窮者自立支援制度の全体像

包括的な相談支援

◆ **自立相談支援事業**
[対個人]
- 訪問支援（アウトリーチ）も含め、生活保護に至る前の段階から早期に支援
- 生活と就労に関する支援員を配置し、ワンストップ型の相談窓口により、情報とサービスの拠点として機能
- 一人ひとりの状況に応じ自立に向けた支援計画（自立支援計画）を作成
[対地域]
- 地域ネットワークの強化・社会資源の開発など地域づくりも担う

居住確保支援

再就職のために居住の確保が必要な人
◆ **住居確保給付金の支給**
- 就職活動を支えるため家賃費用を有期で給付

就労支援

就労に向けた準備が必要な人
◆ **就労準備支援事業**
- 就労に向けた日常生活自立・社会生活自立・就労自立のための訓練

柔軟な働き方を必要とする人
なお一般就労が困難な者
◆ **認定就労訓練事業（中間的就労）**
- 直ちに一般就労が困難な者に対する支援付きの就労の場の育成（社会福祉法人等の自主事業について都道府県等が認定する制度）

就労に向けた準備が一定程度整っている人
◇ **生活保護受給者等就労自立促進事業**
- 一般就労に向けた自治体とハローワークによる一体的な支援

緊急的な支援

緊急に衣食住の確保が必要な人
◆ **一時生活支援事業**
- 住居喪失者に対し一定期間衣食住などの日常生活に必要な支援を提供

家計再建支援

家計から生活再建を考える人
◆ **家計相談支援事業**
- 家計の状況を「見える化」し、利用者の家計管理の意欲を引き出す相談支援（貸付のあっせんを含む）

子ども支援

貧困の連鎖の防止
◆ **子どもの学習支援事業**
- 生活保護世帯の子どもを含む生活困窮世帯の子どもに対する学習支援や居場所づくり、養育に関する保護者への助言

その他の支援

◇ **関係機関・他制度による支援**
◇ **民生委員・自治会・ボランティアなどインフォーマルな支援**

本人の状況に応じた支援

基本は、自立に向けた人的支援を包括的に提供

出典：厚生労働省

対象者と支援の流れ

生活困窮者自立支援制度の対象となるのは、生活保護に至るおそれがある人で自立が見込まれる人。専門の支援員が、自立に向けてサポートをします。

 支援の対象者は限定されていない

　生活困窮者自立支援制度は、第1のセーフティネットである社会保険制度と、最後（第3）のセーフティネットである生活保護の中間に位置する制度として、求職者支援制度（224ページ〜）と並ぶものとなっています。このため、生活困窮者自立支援制度においては、厳密にその対象者を限定はしていません。生活困窮者自立支援法では、

> 第3条　この法律において「生活困窮者」とは、就労の状況、心身の状況、地域社会との関係性その他の事情により、現に経済的に困窮し、最低限度の生活を維持することができなくなるおそれのある者をいう

と示していますが、厚生労働省は〝現在生活保護を受給していないが、生活保護に至る可能性のある者で、自立が見込まれる者〟として、以下のように例示しています。

> （福祉事務所来訪者のうち）
> 1. 生活保護に至らない者
> 2. ホームレス
> 3. 離職期間1年以上の長期失業者
> 4. ひきこもり状態にある人
> 5. スクールソーシャルワーカーが支援している子ども
> 6. 税や各種保険料の滞納者
> 7. 多重債務者　　　　　　　　　　　　　　　　　　　　など

実際の支援の流れ

　生活困窮者自立支援制度の利用に当たっては、まずは都道府県及び市の福祉担当部署や社会福祉協議会、社会福祉法人、NPOなどに設置された相談窓口で、支援員に相談をします。その上で、支援員は相談者の意思を尊重しながら、個別の支援プランを作成。支援調整会議での話し合いを経て、支援プランに基づいたサービス提供が行われます。さらに定期的なモニタリングを行うことで、必要に応じて支援プランを再検討し、相談者の自立を支えていきます。

生活困窮者自立支援制度

相談から支援までの流れ

1　相談窓口へ
各自治体が設けた相談窓口に配属されている支援員が応対。何らかの理由で窓口まで来られない場合は、支援員に自宅に訪問してもらい相談することもできる

2　生活状況を見つめる
生活の困りごとや不安を支援員に相談する。相談員は生活の状況と課題を分析し、自立に向かって寄り添いながら支援する

3　個別の支援プランを作成
支援員は支援を必要とする人の意思を尊重しながら、自立に向けた目標や支援内容を一緒に考え、個別の支援プランを相談者とともに作る

4　支援決定とサービス提供
完成した支援プランは、自治体を交えた関係者の話し合い（支援調整会議）を経て正式に決定。その支援プランに基づいて、各種サービスが提供される

5　定期的なモニタリング
支援を必要とする人の状態や各種支援メニューの提供状況を、支援員が定期的に確認。支援プランどおりにいかない場合、プランを再検討する

6　真に安定した生活へ
支援の結果、困りごとが解決すると支援は終了。その後は、安定した生活を維持できているか、一定期間、支援員によるフォローアップが行われる

自立相談支援事業と
住宅確保給付金

生活困窮者自立支援制度の事業の中でも、自立相談支援事業と住宅確保給付金は必須事業として、制度における支援策の中核を担うものとなっています。

 制度の中核をなす自立相談支援事業

　生活困窮者自立支援制度の事業の中でも、その中心となるのが自立相談支援事業です。福祉事務所を設置している自治体が直営又は委託により、自立相談支援事業を実施します。なお委託の場合は、自治体は受託機関と連携して制度を運営し、行政は支援調整会議に参画、支援決定を行うほか、社会資源の開発を担います。具体的な事業内容は、以下のようになります。

> ■自立相談支援事業は、生活困窮者からの相談を受け、
> 1. 生活困窮者の抱えている課題を評価・分析（アセスメント）し、そのニーズを把握
> 2. ニーズに応じた支援が計画的かつ継続的に行われるよう、自立支援計画を策定
> 3. 自立支援計画に基づく各種支援が包括的に行われるよう、関係機関との連絡調整を実施

　こうして、生活保護に至る前の段階から早期に支援を行うことにより、生活困窮状態からの早期自立を支援します。また、生活困窮者に対する相談支援機能の充実により、福祉事務所の負担軽減とともに、社会資源の活性化や地域全体の負担軽減が可能になります。

 住居確保給付金の支給

　生活に困窮している人に対して、家賃相当額を支給するのが住居確保

220

給付金の支給です。これにより、生活の土台となる住居を整えた上で、就職に向けた支援を行います。給付の対象となるのは、主たる生計維持者が離職・廃業後2年以内である場合、もしくは個人の責任・都合によらず給与等を得る機会が、離職・廃業と同程度まで減少している場合において、一定の要件を満たした場合となります。これらの世帯に対して、市区町村ごとに定める額（生活保護制度の住宅扶助額）を上限に、実際の家賃額を原則3ヵ月間（延長は2回まで最大9ヵ月間）支給されます。なお、支給された給付金は、賃貸住宅の賃貸人や不動産媒介事業者等へ自治体から直接支払われます。

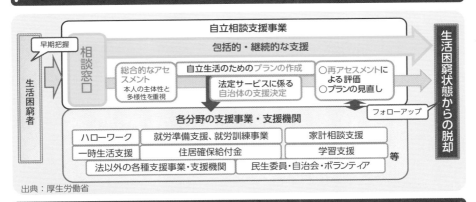

出典：厚生労働省

住居確保給付金の対象要件と支給額

● 対象要件
・主たる生計維持者が離職・廃業後2年以内である場合。もしくは個人の責任・都合によらず給与等を得る機会が、離職・廃業と同程度まで減少している場合
・直近の月の世帯収入合計額が、市町村民税の均等割が非課税となる額の12分の1と、家賃（但し、上限あり）の合計額を超えていないこと
・現在の世帯の預貯金合計額が各市区町村で定める額を超えていないこと
・誠実かつ熱心に求職活動を行うこと

● 支給額
・住宅確保給付金の支給額は、住んでいる市区町村や世帯の人数によって異なる
例）東京都特別区の場合の支給上限額
世帯の人数が1人／支給上限額（月額）5万3,700円
世帯の人数が2人／支給上限額（月額）6万4,000円
世帯の人数が3人／支給上限額（月額）6万9,800円

就労支援をはじめとした様々な事業

生活困窮者自立支援制度には、生活困窮者の生活の安定に直結する就労支援をはじめ、家計相談支援や子どもへの学習支援など、様々な事業があります。

生活困窮者の自立を促す就労支援

生活困窮者自立支援制度において、生活困窮者の就労に向けた支援は大きな柱となっています。中でも就労訓練事業は、自立相談支援機関のあっせんに応じて、就労に困難を抱える生活困窮者を受け入れ、その状況に応じた就労の機会を提供するとともに、生活面や健康面での支援を行う事業です。

利用者は、雇用契約を締結した上で支援付きの就労を行う形態（雇用型）と、雇用契約を締結せず訓練として就労を体験する形態（非雇用型）のいずれかで就労をします。なお、どちらの場合でも、本人の状況に合わせて段階を踏んでいき、最終的には企業や事業所などにおいて一般の従業員と同じ働き方をする一般就労につなげることが目的です。

就労訓練事業の対象者

就労訓練事業の対象者は、すぐには一般企業等で働くことが難しい人とされ、具体的には長期離職者、ニート、ひきこもり、心身に課題があったり精神疾患を抱える人、生活保護受給者などが想定されています。なお、就労訓練事業の対象者に該当するかどうかや、雇用型・非雇用型のいずれかを利用するのかについては、受け入れ事業所や本人の意向を踏まえた上で、行政により決定されます。

その他の多彩な支援事業

生活困窮者自立支援制度には、その他にも多彩な支援事業が用意され

ています。たとえば、住居をもたない人やネットカフェ等の不安定な住居形態にある人に対して、一時生活支援事業として、一定期間、宿泊場所や衣食を提供します。さらに退所後の生活に向けて、**就労支援など**の**自立支援**も行います。

家計相談支援事業では、相談者の家計状況の見える化と根本的な課題を把握し、相談者が自ら家計を管理できるよう状況に応じた支援計画の作成、相談支援、関係機関へのつなぎ、必要に応じて貸付のあっせん等を行い、早期の生活再生を支援します。

子どもの未来をサポートする支援としては、生活困窮世帯の子どもへの学習支援があります。具体的には、子どもの学習支援をはじめ、日常的な生活習慣、仲間と出会い活動ができる居場所づくり、進学に関する支援、高校進学者の中退防止に関する支援等、子どもと保護者の双方に必要な支援を行います。

生活困窮者自立支援制度

就労訓練事業の支援のイメージ

支援のイメージ

自立相談支援機関による課題の評価・分析(アセスメント)、行政による支援決定

就労訓練事業		一般就労

支援付雇用型

非雇用型

・雇用契約に基づく就労
・必要に応じ、自立相談支援機関等がフォローアップを実施

・雇用契約に基づく就労
・比較的軽易な作業を想定
・就労支援担当者による就労支援・指導等
・就労条件における一定の配慮(労働時間、欠勤について柔軟な対応)

・訓練計画に基づく就労訓練
・事業主の指揮監督を受けない軽作業等
・就労支援担当者による就労支援・指導等

課題の評価・分析(アセスメント)は約6ヵ月ごとに実施

出典：厚生労働省

求職者支援制度の全体像

求職者支援制度は、生活困窮者自立支援制度と同様に「公的扶助」ではありませんが、
生活保護に至る前の第2のセーフティネットです。

 ## 制度の目的と特定求職者の定義

　求職者支援制度は、2011（平成23）年に制定された「職業訓練の実施
等による特定求職者の就職の支援に関する法律」に基づいたものです。
その目的と、キーワードとなる特定求職者について、法律では以下のよ
うに示し、定義しています。

> 第1条　この法律は、特定求職者に対し、職業訓練の実施、当該職業
> 訓練を受けることを容易にするための給付金の支給その他の就職に関
> する支援措置を講ずることにより、特定求職者の就職を促進し、もっ
> て特定求職者の職業及び生活の安定に資することを目的とする
> 第2条　この法律において「特定求職者」とは、公共職業安定所に求
> 職の申込みをしている者（雇用保険法（昭和四十九年法律第百十六号）
> 第四条第一項に規定する被保険者である者及び同法第十五条第一項に
> 規定する受給資格者である者を除く）のうち、労働の意思及び能力を
> 有しているものであって、職業訓練その他の支援措置を行う必要があ
> るものと公共職業安定所長が認めたものをいう

 ## 社会保険制度と生活保護の間に位置する第2のセーフティネット

　求職者支援制度は雇用に関する支援制度ですが、社会保険としての雇
用保険制度に含まれるものではありません。これまでの雇用保険では適
応対象外となってしまい、雇用保険による給付を受けることができず、
困窮することで生活保護を申請せざるを得なかった人を対象としていま

す。このような人々を支援する、社会保険制度と生活保護の間に位置する第2のセーフティネットとして設けられました。

求職者支援制度の概要

求職者支援制度の趣旨・目的

○ 雇用保険を受給できない求職者に対し、
- ・訓練を受講する機会を確保するとともに、
- ・一定の場合には、訓練期間中に給付金を支給し、
- ・ハローワークが中心となってきめ細かな就職支援を行うことにより、その早期の就職を支援するもの
→ 就職につながる制度となるよう、適正な訓練設定と厳しい出席要件、ハローワークへの来所を義務付け

対象者

○ 雇用保険を受給できない者で、就職を希望し、支援を受けようとする者
　　具体的には、　　・雇用保険の受給終了者、受給資格要件を満たさなかった者
　　　　　　　　　・雇用保険の適用がなかった者
　　　　　　　　　・学卒未就職者、自営廃業者等

訓　練

○ 民間教育訓練機関が実施する就職に資する訓練を認定
○ 成長分野や地域の求人ニーズを踏まえた地域職業訓練実施計画を策定し、これに則して認定
○ 訓練実施機関には、就職実績も加味（実践コースのみ）した奨励金を支給

給付金

○ 訓練受講中、一定の要件を満たす場合に、職業訓練受講給付金（月10万円＋交通費及び寄宿する際の費用（ともに所定の額））を支給
○ 不正受給について、不正受給額（3倍額まで）の納付・返還のペナルティあり

訓練受講者に対する就職支援

○ 訓練開始前、訓練期間中、訓練修了後と、一貫してハローワークが中心となり、訓練実施機関と緊密な連携を図りつつ、支援
○ ハローワークにおいて訓練受講者ごとに個別に支援計画を作成し、定期的な来所を求め支援（必要に応じ担当者制で支援を行う）

出典：厚生労働省

支援の要件と対象者

求職者支援制度では、雇用保険を受給することができない人に対して、職業訓練や給付金を給付することで、再就職と生活の安定を支援していきます。

 職業訓練と給付金で就職活動を支援

　求職者支援制度は、雇用保険を受給できない求職者が就職活動をする中で、公共職業安定所（ハローワーク）が必要と認めた場合、無料で求職者支援訓練を受講することができ、さらに求職者支援訓練又は公共職業訓練を受講中に一定の要件を満たす場合には、給付金を受給できるという制度です。それに加え、訓練受講者に対する就職支援として、訓練開始前、訓練期間中、訓練修了後と、一貫してハローワークが中心となり、訓練実施機関と緊密な連携を図りつつ求職者を支援します。ハローワークでは訓練受講者ごとに個別に支援計画を作成し、定期的な来所を求め支援を継続します。

 支援を受けるための要件と対象者

　求職者支援訓練は、原則として雇用保険を受給することができない人が対象となります。また求職者支援訓練を受講するに当たっては、ハローワークで相談のうえ支援指示を受ける必要があります。支援指示の対象となる人（特定求職者）は以下のすべての要件を満たす人です。

・ハローワークに求職の申込みをしていること
・雇用保険被保険者や雇用保険受給資格者でないこと
・労働の意思と能力があること
・就職のために職業訓練などの支援を行う必要があるとハローワークが認めたこと

具体的には、雇用保険の受給終了者、雇用保険の受給資格要件を満たさなかった人、雇用保険の適用がなかった人、学卒未就職者、自営廃業者などが主な対象となります。

　なお、在職中（週所定労働時間が20時間以上）の人、短時間就労や短期就労のみを希望する人などは、原則として特定求職者に該当しません。また、特定求職者であるだけでは給付金は支給されず、後述する職業訓練受講給付金の支給要件を満たす必要があります。さらに、特定求職者が後に雇用保険被保険者・雇用保険受給者となるなど、上記要件を満たさなくなった場合も、給付金は受給できません。

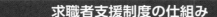

求職者支援制度の仕組み

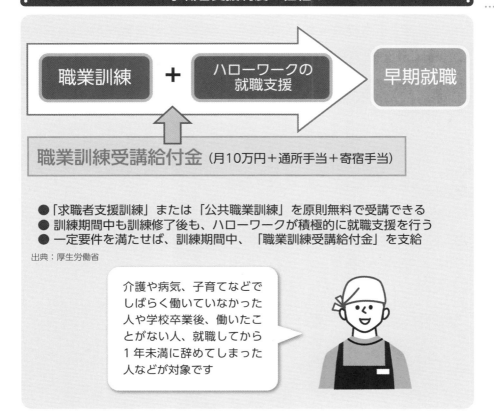

出典：厚生労働省

求職者支援訓練

求職者支援制度の中核が求職者支援訓練です。民間訓練機関が厚生労働大臣の認定を受けた職業訓練を実施し、就職に必要な技能習得を支援します。

 支援の中核となる求職者支援訓練

　求職者支援制度の中核をなすのが、求職者支援訓練（ハロートレーニング）です。これは雇用保険を受給できない求職者などを対象として、民間訓練機関が厚生労働大臣の認定を受けた職業訓練を実施するものです。具体的には、社会人としての基礎的能力及び短時間で習得できる技能等を習得する基礎コースと、就職希望職種における職務遂行のための実践的な技能等を習得する実践コースがあります。

　訓練実施機関は、ハローワークと連携して就職支援を行います。訓練期間は、1コース2ヵ月から6ヵ月までで、具体的なコース情報は、ハローワークインターネットサービス（https://www.hellowork.mhlw.go.jp/）から検索することができます。

 民間訓練機関の認定とその要件

　求職者支援訓練を実施する民間訓練機関については、厚生労働大臣が認定をします。その際、求職者支援訓練の質の向上を図るために、その民間訓練機関の就職実績が一定の水準以下の場合等は認定をしません。このため、次のような要件を設定しています。

■訓練内容等に関する要件
・求職者支援訓練を認定申請する前3年間において、同程度の期間及び時間の職業訓練を実施した実績があること
・講師は、専門知識等に加え、「担当科目の内容を指導した十分な経験を有すること」も必要であること

- ・習得状況を毎月評価すること、修了評価すること、修了評価を記載
　したジョブカードを交付すること
- ・求職者支援訓練の受講者の就職実績が著しく悪くないこと

■就職支援に関する要件
- ・就職支援責任者を配置すること

申し込みから受講までの流れ

　求職者支援訓練を受けるには、まずハローワークで求職申し込みを行った上で、求職者支援制度についての説明を受けます。その上で受講する訓練コースを決定して申し込みます。その際、訓練実施機関による面接や筆記試験などの選考があります。選考に合格すると、ハローワークから就職支援計画が交付され、この計画に基づいて訓練を開始します。

求職者支援訓練の申し込みから受講の流れ

Step 1	受講の相談	ハローワークで求職申込みを行った上で、求職者支援制度についての説明を受ける 職業訓練受講給付金の受給を希望する場合は申し出る
Step 2	受講コースの決定	ハローワークで職業相談を受けつつ、適切な訓練コースを選び、受講申込書などの必要書類を受け取る
Step 3	受講申込書の交付	受講するコースが決まったら、再びハローワークへ行き、ハローワークの受付印が押された「受講申込書」の交付を受ける 「受講申込書」の交付までには複数回の職業相談が必要
Step 4	受講申込書の提出	「受講申込書」の交付を受けた後は速やかに、訓練実施機関に電話連絡等をした上で、募集締切日までに、「受講申込書」を提出する
Step 5	選考	訓練実施機関が実施する面接や筆記試験などの選考を受ける
Step 6	結果の通知	訓練実施機関から郵送で選考結果の通知が届く
Step 7	就職支援の決定	選考に合格したら、訓練開始日の前日までにハローワークへ行き「就職支援計画書」の交付を受ける。「就職支援計画書」は、職業相談上、訓練中から訓練修了後の効果的な求職活動を実現するための事項を決定して交付されるもので、この計画書がないと訓練を受講することはできない

出典：厚生労働省埼玉労働局

職業訓練受講給付金

求職者支援訓練を受けた人に対して、訓練の受講手当やそのために必要な交通費、訓練を受けるための寄宿手当などを給付するのが職業訓練受講給付金です。

職業訓練受講給付金とその支給額

職業訓練受講給付金（職業訓練受講手当・通所手当・寄宿手当）とは、特定求職者がハローワークの支援指示を受けて求職者支援訓練や公共職業訓練を受講し、一定の支給要件を満たした場合に支給されるものです。支給される金額は、以下の通りになります。

> ■支給額
> ・職業訓練受講手当：月額10万円
> ・通所手当：職業訓練実施機関までの通所経路に応じた所定の額（上限額あり）
> ・寄宿手当：月額１万700円

職業訓練受講給付金の支給要件

職業訓練受講給付金を受給するには、以下の要件をすべて満たしていなければなりません。

> ■支給要件
> 1. 本人収入が月８万円以下
> 2. 世帯全体の収入が月25万円以下
> 3. 世帯全体の金融資産が300万円以下
> 4. 現在住んでいるところ以外に土地・建物を所有していない
> 5. すべての訓練実施日に出席している（やむを得ない理由がある場合でも、支給単位期間ごとに８割以上の出席率がある）

6. 世帯の中に同時にこの給付金を受給して訓練を受けている人がいない
7. 過去3年以内に、偽りその他不正の行為により、特定の給付金の支給を受けたことがない

　やむを得ない理由を除いて、一度でも訓練を欠席（遅刻・欠課・早退を含む）したり、ハローワークの就職支援（訓練修了後の就職支援を含む）を拒否すると、職業訓練受講給付金が支給されないので注意が必要です。また、訓練の欠席や就職支援の拒否を繰り返すと、ハローワークから支援指示が取り消されて訓練受講の継続ができなくなるほか、訓練期間の初日にさかのぼり給付金の返還命令等が行われることがあります。

　一方で、職業訓練受講給付金を受給しても生活費が不足する場合には、希望に応じて、**労働金庫による融資制度（求職者支援資金融資）**を利用することができます。その際の貸付上限額は、同居配偶者等がいる人は月10万円、それ以外の方は月5万円です。

支給手続きの流れ

1　ハローワークに求職申込みを行い、求職者支援制度の説明を受ける

2　職業相談を受けつつ、適切な訓練コースを選び、受講申込みの手続きを行う。同時に給付金の事前審査を申請する

3　訓練実施機関による選考（面接・筆記等）を受ける。合格通知が届いたら、訓練開始日前日までにハローワークへ出向き、職業訓練を受けるための支援指示を受ける

4　訓練受講中～訓練修了後3ヵ月間、原則として月1回、ハローワークに来所し、定期的な職業相談を受け、その際に給付金の支給申請を行う

出典：厚生労働省

生活保護バッシングと「水際作戦」

生活保護は憲法に規定された制度

生活保護は、日本国憲法第 25 条に規定された「健康で文化的な最低限度の生活」を国の責任によって国民の保障するものであり、社会保障における**最後のセーフティネット**です。現在、204 万 9,746 人、163 万 6,723 世帯（令和 2 年 10 月現在）が生活保護の対象となっていますが、一部で、これらの生活医保護受給者に対するバッシングが見られ、社会的な問題となっています。

「働かない人を、なぜ助けるのか」「生活保護の受給者は、怠けているのではないか」といった、生活保護受給者に対するいわれのないバッシングは、昔から一部に見られましたが、「特に 2012 年から自由民主党が生活保護費の削減を選挙公約に掲げて以来、一段と強まったのではないか」という識者の指摘があります。

それ以前からも、生活保護を受給する要件を満たしているのにも関わらず、本人による明確な申請の意思の有無、あるいは書類の不備などを理由に申請を受理せず、生活に困窮した人を追い返すという、いわゆる「水際作戦」と呼ばれる不適切な事案が各地で繰り返されていました。このような水際作戦によって、生活に困窮した人が生活保護を受けられず、餓死したり、自殺を図るといった悲劇も起こっています。

正しい理解が大切

こうした悲劇を繰り返さないためには、まず社会保障に携わる人はもとより、多くの国民が国の制度としての生活保護を正しく理解することが重要です。その上で、**最低生活保障**と**自立助長**という生活保護制度の目的を実現するために、適切な制度の運用を行い、援助が必要な人に対しては速やかに、そして適切に扶助を行うことが求められています。また、保護の申請において困難な状況がある場合は、法律家や NPO などの支援を求めることも必要です。

第 6 章

他にもある、様々な保障制度

自然災害の多い日本には、被災した際に活用できる様々な支援制度があります。その他、経済に関する多様な支援もあります。

災害弔慰金・災害障害見舞金と 災害援護資金

大規模な自然災害で命を失った遺族や障害を負ってしまった人に対しての弔慰金や見舞金の給付、生活再建のための資金の貸付を行う制度があります。

 ## 災害弔慰金の支給等に関する法律

　社会保障の一環として災害時に給付される代表的なものが、災害弔慰金や災害障害見舞金、そして災害援護資金です。これらの対策はいずれも、1967（昭和42）年に発生した羽越豪雨をきっかけに、1973（昭和48）年に成立した災害弔慰金の支給等に関する法律に基づいています。法律では、その趣旨と災害の定義について、次のように定めています。

（趣旨）
第1条　この法律は、災害により死亡した者の遺族に対して支給する災害弔慰金、災害により精神又は身体に著しい障害を受けた者に対して支給する災害障害見舞金及び災害により被害を受けた世帯の世帯主に対して貸し付ける災害援護資金について規定するものとする
（定義）
第2条　この法律において「災害」とは、暴風、豪雨、豪雪、洪水、高潮、地震、津波その他の異常な自然現象により被害が生ずることをいう

 ## 災害弔慰金の内容と要件

　災害弔慰金は、災害によって死亡した人の遺族に対して、災害弔慰金の支給等に関する法律に基づき、弔慰金を支給するものです。支給額は、生計維持者が死亡した場合は市町村条例で定める額（500万円以下）、その他の人が死亡した場合は市町村条例で定める額（250万円以下）を支給します。対象となる災害は自然災害で、その要件は以下のように規定さ

れています。

- ・１市町村において住居が５世帯以上滅失した災害
- ・都道府県内において住居が５世帯以上滅失した市町村が３以上ある場合の災害
- ・都道府県内において災害救助法が適用された市町村が１以上ある場合の災害
- ・災害救助法が適用された市町村をその区域内に含む都道府県が２以上ある場合の災害

災害弔慰金の概要

制度の名称	災害弔慰金
支援の種類	給付
制度の内容	●災害により死亡した人の遺族に対し、災害弔慰金の支給等に関する法律に基づき、災害弔慰金を支給 ●災害弔慰金の支給額 　・生計維持者が死亡した場合：市町村条例で定める額（500万円以下）を支給 　・その他の者が死亡した場合：市町村条例で定める額（250万円以下）を支給
活用できる人	●災害により死亡した人の遺族 ●支給の範囲・順位 　・１.配偶者、２.子、３.父母、４.孫、５.祖父母 　・上記のいずれも存しない場合には兄弟姉妹（死亡した者の死亡当時その者と同居し、又は生計を同じくしていた者に限る） ※対象となる災害は、自然災害で１市町村において住居が５世帯以上滅失した災害等
問い合わせ先	市町村

出典：内閣府

災害障害見舞金の内容と要件

　災害障害見舞金は、災害による負傷や疾病で精神又は身体に著しい障害が出た場合、災害弔慰金の支給等に関する法律に基づいて見舞金を支給するものです。見舞金の支給額は、生計維持者が重度の障害を受けた場合は市町村条例で定める額（250万円以下）、その他の人が重度の障害を受けた場合は市町村条例で定める額（125万円以下）を支給します。対象となる災害は、災害弔慰金と同様です。

 災害援護資金の内容と要件

　災害援護資金は、災害により負傷又は住居、家財の損害を受けた人に対して、災害弔慰金の支給等に関する法律に基づき、生活の再建に必要な資金を貸し付けるものです。貸付限度額は要件により最大350万円で、年３％（据置期間中は無利子）、据置期間は３年（特別の場合５年）、償還期間は10年（据置期間を含む）となります。対象となる災害は都道府県内で災害救助法が適用された市町村が１以上ある自然災害で、以下のいずれかの被害を受けた世帯の世帯主が対象です。

1. 世帯主が災害により負傷し、その療養に要する期間がおおむね１ヵ月以上
2. 家財の３分の１以上の損害
3. 住居の半壊又は全壊・流出

　また貸付に際しては、前年の世帯の総所得金額についての所得制限も定められています。

制度の名称	災害援護資金
支援の種類	貸付（融資）

制度の内容	●災害により負傷又は住居、家財の損害を受けた人に対し、災害弔慰金の支給等に関する法律に基づき、生活の再建に必要な資金を貸し付ける。貸付限度額等は次のとおり

<table>
<tr><td rowspan="9">貸付限度額</td><td colspan="2">①世帯主に1ヵ月以上の負傷がある場合</td></tr>
<tr><td>ア 当該負傷のみ</td><td>150万円</td></tr>
<tr><td>イ 家財の3分の1以上の損害</td><td>250万円</td></tr>
<tr><td>ウ 住居の半壊</td><td>270万円</td></tr>
<tr><td>エ 住居の全壊</td><td>350万円</td></tr>
<tr><td colspan="2">②世帯主に1ヵ月以上の負傷がない場合</td></tr>
<tr><td>ア 家財の3分の1以上の損害</td><td>150万円</td></tr>
<tr><td>イ 住居の半壊</td><td>170万円</td></tr>
<tr><td>ウ 住居の全壊（エの場合を除く）</td><td>250万円</td></tr>
</table>

	エ 住居の全体の滅失又は流失	350万円
貸付利率	年3％以内で条例で定める率（据置期間中は無利子）	
据置期間	3年以内（特別の場合5年）	
償還期間	10年以内（据置期間を含む）	

活用できる人	●以下のいずれかの被害を受けた世帯の世帯主が対象 1．世帯主が災害により負傷し、その療養に要する期間が概ね1ヵ月以上 2．家財の1／3以上の損害 3．住居の半壊又は全壊・流出 ●表の額以下の場合は所得制限の対象

世帯人員	市町村民税における前年の総所得金額
1人	220万円
2人	430万円
3人	620万円
4人	730万円
5人以上	1人増すごとに730万円に30万円を加えた額 ただし、住居が滅失した場合は1,270万円

※対象となる災害は、自然災害で都道府県において災害救助法が適用された市町村が1以上ある場合などの災害

問い合わせ先	市町村

出典：内閣府

災害時の様々な支援

被災者生活再建支援制度の概要

災害により居住する住宅が全壊するなど、生活基盤に著しい被害を受けた世帯に対して支援金を支給するのが被災者生活再建支援制度です。

 制度の根拠と目的

被災者生活再建支援制度は、災害により居住する住宅が全壊するなど、生活基盤に著しい被害を受けた世帯に対して支援金を支給するというものです。近年では、東日本大震災のような未曽有の大災害はもとより、関東地方から東北地方にかけて大きな被害を出した令和元年台風第15号及び台風第19号による災害などでも、この制度による支援金の支給が行われています。

この制度は1998（平成10）年に制定された被災者生活再建支援法に基づくもので、法律では支援の目的を次のように示しています。

> 第1条　この法律は、自然災害によりその生活基盤に著しい被害を受けた者に対し、都道府県が相互扶助の観点から拠出した基金を活用して被災者生活再建支援金を支給するための措置を定めることにより、その生活の再建を支援し、もって住民の生活の安定と被災地の速やかな復興に資することを目的とする

 都道府県による基金を国の補助が財源

被災者生活再建支援制度における支援金については、都道府県の相互扶助において対応するとされています。このため、全都道府県の拠出による基金を中心に、さらに国からの補助（全体の2分の1）も加えられた財源から支援金が支給されます。なお、制度の対象とならない災害については、地方公共団体において対応を検討します。

対象となる自然災害

　制度の対象となる災害については、災害救助法の適用基準のうち1号又は2号を満たす自然災害が発生した市町村、自然災害により全壊10世帯以上の被害が発生した市町村、自然災害により全壊100世帯以上の被害が発生した都道府県など、具体的に定められています。

被災者生活再建支援制度の対象となる自然災害

1. 災害救助法の適用基準（災害救助法施行令第1条第1項）のうち1号又は2号を満たす自然災害が発生した市町村
2. 自然災害により全壊10世帯以上の被害が発生した市町村
3. 自然災害により全壊100世帯以上の被害が発生した都道府県
4. 1.又は2.の被害が発生した都道府県内の他の市町村で、全壊5世帯以上の被害が発生したもの（人口10万未満のものに限る）
5. 3.又は4.の都道府県に隣接する都道府県内の市町村で、1.、2.、3.のいずれかに隣接し、全壊5世帯以上の被害が発生したもの（人口10万未満のものに限る）
6. 3.又は4.の都道府県が2以上ある場合に、
   ・全壊5世帯以上の被害が発生した市町村（人口5万以上10万未満のものに限る）
   ・全壊2世帯以上の被害が発生した市町村（人口5万未満のものに限る）

災害時の様々な支援

被災者生活再建支援制度の対象とならない災害については、地方公共団体において対応が検討されます

被災者生活再建支援制度の対象世帯と支給額

被災者生活再建支援の支給対象世帯は、住宅が自然災害により全壊等又は大規模半壊した世帯です。支援金には基礎支援金と加算支援金があります。

 住宅が自然災害で全壊又は大規模半壊した世帯が対象

　被災者生活再建支援制度における支援金の支給対象となる世帯は、住宅が自然災害（地震、津波、液状化等の地盤被害等）により全壊等又は大規模半壊した世帯が対象です。具体的には、以下のようになります。

1. 住宅が「全壊」した世帯
2. 住宅が半壊、又は住宅の敷地に被害が生じ、その住宅をやむを得ず解体した世帯
3. 災害による危険な状態が継続し、住宅に居住不能な状態が長期間継続している世帯
4. 住宅が半壊し、大規模な補修を行わなければ居住することが困難な世帯（大規模半壊世帯）

　また住宅が半壊し、又は住宅の敷地に被害が生じた場合で、当該住宅の倒壊防止、居住するために必要な補修費等が著しく高額となること、その他これらに準ずるやむを得ない事由により当該住宅を解体し、又は解体されるに至った世帯や、噴火災害等で危険な状況が継続し、長期にわたり住宅が居住不能になった世帯（長期避難世帯）も含まれます。一方で、被災時に現に居住していた世帯が対象となりますので、空き家、別荘、他人に貸している物件などは対象になりません。

 基礎支援金と加算支援金

　支援金の支給額は、住宅の被害程度に応じて支給する支援金（基礎支

援金）と、住宅の再建方法に応じて支給する支援金（加算支援金）の2つで異なり、支給額は2つの支援金の合計額となります。基礎支援金の支給額は、全壊等の場合は100万円、大規模半壊の場合は50万円です。加算支援金については、住宅の再建方法に応じて、建設・購入は200万円、補修は100万円、賃貸（公営住宅を除く）については50万円です。いったん住宅を賃貸した後、自ら居住する住宅を建設・購入又は補修する場合は、合計で200万円又は100万円が支給されます。ただし、世帯数が一人の場合は、それぞれの金額は上記の4分の3になるので注意が必要です。なお、支援金の使い道は限定されませんので、支援金を受け取った人は何に使ってもかまいません。

被災者生活再建支援制度の対象世帯と支援額

制度の名称	被災者生活再建支援制度
支援の種類	給付
制度の内容	●災害により居住する住宅が全壊するなど、生活基盤に著しい被害を受けた世帯に対して支援金を支給 ●支給額は、下記の2つの支援金の合計額（世帯人数が1人の場合は、各該当欄の金額は3／4）

■住宅の被害程度に応じて支給する支援金（基礎支援金）

	住宅の被害程度	
	全壊等	大規模半壊
支給額	100万円	50万円

■住宅の再建方法に応じて支給する支援金（加算支援金）

	住宅の再建方法		
	建設・購入	補修	賃借（公営住宅を除く）
支給額	200万円	100万円	50万円

※一旦住宅を賃借した後、自ら居住する住宅を建設・購入（又は補修）する場合は、合計で200（又は100）万円

●支援金の使途は限定されず、何にでも使用できる

詳しくは、内閣府の防災情報のページ
http://www.bousai.go.jp/taisaku/hisaisyagyousei/index.html
「被災者生活再建支援法の概要」を参照

問い合わせ先	都道府県、市町村

出典：内閣府

支援金の支給申請とその流れ

被災者生活再建支援制度の支援金は、市区町村の窓口で申請をします。その際、罹災証明書が必要になります。

支援の申請窓口は市区町村

　被災者生活再建支援制度の支援金について、申請の窓口となるのは住まいのある市区町村です。申請期間は基礎支援金については災害の発生日から13ヵ月以内、加算支援金については災害の発生日から37ヵ月以内となっています。

　申請に必要な書面については、支援金の支給申請書をはじめ、住民票、罹災証明書のほか、預金通帳の写し、加算支援金の申請については住宅の購入や賃貸、補修に関する事業者との契約書も必要となります。

申請に必要な罹災証明書

　支援金支給を求める場合は、まず罹災証明書の交付を受けます。罹災証明書は、暴風、豪雨、豪雪、洪水、地震などの自然災害により住家等に被害が発生した場合に、被災者からの申請に基づいて、市区町村が住家等の被害認定調査を実施し、調査結果に応じて発行するものです。ここでいう住家とは、居住のため使用している建物や、常時人が居住している建物のことをいいます。また被害程度を証明する内容は、全壊、大規模半壊、半壊、準半壊、準半壊に至らない（一部損壊）となっています。

　また、罹災証明書の交付を受けるためには、市区町村職員による住家の被害認定調査が必要です。被害認定調査の前に、建物の取り壊しや被害箇所がわからないような修理、片付け等をしてしまうと調査が困難となります。このため、あらかじめ可能な限り被害状況について写真撮影等を実施し、保存することも重要です。

支援金支給までの流れ

　罹災証明書をはじめ、支援金の申請に必要な書面が用意できたら、**市区町村の窓口に申請**をします。申請を受け付けた市区町村はそれを都道府県に送り、都道府県が取りまとめ被災者生活再建支援法人に送ります。その後、被災者生活再建支援法人から被災世帯に対して支援金の支給が行われます。併せて支援法人は、国に補助金の申請を行い、国から支援法人に補助金が交付されます。

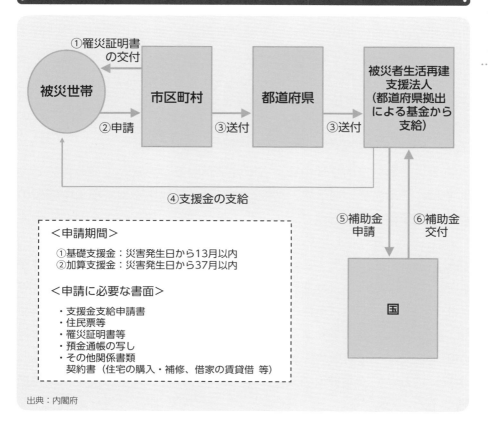

支援金支給までの手続きの流れ

①罹災証明書の交付

被災世帯

市区町村

②申請

③送付

都道府県

③送付

被災者生活再建支援法人（都道府県拠出による基金から支給）

④支援金の支給

⑤補助金申請　⑥補助金交付

国

＜申請期間＞
①基礎支援金：災害発生日から13月以内
②加算支援金：災害発生日から37月以内

＜申請に必要な書面＞
・支援金支給申請書
・住民票等
・罹災証明書等
・預金通帳の写し
・その他関係書類
　契約書（住宅の購入・補修、借家の賃貸借 等）

出典：内閣府

災害時の子どもの養育や就学支援

災害の発生時やその後の復興に際して、子どもを養育する世帯には大きな負担がかかることから、子育て世帯を支える様々な支援があります。

教科書等の無償給与

災害が発生した際、子どもの療育や就学を支援する制度の1つに、**教科書等の無償給与**があります。この制度は災害救助法に基づくもので、災害により学用品を失った児童や生徒に対して、教科書や教材、文房具、通学用品を現物支給します。対象となるのは、災害救助法が適用された市区町村において、住宅に被害を受け学用品を失った小・中学校、高等学校等の児童・生徒（特別支援学校、養護学校の小学児童および中学部生徒、中等教育学校、特別支援学校の高等部、高等専門学校、専修学校および各種学校の生徒を含む）となります。

児童・生徒・学生を対象とした就学の援助

災害による経済的な理由によって就学が困難な児童・生徒の保護者を対象に、学用品費、通学費、学校給食費等を援助するのが**小・中学校の就学援助措置**です。対象は、被災により就学が困難となった児童・生徒の保護者で、避難をしている人も、この制度を活用することができます。高校生については、災害による経済的な理由によって授業料等の納付が困難な生徒を対象に、授業料、受講料、入学料及び入学者選抜手数料等の徴収猶予又は減額・免除をする、**高等学校授業料等減免措置**があります。同様に、災害により家計が急変した等の理由により授業料等の納付が困難な大学生を対象に、各学校（大学、短期大学、大学院、高等専門学校）において授業料等の減額・免除を行うのが、**大学等授業料減免措置**です。

また特別支援学校等への修学奨励事業として、被災により特別支援学校等への就学支援が必要となった幼児、児童又は生徒の保護者を対象に通学費や学用品等の援助も用意されています。

▶▶▶ 緊急採用奨学金と児童扶養手当等の特別措置

　大学や大学院、短期大学、高等専門学校、専修学校（専門課程）の学生や生徒に対しては、災害等により家計が急変した場合、**緊急採用奨学金の貸与**を実施します。この場合は、在籍する各学校の奨学金担当が窓口となります。なお、緊急採用奨学金の貸与に当たっては、災害救助法の適用が要件となっていますので、確認が必要です。

　また、児童扶養手当等の特別措置として、障害者（児）のいる世帯や児童扶養手当受給者世帯を対象に、被災者に対する児童扶養手当・特別児童扶養手当・特別障害者手当・障害児福祉手当について、所得制限の特例措置が講じられます。

その他の災害支援

小・中学生の就学援助措置

制度の名称	小・中学生の就学援助措置
支援の種類	給付・還付
制度の内容	●被災により、就学が困難な児童・生徒の保護者を対象に、就学に必要な学用品費、新入学用品費、通学費、校外活動費、学校給食費等を援助
活用できる人	●被災により、就学が困難となった児童・生徒の保護者。なお、避難している人も、この制度を活用することができる
問い合わせ先	都道府県、市町村、学校

出典：内閣府

緊急採用奨学金

制度の名称	緊急採用奨学金
支援の種類	貸与
制度の内容	●災害等により、家計が急変した学生・生徒に対して緊急採用奨学金の貸与を実施
活用できる人	●大学、短期大学、大学院、高等専門学校、専修学校（専門課程）の学生・生徒
問い合わせ先	在籍する各学校（奨学金担当窓口）

出典：内閣府

税や公共料金などに関する支援

被災後の世帯の負担軽減や安定した生活を守るために、税金や保険料、公共料金などに関する特別措置、放送受信料に関する免除などが講じられます。

地方税と国税の特別措置

　災害の発生時には、**地方税や国税についての特別措置**が講じられます。たとえば地方税の特別措置では、災害により被害を受けた場合、被災納税者の地方税（個人住民税、固定資産税、自動車税など）について、一部軽減又は免除、あるいは徴収の猶予を受けることができます。同様に国税についても、災害で被害を受けた場合には、納税の猶予、予定納税の減額、給与所得者の源泉所得税及び復興特別所得税の徴収猶予、所得税の軽減といった特別措置が講じられます。

医療保険や介護保険、障害福祉サービスに関する措置

　災害等による収入の減少などの特別な理由により、保険料や窓口負担の支払いが困難と認められる人に対しては、**医療保険、介護保険の保険料・窓口負担の減免措置等**として、減免や支払猶予といった措置が講じられます。障害福祉サービスについても同様に、障害福祉サービス等の利用者負担金の減免として、災害等による収入の減少などの特別な理由により費用を負担することが困難である人に対して、利用者負担額の減免が講じられることがあります。

公共料金や放送受信料に関する措置

　災害救助法が適用される災害については、**公共料金・使用料等の特別措置や放送受信料の免除**が行われます。公共料金・使用料等の特別措置については、都道府県、市町村、関係事業者が定めた被災者に対して、

都道府県や市町村において各自治体が所管する公共料金や施設使用料、保育料等が軽減・免除されることがあります。また、電気、ガス、電話料金等についても、各種料金の軽減・免除が実施されることがありますので、被災時には確認しておくとよいでしょう、

　日本放送協会（NHK）の放送受信規約における放送受信料免除の基準にも、災害被災者に対しては受信料の減免措置が示されており、放送受信料が一定期間免除されることがあります。

地方税の特別措置

制度の名称	地方税の特別措置
支援の種類	減免・猶予（延長・金利の引き下げ含む）
制度の内容	●地方税の減免 　災害により被害を受けた場合、被災納税者の地方税（個人住民税、固定資産税、自動車税など）について、一部軽減又は免除を受けることができる ●徴収の猶予 　災害により被害を受けた場合、被災納税者の地方税について、その徴収の猶予を受けることができる ●期限の延長 　災害により申告・納付等を期限までにできない人は、その期限が延長される（都道府県・市町村が条例で一律に期限を延長している場合と都道府県・市町村への申請により延長が認められる場合がある。一律に期限を延長している場合には手続きは必要ない）
活用できる人	●災害によりその財産等に被害を受けた人のうち、一定の要件を満たす人が対象
問い合わせ先	都道府県、市町村税務課など

出典：内閣府

支援の種類には、減免、免除、猶予（支払猶予・徴収猶予）などがあります。活用できるかどうかも、制度によって違うので、まずは問い合わせることが大切です

被災者（個人・個人事業者）の債務整理支援

災害の影響によって災害前の借入の返済等が困難になった場合、破産手続きなどの法的な手続きによらず、債務の免責等を受けられることがあります。

破産せずに債務の免除を受けられる

　住宅ローンを借りている個人や、事業に必要な資金を借りている個人事業主については、災害により債務を抱えることで、被災後の復旧に支障をきたすことが考えられます。これを支援する制度が、被災者（個人・個人事業主）の債務整理支援です。この制度では、住宅ローンを借りている個人や、事業に必要な資金を借りている個人事業主で、2015（平成27）年9月2日以降に災害救助法の適用を受けた自然災害の影響によって災害前の借入の返済が困難となった人は、「自然災害による被災者の債務整理に関するガイドライン」を利用することにより、破産手続きなどの法的な手続きによらずに、債務の免除等を受けることができます。

ガイドラインによる債務整理のメリット

　この制度に基づいたガイドラインによる債務整理の最大のメリットは、財産の一部をローンの支払いに充てず、手元に残すことができることです。また、破産等の手続きとは異なり、債務整理をしたことは個人信用情報として登録されないため、その後の新たな借入に影響が及びません。さらに国の補助により、弁護士等の登録支援専門家による手続き支援を無料で受けることができます。

被災者の債務整理支援の対象

　被災者の債務整理支援の対象となるのは、自然災害の影響によって、災害前の住宅ローンや事業性ローン等の借入を弁済することができない、

または近い将来において弁済できないことが確実と見込まれる個人の債務者が対象になります。ただし債務の免除等については、一定の要件（債務者の財産や収入、信用、債務総額、返済期間、利率といった支払条件、家計の状況等を総合的に考慮して判断）を満たすことや、ローンの借入先の同意が必要となります。また、簡易裁判所の特定調停手続きを利用することが必要となります。ガイドラインに基づいた債務整理手続きについては、**ローン借入先の金融機関が窓口**となります。

その他の災害支援

被災者の債務整理支援の流れ

1. 手続着手の申出

最も多額のローンを借りている金融機関等へ、ガイドラインの手続着手を希望することを申し出る

2. 専門家による手続支援を依頼

相談をした金融機関等から手続着手について同意が得られた後、地元弁護士会などを通じて、自然災害被災者債務整理ガイドライン運営機関に対し、登録支援専門家による手続支援を依頼する

3. 債務整理（開始）の申出

金融機関等に債務整理を申し出て、必要書類を提出する（書類作成の際、登録支援専門家の支援を受けることができる）。債務整理の申出後は、債務の返済や督促は一時停止となる

4. 調停条項案の作成

登録支援専門家の支援を受けながら、金融機関等との協議を通じ、債務整理の内容を盛り込んだ書類（調停条項案）を作成する

5. 調停条項案の提出・説明

登録支援専門家を通じて、金融機関等へガイドラインに適合する調停条項案を提出・説明する（金融機関等は1ヵ月以内に同意するか否か回答する）

6. 特定調停の申立て

債務整理の対象にしようとするすべての借入先から同意が得られた場合には、簡易裁判所へ特定調停を申し立てる（申立費用は債務者の負担となる）

7. 調停条項の確定

特定調停手続により調停条項が確定すれば、債務整理成立となる

雇用保険の失業等給付の特例措置

大規模な自然災害によって被災し、職を失った労働者に対しては、雇用保険制度における失業等給付に関して、特例措置が実施される場合があります。

雇用保険における失業等給付

　雇用保険における失業等給付とは、労働者が失業した場合や雇用の継続が困難となった場合に、必要な給付を行うとともに、その生活や雇用の安定を図るための給付です。失業等給付の中でも、その根幹となるのが求職者給付の基本手当です。これは、雇用保険の被保険者が離職し、労働の意思および能力を有するにもかかわらず職業に就くことができない状態にある場合で、離職の日以前の2年間に、被保険者期間が通算して12ヵ月以上あったときに、手当の給付が受けられるというものです。

基本手当の日額と所定給付日数

　雇用保険の基本手当について、その日額は原則として離職した日の直前の6ヵ月に、毎月決まって支払われた賃金（賞与等は除きます）の合計を180で割って算出した金額（賃金日額）のおよそ50 ～ 80％（60歳～64歳については45 ～ 80％）となっており、賃金の低い人ほど高い率となっています。

　基本手当の支給を受けることができる日数（所定給付日数）は、受給資格に係る離職の日における年齢、雇用保険の被保険者であった期間および離職の理由などによって決定され、90日～ 360日の間でそれぞれ決められます（132ページ）。

災害時の特例措置として雇用保険の基本手当を支給

　雇用保険における失業等給付に関して、災害により雇用される事業所

が休業することとなったため、一時的な離職又は休業を余儀なくされた人に対して、雇用保険の基本手当を支給する特例措置が実施されます。対象となるのは、以下に該当する人です。

・災害救助法の適用を受ける市区町村に所在する事業所に雇用される人で、事業所が災害を受け、やむを得ず休業することとなったために一時的に離職を余儀なくされ、離職前の事業主に再雇用されることが予定されている人
・激甚災害法第25条の規定が適用された場合に、激甚災害法の適用を受ける地域に所在する事業所に雇用される人で、事業所が災害を受け、やむを得ず休業することになったため、休業を余儀なくされた人

雇用保険の失業等給付の特例措置

制度の名称	雇用保険の失業等給付
支援の種類	給付（現金）
制度の内容	●災害により雇用される事業所が休業することとなったため、一時的な離職又は休業を余儀なくされた人に雇用保険の基本手当を支給する特例措置を実施
活用できる人	●災害救助法の適用を受ける市町村に所在する事業所に雇用されている人で、事業所が災害を受け、やむを得ず休業することとなったため、一時的に離職を余儀なくされ、離職前の事業主に再雇用されることが予定されている人が対象 ●激甚災害法第25条の規定が適用された場合に、激甚災害法の適用を受ける地域に所在する事業所に雇用されている人で、事業所が災害を受け、やむを得ず休業することになったため、休業を余儀なくされた人が対象
問い合わせ先	公共職業安定所

出典：内閣府

基本手当日額の上限額(令和2年8月1日現在)

30歳未満	6,850円
30歳以上45歳未満	7,605円
45歳以上60歳未満	8,370円
60歳以上65歳未満	7,186円

年金担保貸付制度・労災年金担保貸付制度

国民年金や厚生年金、労災年金の年金を担保として融資する制度ですが、2022年3月末で申込受付を終了することが決定しています。

年金を担保として生活資金を融資する

年金担保貸付制度・労災年金担保貸付制度は、国民年金や厚生年金保険、労働者災害補償保険（労災年金）の年金を担保として融資する、法律で唯一認められた制度です。保健・医療、介護・福祉、住宅改修等、冠婚葬祭、生活必需物品の購入などの支出のために、一時的に小口の資金が必要な場合に利用することができます。

2022（令和４）年３月末で申込受付を終了

年金担保貸付制度・労災年金担保貸付制度は、2020（令和２）年の年金法改正により、2022（令和４）年３月末で申込受付を終了することが決定しました。

申込受付を終了するまでの期間は、それまでと同様に年金担保貸付の申込が可能です。また年金担保貸付の返済期間および返済方法は従来と変わることはないため、2022（令和４）年３月末の申込受付終了時に残っている借入額を、繰り上げて返済する必要はありません。

融資の対象と融資額

融資の対象となるのは、国民年金証書、厚生年金保険年金証書、船員保険年金証書、労働者災害補償保険年金証書を持ち、現在、その年金を受給している人となります。融資額については、以下（254ページ）の３つの要件を満たす額の範囲内となります。

ご利用いただける方	次の年金証書を持ち、現在、その年金を受給している人 ●国民年金・厚生年金保険年金証書 ●国民年金証書 ●厚生年金保険年金証書 ●船員保険年金証書 ※厚生年金基金、国民年金基金、確定給付企業年金、確定拠出年金から支払われる年金は、融資の対象とならない ※老齢福祉年金や特別障害給付金、年金生活者支援給付金は、融資の対象とならない ●労働者災害補償保険年金証書 ※石綿健康被害救済法に基づく特別遺族年金は、融資の対象とならない
資金使途	255ページ「資金使途の内容」に記載してあるものに限る
融資額	次の3つの要件を満たす額の範囲内 ①10万円〜200万円の範囲内（1万円単位。ただし、資金使途が「生活必需物品の購入」の場合は、10万円〜80万円の範囲内） ②受給している年金の0.8倍以内（年額。所得税額に相当する額を除く） ③1回当たりの定額返済額の15倍以内（融資額の元金相当額をおおむね2年6ヵ月以内で返済）
返済方法	●返済は、独立行政法人福祉医療機構が利用者の年金を年金支給機関から直接受け取ることによって行われる ●年金支給機関から偶数月に支給される年金のうち、利用者が指定した額（定額返済額）を返済に充てる ※定額返済額の上限は、1回当たりの年金支給額の1／3以下とし、下限は1万円。返済額は1万円単位 ●年金支給額から定額返済額を差し引いた金額を「返済剰余金」として利用者の指定した預金口座に振り込む
利率	最新の貸付利率は申し込んだ金融機関で確認
保証人	連帯保証人（審査基準あり）が必要 ※信用保証機関による信用保証制度（保証料が必要）を利用する方法もある

出典：独立行政法人福祉医療機構

経済に関する様々な支援

1. 10万円〜200万円の範囲内（1万円単位。ただし、資金使途が生活必需物品の購入の場合は、10万円〜80万円の範囲内）
2. 受給する年金の0.8倍以内（年額。所得税額に相当する額を除く）
3. 1回当たりの定額返済額の15倍以内（融資額の元金相当額をおおむね2年6ヵ月以内で返済）

 ## 制度の仕組みと返済方法

　年金担保貸付制度・労災年金担保貸付制度の実施主体は、独立行政法人福祉医療機構です。融資を希望する年金受給者は、金融機関を介して福祉医療機構に借入の申し込みや貸付を受けます。

　返済は、福祉医療機構が、借入者の年金を年金支給機関から直接受け取ることによって行われます。具体的には、年金支給機関から偶数月に支給される年金のうち、借入者が指定した額（定額返済額）が返済に充てられます。その上で、年金支給額から定額返済額を差し引いた金額を返済剰余金として借入者の指定した預金口座に振り込みます。

 ## 融資の申し込みと手続きの流れ

　融資の申し込みは、「独立行政法人福祉医療機構代理店」と表示された金融機関で受け付けています。なお、ゆうちょ銀行、農協、労働金庫等は年金担保貸付の取り扱いを行っていません。また福祉医療機構の本部等での申し込み手続きについては行っていないので注意が必要です。

　融資の手続きは、まず、福祉医療機構の年金貸付課または取扱金融機関に相談をします。その上で、取扱金融機関で申し込みの手続きを行います。なお、年金受け取り先の口座が融資を申し込む金融機関と異なる場合は、受け取り先の口座を取扱金融機関に変更する必要があります。申し込みから審査を経て融資までの期間は、4〜5週間程度です。融資が実行されると、福祉医療機構が融資利用者に代わって年金を受領し、その一部が返済に充てられます。

資金使途	具体的な使途	例
保健・医療	●疾病の予防に必要な経費 ●負傷および疾病の療養に必要な経費 ●出産に必要な経費 ●その他、保健・医療に必要な経費	●入院費 ●診療費 ●手術費 ●検査費 ●薬剤費 ●通院、入院等に係る移動費 ●医療用・健康用器具（電位治療器、低周波治療器、補聴器等）の購入費用 ●通院等に必要な自動車等の購入や維持費（取得時の各種税金等を含む）
介護・福祉	●介護・福祉に係るサービスの利用に必要な経費 ●介護・福祉に係る物品の購入に必要な経費 ●その他、介護・福祉に必要な経費	●介護施設の利用費用（入居一時金、入所利用料等） ●介護福祉用具（福祉車両、電動ベッド、電動車イス、入浴介助用具等）の購入・設置費
住宅改修等	●住宅の改修等に必要な経費 ●住宅や土地の購入に必要な経費 ●住居の引越しに必要な経費	●改修工事又は増改築工事費 ●住宅土地購入（新築工事費等）費 ●引越費用（敷金・礼金等を含む）
教育	●教育や学習等に必要な経費	●入学金 ●授業料（毎月払いのものは対象外） ●受験にかかる費用（移動経費を含む） ●学習教材費 ●資格取得経費 ●生涯学習経費
冠婚葬祭	●冠婚葬祭等に必要な経費	●冠婚葬祭にかかる費用 ●冠婚葬祭にかかる移動費 ●墓地、墓石等の購入費 ●納骨堂の設置・改修費
事業維持	●生業を営むために必要な経費	●事業にかかる運転資金（資材・原材料仕入費等） ●店舗、作業場等の内外装工事費（補修・改装工事等） ●事業用車両の購入や維持費（取得時の各種税金等を含む） ●事業にかかる訴訟費用
債務等の一括整理	●債務等の返済に必要な経費	●消費者金融等の既往借入からの借換 ●滞納家賃 ●滞納している光熱水費の支払い ●滞納税金等の納付 ●滞納社会保険料の納付 ●親族・知人からの既往借入の借換
生活必需物品の購入	●生活に必要な耐久消費財の購入に必要な経費	●自動車の購入費等（修理代・車検代を含む） ●家電製品の購入費 ●家具、寝具の購入費

※生活資金や旅行のための資金使途では利用できない
出典：独立行政法人福祉医療機構

経済に関する様々な支援

母子父子寡婦福祉資金貸付金

ひとり親家庭の親や子ども、寡婦を対象として、経済的な自立や子どもの就学・福祉などに必要な資金を融資するのが母子父子寡婦福祉資金貸付金制度です。

ひとり親家庭を対象とした資金の貸付

　母子父子寡婦福祉資金は、母子家庭や父子家庭、寡婦を対象に、経済的自立や、扶養している子どもの福祉増進のために、必要な資金を融資する制度です。この制度は母子及び父子並びに寡婦福祉法の規定に基づき行われています。貸付を申請できる人は、母子家庭の母や父子家庭の父、20歳未満の子どもを扶養している人で配偶者が死亡又は配偶者と離婚し現に結婚していない人などです。

12種類に及ぶ貸付金の種類

　貸付金の種類は全12種類となります。事業開始資金は、母、父又は寡婦が事業を開始するのに必要な設備費及び什器・機械等を購入するための資金です。事業継続資金は、母、父又は寡婦が現に営んでいる事業に必要な商品・材料等を購入するなど、事業を継続するために必要な資金。修学資金は子が高等学校、大学等で学ぶための授業料や書籍代等、就職支度資金は子の入学、又は修業施設への入所に必要な入学金、被服等を購入するための費用等（入学する月の末日まで申請可能）となります。

　そのほかにも、技能習得資金、修業資金、医療介護資金、生活資金、住宅資金、転宅資金、就学支度資金、結婚資金などがあり、それぞれに貸付限度額や貸付期間、償還期間、利率などが定められています。

貸付の相談は市区町村の窓口へ

　貸付の申請に当たっては、**住まいのある市区町村のひとり親家庭支援担当の窓口、又は所管の県福祉事務所に相談します。**就学支度資金、修学資金、修業資金及び就職支度資金（子の就職費用）を借りる場合は、子どもが連帯借受者（申請者と同様に返済義務を負う者）となりますが、連帯保証人は不要です。子本人が借りる場合（20歳未満の子の場合は法定代理人の同意が必要。また、小学校・中学校の就学支度資金は対象外）は、母又は父を連帯保証人とします。

　就学支度資金、修学資金、修業資金および就職支度資金（子の就職費用）を借りる場合は、連帯保証人を立てると無利子、立てないと年率1.0％の利子が付きます。

経済に関する様々な支援

母子父子寡婦福祉資金貸付金制度（抜粋）

令和2年4月1日から適用

資金の内容		貸付限度額	貸付期間	据置期間	償還期間	利率／年
就学支度	子の入学、又は修業施設への入所に必要な入学金、被服等を購入するための費用等 （入学する月の末日まで申請可能）	小学校（所得税が非課税の人） 　　　　　6万4,300円 中学校（所得税が非課税の人） 　　　　　8万1,000円 国公立高等学校等 　　自宅通学　　15万円 　　自宅外通学　16万円 私立高等学校等 　　自宅通学　　41万円 　　自宅外通学　42万円 国公立の大学、短期大学、高等専門学校等 　　自宅通学　　41万円 　　自宅外通学　42万円 私立の大学、短期大学、高等専門学校等 　　自宅通学　　58万円 　　自宅外通学　59万円 国公立の大学院　　38万円 私立の大学院　　　59万円	―	卒業後6ヵ月	5年以内	無利子

出典：埼玉県

教育一般貸付（国の教育ローン）

子どもの入学資金や在学資金等の教育資金について、固定金利や長期返済など、借用者に有利な条件で融資を行うのが教育一般貸付（国の教育ローン）です。

 子どもの人数に応じて、幅広い世帯年収に対応

　国の教育ローンは、子どもの人数に応じて幅広い世帯年収の人が利用可能で（世帯年収200万円以下の人などには優遇制度あり）、様々な学校・幅広い用途に対応しており、大学や短大はもちろん、専門学校や高校の資金にも利用が可能です。また、入学金や授業料だけでなく、定期代やパソコン購入費にも使え、日本学生支援機構の奨学金との併用も可能となっています。

 利用者の世帯年収（所得）上限額

　国の教育ローンの利用は、融資対象となる学校に入学・在学する人の保護者（主に生計を維持している人）で、世帯年収（所得）が以下の金額以内の人です。

世帯年収（所得）の上限額
・子ども1人／年収790万円（所得590万円）
　※上限が990万円（770万円）まで緩和される要件もあり
・子ども2人／年収890万円（所得680万円）
　※上限が990万円（770万円）まで緩和される要件について
・子ども3人／年収990万円（所得770万円）
・子ども4人／年収1,090万円（所得870万円）
・子ども5人／年収1,190万円（所得970万円）

拡充された借入上限額

　借入の上限額は、子ども一人に対して350万円ですが、2020（令和2）年の国の教育ローン制度改正により、一定の要件に該当する場合は、子ども一人につき上限450万円までの借入が可能となりました。借り受けた資金は大学や大学院、短大、高校、高等専門学校、専門学校、各種学校、予備校、デザイン学校などを対象に、入学金、授業料、受験費用などのほか、定期券代や在学のためのアパート代、パソコン購入費などにも使えます。固定金利は1.68%、最長15年の長期返済で、在学期間中は利息のみの返済も可能です。母子家庭や交通遺児家庭などについては、金利・返済期間・保証料が優遇されます。

　借入の申し込みついては、事業主体である日本政策金融公庫の窓口で相談します。郵送やインターネットでの申し込みも可能となっています。

経済に関する様々な支援

子ども1人につき450万円までの借入が可能となる要件

　1．自宅外通学
　2．修業年限5年以上の大学（昼間部）
　3．大学院
　4．海外留学（※）
　※修業年限3ヵ月以上の外国教育施設に留学する場合が対象

家庭の状況に応じた優遇制度

　●**母子／父子家庭**
　　金利年 1.28%、返済期間最長 18 年、保証料（※）通常の3分の2
　●**交通遺児家庭**
　　金利年 1.28%、返済期間最長 18 年、保証料（※）通常の3分の2
　●**扶養する子どもの人数が3人以上で世帯年収 500 万円（346 万円）以内の人、または世帯年収 200 万円（122 万円）以内の人**
　　（ ）の金額は事業所得者の場合の所得上限額
　　金利年 1.28%、返済期間最長 18 年、保証料（※）通常
　※連帯保証人による保証を利用する場合は保証料は発生しない

農林漁業者への資金貸付

日本政策金融公庫や沖縄振興開発金融公庫では、農業・林業・漁業に従事する人たちに対する、様々なタイプの資金貸付を行っています。

復旧のための農林漁業セーフティネット資金

　農林漁業セーフティネット資金は、災害により被害を受けた農林漁業経営の再建に必要な資金を融資するものです。利用できるのは、認定農業者（農業経営改善計画を作成して市町村長の認定を受けた個人・法人）、林業経営改善計画の認定を受けている人、漁業経営改善計画認定漁業者などです。これらの人が、災害（台風、冷害、干ばつ、土砂崩壊、地震、雪害等）の被害を受けたり、BSE（牛海綿状脳症）や鳥インフルエンザ等の発生に伴う家畜の殺処分や畜産物の移動制限を受けた、社会的又は経済的環境の変化による経営状況の悪化に陥っている場合などに、低金利・長期返済で資金を借り受けることができます。

　融資限度額は一般は600万円、簿記記帳を行っており、特に必要と認められる場合は特認として年間経営費等の12分の6以内。返済期間は10年以内（うち据置期間3年以内）で、金利は0.16％〜0.20％です。

新型コロナウイルス感染症対策の貸付もある

　農林漁業者などで、新型コロナウイルス感染症による経営環境の変化に対応して新たな経営展開に取り組む人を対象に貸し付けられるのが農林漁業施設資金です。使い道としては、新型コロナウイルスにより発生した（今後発生する）影響に対応するために必要な、農林水産物の生産、流通、加工、販売に必要な施設等の改良、造成、機械の取得やそれに関連する費用、果樹の新植・改植などが挙げられ、負担する額の80％（ただし、一定の要件を満たす場合は事業費の90％）を融資限度額に、10〜

20年以内（うち据置期間3～5年以内）の返済期間で貸付を受けられます。
その他、農業改良資金や林業基盤整備資金、漁業経営改善支援資金など、
業種ごとに様々な資金貸付があります。

農林漁業セーフティネット資金の対象

利用できる人	認定農業者 （農業経営改善計画を作成して市町村長の認定を受けた個人・法人） 認定新規就農者 （青年等就農計画を作成して市町村の認定を受けた個人・法人） その他 （個人）農業所得が総所得の過半を占める、または農業粗収益が200万円以上の人 （法人）農業売上高が総売上高の過半を占める、または農業売上高が1,000万円以上の法人
	林業経営改善計画の認定を受けている人 その他 （個人）林業所得が総所得の過半を占める、または林業粗収益が200万円以上の人 （法人）林業売上高が総売上高の過半を占める、または林業売上高が1,000万円以上の法人
	漁業経営改善計画認定漁業者 その他 （個人）漁業所得が総所得の過半を占める、または漁業粗収益が200万円以上の人 （法人）漁業売上高が総売上高の過半を占める、または漁業売上高が1,000万円以上の法人

出典：日本政策金融公庫

経済に関する様々な支援

未払賃金立替払制度

未払賃金立替払制度は、企業倒産により賃金が支払われないまま退職した労働者に対し、国のセーフティネットとして未払賃金の一部を立替払いする制度です。

 未払賃金立替払制度の概要

未払賃金立替払制度は、働く人とその家族の暮らしの安定を図るための、国によるセーフティネットの１つです。「賃金の支払の確保等に関する法律」に基づいて、企業の倒産に伴い賃金が支払われないまま退職した労働者に対して、未払賃金の一部を政府が事業主に代わって立替払いするものです。実施主体は独立行政法人労働者健康安全機構で、立替払いを行ったとき、機構はその立替払金に相当する額について賃金請求権を代位取得し、事業主等に求償します。

 未払賃金立替払制度の対象

制度の対象となる人は、以下の要件を満たしている人です。

1. 労働者災害補償保険（労災保険）の適用事業で１年以上事業活動を行っていた事業主（法人、個人は問わない）に雇用され、企業倒産に伴い賃金が支払われないまま退職した労働者（労働基準法第９条の労働者に限る）であった人
2. 裁判所への破産手続開始等の申立日（法律上の倒産の場合）又は労働基準監督署長に対する事実上の倒産の認定申請日（事実上の倒産の場合）の６ヵ月前の日から２年の間に当該企業を退職した人（退職後６ヵ月以内に裁判所への破産手続開始等の申立て又は労働基準監督署長への認定申請がなされなかった場合は、立替払の対象とはならない）
3. 未払賃金額等について、破産管財人等の証明（法律上の倒産の場合）又は労働基準監督署長の確認（事実上の倒産の場合）を受けた人

請求期間と対象となる未払賃金

立替払の請求ができる期間は、破産等法律上の倒産の場合は裁判所の破産手続の開始等の決定日又は命令日の翌日から起算して2年以内、事実上の倒産の場合は労働基準監督署長が倒産の認定をした日の翌日から起算して2年以内です。この期間を過ぎると、立替払いが受けられません。立替払いの対象となる未払賃金は、労働者が退職した日の6ヵ月前から、立替払い請求日の前日までに支払期日が到来している定期賃金と退職手当のうち、未払となっているものです。なお、ボーナス（賞与）は立替払いの対象とはなりません。また、未払賃金の総額が2万円未満の場合も対象とはなりません。

経済に関する様々な支援

立替払の対象となる倒産

1. 法律上の倒産

破産手続開始の決定（破産法）・特別清算手続開始の命令（会社法）・再生手続開始の決定（民事再生法）・更生手続開始の決定（会社更生法）

2. 事実上の倒産（中小企業事業主のみ）

企業が倒産して事業活動が停止し、再開する見込みがなく、かつ、賃金支払能力がない状態になったことについて労働基準監督署長の認定があった場合

ア）「事業活動停止」とは

事業場が閉鎖され、労働者全員が解雇されるなどにより、その事業本来の事業活動が停止した場合をいう。事業の廃止のために必要な清算活動を行っているに過ぎない場合は該当するが、事業規模を縮小してもその事業本来の事業活動を継続している場合は該当しない。

イ）「再開の見込みなし」とは

一般的には、事業主が事業の再開の意図を放棄し、又は清算活動に入るなどにより再開する見込みがなくなった場合をいう

ウ）「賃金支払能力なし」とは

一般的には、事業主に賃金の支払に充てられる資産がなく、かつ、資金の借入れ等を行っても賃金支払の見込みがない場合をいう。負債額が資産額を上回る、いわゆる債務超過であることのみでは該当しない

なお、中小企業事業主とは、以下のいずれかに該当する事業主をいう

	資本の額又は出資の総額	常時使用する労働者数
一般産業 （卸売業・サービス業・小売業を除く）	3億円以下の法人	300人以下
卸売業	1億円以下の法人	100人以下
サービス業	5千万円以下の法人	100人以下
小売業	5千万円以下の法人	50人以下

出典：独立行政法人労働者健康安全機構

立替払いされる額は未払賃金の額の８割

　立替払いされる額は、未払賃金の額の８割です。ただし、退職時の年齢に応じて88万円〜296万円の範囲で上限が設けられています。たとえば、退職日の年齢が32歳で、未払賃金総額が170万円（定期賃金50万円、退職手当120万円）の場合、未払賃金総額の170万円が、30歳以上45歳未満の限度額220万円を超えていないので、170万円×0.8＝136万円となります。立替払いが行われた場合は、労働者健康安全機構がその分の賃金債権を代位取得し、本来の支払責任者である使用者に求償します。

立替払の請求手続き

　立替払いの請求手続きは、法律上の倒産の場合と事実上の倒産の場合で異なります。法律上の倒産の場合、立替払請求者は、裁判所や破産管財人・清算人などの証明者に対し、立替払請求の必要事項についての証明を申請します。証明者から証明書が交付されたら、立替払請求書および退職所得の受給に関する申告書・退職所得申告書に必要事項を記入し、証明書と切り離さないで労働者健康安全機構に送付します。

　一方で事実上の倒産の場合、立替払請求者は労働基準監督署長に対して、当該事業場が事業活動を停止し、再開の見込みがなく、かつ、賃金支払能力がない状態になったことについて認定の申請を行います。労働基準監督署長から認定通知書が交付されたら、立替払請求の必要事項についての確認の申請を行います。労働基準監督署長から確認通知書が交付されたら、立替払請求書および退職所得の受給に関する申告書・退職所得申告書に必要事項を記入し、確認通知書と切り離さないで労働者健康安全機構に送付します。

退職日における年齢	未払賃金総額の限度額	立替払上限額
45 歳以上	370 万円	296 万円
30 歳以上 45 歳未満	220 万円	176 万円
30 歳未満	110 万円	88 万円

出典：独立行政法人労働者健康安全機構

立替払の請求手続

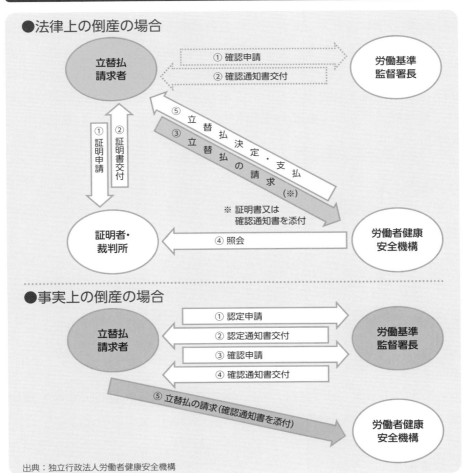

●法律上の倒産の場合

立替払請求者 ← → 労働基準監督署長
① 確認申請
② 確認通知書交付

① 証明申請 / ② 証明書交付

⑤ 立替払決定・支払
③ 立替払の請求（※）

証明者・裁判所

④ 照会

※ 証明書又は確認通知書を添付

労働者健康安全機構

●事実上の倒産の場合

立替払請求者 ← → 労働基準監督署長
① 認定申請
② 認定通知書交付
③ 確認申請
④ 確認通知書交付

⑤ 立替払の請求（確認通知書を添付）

労働者健康安全機構

出典：独立行政法人労働者健康安全機構

経済に関する様々な支援

ハロートレーニングと職業転換給付金

求職やキャリアアップのための職業訓練の機会を提供するのがハロートレーニング。訓練手当が支給される職業転換給付金と併せて活用しましょう。

ハロートレーニングとは？

　ハロートレーニング（公的職業訓練）は、雇用保険（失業保険）を受給している求職者を主な対象とする公共職業訓練と、雇用保険を受給できない求職者を主な対象とした求職者支援訓練の総称です。新たな仕事に向けてのキャリアアップや希望する就職を実現するために、必要な職業スキルや知識を習得できる公的な制度です。ここでは公共職業訓練を中心に解説します（求職者支援訓練については228ページ〜を参照）。

トレーニングを受けることのメリット

　ハロートレーニングを受講することのメリットについては、以下のような声が挙げられおり、訓練に時間がかかるとしても、受講してから就職するメリットは大いにあるといえるでしょう。

> 1. やりたい仕事はあるが経験やスキルがない
> 2. 入社後すぐに役に立つ専門的・実践的なスキルを身につけたい
> 3. 訓練受講中でもハローワークや訓練施設で就職相談を受けられる

ハロートレーニングの対象と受講料

　ハロートレーニングに関しては、働こうとする人や働く人すべてが対象となります。これから就職を目指す人であれば、失業中の人はもとより、働きたいのにそのためのキャリアが不足している人など、その状況は問われません。また障害のある人、学卒者、スキルアップをめざす在職者

向けの訓練も、豊富に用意されています。

　ハロートレーニングは公的な制度のため、受講料は基本的に無料です。ただし、一部テキスト代等は自己負担となります。また在職者や学卒者を対象としたハロートレーニングは有料です。

ハロートレーニング（離職者訓練）の実施状況

		合計		高齢・障害・求職者支援機構		都道府県	
		受講者数	就職率	受講者数	就職率	受講者数	就職率
離職者訓練		10万4,255人	-	2万5,933人	-	7万8,322人	-
	うち施設内	3万2,568人	84.2%	2万5,933人	85.5%	6,635人	80.5%
	うち委託	7万1,687人	72.3%	0	-	7万1,687人	72.3%

※1　就職率については、訓練修了3ヵ月後の就職状況
※2　受講者数は、前年度からの繰越し受講者数も含めた「当該年度在校者数」
※3　障害者訓練は除いている
※4　定例業務統計報告調べ
出典：厚生労働省

令和元年度実績

ハロートレーニングの全体像

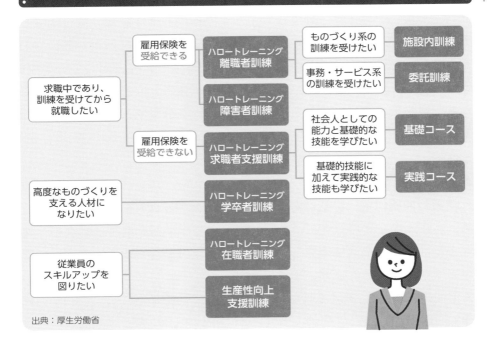

出典：厚生労働省

公共職業訓練の実施場所

　ハロートレーニングの訓練については、公共職業訓練の場合、国（独立行政法人高齢・障害・求職者雇用支援機構のポリテクセンター、ポリテクカレッジおよび障害者職業能力開発校）、都道府県（職業能力開発校および障害者職業能力開発校）、民間教育訓練機関等（都道府県からの委託）が、求職者支援訓練の場合は、民間教育訓練機関等（訓練コースごとに厚生労働大臣が認定）が実施しています。

 ## ハロートレーニングの訓練機関とその内容

　離職者向けの訓練は、基本的には2〜6ヵ月で、その他、1年間や2年間の訓練もあります。一方、在職者向けの訓練は2〜5日と短期間です。また学卒者向けの訓練は1〜2年間と長期間のものがあります。

　訓練分野（コース）は、事務系をはじめとして、IT、建設・製造、サービス、介護、デザイン、理美容に至るまで多種多様な訓練分野を網羅しています。また住宅リフォーム、OAシステム開発、Web設計、3DCAD等の時代のニーズに即したコースや女性向けコースも設定しています。さらに、第一種電気工事士、宅地建物取引主任者、介護職員初任者研修など、資格取得をめざすコースもあります。訓練受講に関する手続きは基本的にはハローワークで行います。

 ## 職業転換給付金の支給

　職業転換給付金は、就職が困難な失業者などの再就職の促進を図るため、ハローワークの紹介により広域にわたる求職活動を行う場合や、就職または公共職業訓練等を受講するために住所を移転する場合にその費用の一部が支給されます。また、ハロートレーニングの訓練を行っている期間については、訓練手当が支給されます。訓練手当には、基本手当（日額3,530円〜4,310円）、受講手当（日額500円・40日を限度）、通所手当（月

額4万2,500円まで)、寄宿手当(月額1万700円)があります。雇用保険(失業保険)を受給できる人は、訓練受講中の手当を受給することができます。

ハロートレーニングの概要

●公共職業訓練(離職者訓練)
主に雇用保険を受給している求職者を対象に、就職に必要な職業スキルや知識を習得するための訓練を無料(テキスト代等は自己負担)で実施
※在職者や高等学校卒業者などを対象とした、高度な職業スキルや知識を習得するための訓練も実施(原則、有料)

●求職者支援訓練(求職者支援制度に基づく認定職業訓練)
主に雇用保険を受給できない求職者(受給が終わった人も含む)を対象に、就職に必要な職業スキルや知識を習得するための職業訓練を無料(テキスト代等は自己負担)で実施

職業転換給付金の概要

制度の名称	職業転換給付金(求職活動支援費、移転費、訓練手当)の支給
支援の種類	給付・還付
制度の内容	●就職が困難な失業者などの再就職の促進を図るため、ハローワークの紹介により広域に渡る求職活動を行う場合や、就職または公共職業訓練等を受講するために住所を移転する場合にその費用の一部が支給されるまた、訓練を行っている期間については訓練手当が支給される 【求職活動支援費】 ハローワークを通じて広域の求職活動を行う場合に広域求職活動費(交通費実費、宿泊料)を、面接等又は公共職業訓練等を受講するために保育等サービスを利用する場合に求職活動関係役務利用費を支給 【移転費】 就職又は公共職業訓練等を受講するために住所を移転する場合に、移転費(交通費実費、移転料、着後手当)を支給 【訓練手当】 ハローワークの所長の指示により職業訓練を受講する場合に訓練手当を支給 ・基本手当 日額 3,530 円〜 4,310 円 ・受講手当 日額 500 円(40 日を限度) ・通所手当 月額 4 万 2,500 円まで ・寄宿手当 月額 1 万 700 円 ※ その他、就職が困難な失業者等を作業環境に適応させる職場適応訓練を実施した事業主に対して職場適応訓練費が支給される
活用できる人	●就職が困難な失業者及び国の施策等により離職を余儀なくされた離職者
問い合わせ先	公共職業安定所又は都道府県労働局、都道府県

出典:内閣府

弁護士費用の立替等に係る民事法律扶助制度

経済的に余裕のない人に対し、無料の法律相談、弁護士や司法書士へ支払う着手金や実費、報酬を立て替えてくれるのが民事法律扶助制度です。

法的トラブルの際に、相談や費用を立て替える制度

民事法律扶助とは、経済的に余裕のない人などが法的なトラブルにあったときに、以下のような援助を行うもので、総合法律支援法に基づき日本司法支援センター（法テラス）がその業務を行っています。

> 1. 弁護士又は司法書士による無料法律相談（法律相談援助）
> 2. 裁判所における民事・家事および行政事件に関する手続又はそれに先立つ示談交渉等における弁護士又は司法書士費用（着手金・実費等）の立替え（代理援助）
> 3. 裁判所に提出する書類の作成における司法書士又は弁護士費用（報酬・実費等）の立替え（書類作成援助）

弁護士や司法書士が無料で行う法律相談

法律相談援助は、経済的に余裕のない人が法的トラブルにあった際に、弁護士や司法書士と原則面談で無料の法律相談を受けられる制度です。相談については、多重債務や労働問題、養育費の問題など、民事、家事または行政に関する問題について相談することができます。一方で刑事事件については、相談の対象ではありません。相談は最寄りの法テラスのほか、法テラスと契約している弁護士、司法書士の事務所などでも受けられます。

相談にのってくれるのは法テラスと契約している弁護士又は司法書士で、一回の相談時間は30分間程度。1つの問題につき3回まで、無料で

相談することができます。

代理援助と書類作成援助

　交渉や調停、裁判などの手続きについて、その代理を専門家である弁護士や司法書士に依頼すると、様々な費用がかかります。そこで、経済的に余裕のない人を対象に、法テラスが利用者に代わって弁護士や司法書士にそれら費用の一部を支払い、利用者から分割で法テラスに費用を返済する立替え制度が、**代理援助と書類作成援助**です。

　代理援助としては、裁判所における民事・家事及び行政事件に関する手続き又はそれに先立つ示談交渉等における弁護士又は司法書士費用（着手金・実費等）の立て替えをします。書類作成援助では、裁判所に提出する書類の作成における司法書士又は弁護士費用（報酬・実費等）の立て替えを行います。

経済に関する様々な支援

代理援助・書類作成援助における着手金・実費・報酬とは

着手金	弁護士・司法書士に依頼する場合に必要な、事件処理のために必要な費用。援助を決定した後すぐに発生する
実費	裁判所に納付する印紙代、鑑定費用、記録謄写料、通訳費用、受任者が事件の処理のために遠隔地に行く際の交通費など
報酬	事件の結果に応じて、弁護士や司法書士に支払うもの。着手金や実費とは別に、事件終了後に負担する費用

代理援助・書類作成援助による立替え制度の仕組み

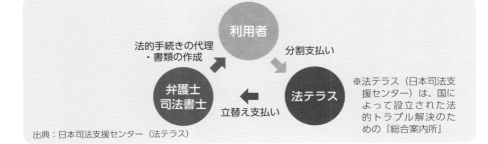

出典：日本司法支援センター（法テラス）

民事法律扶助の利用条件

　民事法律扶助の利用については、以下の３つの条件が法テラスによって定められています。

> 1. 収入等が一定額以下であること
>   収入基準と資産基準を満たしていること
> 2. 勝訴の見込みがないとはいえないこと
>   和解、調停、示談等により紛争解決の見込みがあるもの、自己破産の免責見込みのあるものは、これに含む
> 3. 民事法律扶助の趣旨に適すること
>   報復的感情を満たすだけや宣伝のためといった場合、または権利濫用的な訴訟の場合などは援助できない

　その上で、無料法律相談を受けることができるのは、１と３の条件を満たす人です。弁護士・司法書士費用等の立替制度を利用するには、１～３まですべての条件を満たさなければなりません。また、いずれについても、日本国内に住所を有しない、あるいは適法な在留資格のない外国人、法人・組合等の団体は対象に含まれません。

 立て替えできない費用もある

　民事法律扶助として、立て替えできない費用もあるので注意が必要です。たとえば、鑑定料などの実費について、限度額の範囲内であれば立て替えが可能ですが、その範囲を超える金額については原則、自己負担となります。また、生活保護を受給している人以外では、自己破産事件の予納金は立て替え対象になりません。さらに民事再生事件の予納金については、生活保護受給の有無にかかわらず、立て替え対象になりません。

民事法律扶助に関する収入基準

- 申込者および配偶者（以下、「申込者等」）の手取り月収額（賞与を含む）が下表の基準を満たしていることが要件
- 離婚事件などで配偶者が相手方のときは収入を合算しない
- 申込者等と同居している家族の収入は、家計の貢献の範囲で申込者の収入に合算する

人数	手取月収額の基準 ※1	家賃又は住宅ローンを負担している場合に加算できる限度額 ※2
1人	18万2,000円以下 （20万200円以下）	4万1,000円以下 （5万3,000円以下）
2人	25万1,000円以下 （27万6,100円以下）	5万3,000円以下 （6万8,000円以下）
3人	27万2,000円以下 （29万9,200円以下）	6万6,000円以下 （8万5,000円以下）
4人	29万9,000円以下 （32万8,900円以下）	7万1,000円以下 （9万2,000円以下）

※1：東京、大阪など生活保護一級地の場合、（ ）内の基準を適用。以下、同居家族が1名増加する毎に基準額に3万円（3万3,000円）を加算
※2：申込者等が、家賃又は住宅ローンを負担している場合、基準表の額を限度に、負担額を基準に加算できる。居住地が東京都特別区の場合、（ ）内の基準を適用

出典：日本司法支援センター（法テラス）

経済に関する様々な支援

民事法律扶助に関する資産基準

- 申込者および配偶者（以下、「申込者等」）が、不動産（自宅や係争物件を除く）、有価証券などの資産を有する場合は、その時価と現金、預貯金との合計額が下表の基準を満たしていることが要件（※無料法律相談の場合は、申込者等の有する「現金、預貯金の合計額」のみで判断）
- 離婚事件などで配偶者が相手方のときは資産を合算しない

人数	資産合計額の基準 ※1
1人	180万円以下
2人	250万円以下
3人	270万円以下
4人以上	300万円以下

※1：将来負担すべき医療費、教育費などの出費がある場合は相当額が控除される（無料法律相談の場合は、3ヵ月以内に出費予定があることが条件）

出典：日本司法支援センター（法テラス）

地域型住宅グリーン化事業と
リフォーム税制

環境に優しい住宅の新築・購入・改修に対する補助金や、様々なタイプの住宅リフォームに関する所得税控除や固定資産税の減税制度があります。

環境に優しい木造住宅の建築・購入・補修への補助金

　地域型住宅グリーン化事業とは、地域における木造住宅の関連事業者がグループとなり、耐久性や省エネルギー性能などに優れた木造住宅や木造建築物の整備、木造住宅の省エネ改修を促進し、これと併せて行う三世代同居への対応等に対して支援する事業です。この事業の対象となる住宅を、地域の工務店で建築した際には、国から補助金の支給を受けることができます。

地域型住宅グリーン化事業の対象

　地域型住宅グリーン化事業の対象には、住宅と住宅以外の建造物がありますが、ここでは住宅について解説します。補助が受けられるのは、長期優良住宅や低炭素住宅などの省エネ性の高い住宅を新築・購入する人、定められた省エネ住宅に戸建住宅を改修する人です。事業の対象となる住宅や建築物は次のようになります。

1. 長寿命型（長期優良住宅／木造、新築）
2. ゼロ・エネルギー住宅型（ゼロ・エネルギー住宅／木造、新築又は改修）
3. 高度省エネ型（認定低炭素住宅又は性能向上計画認定住宅／木造、新築）
4. 省エネ改修型（省エネ基準を満たす住宅／木造、改修）
5. 優良建築物型（認定低炭素建築物等一定の良質な建築物《非住宅》／木造、新築）

補助金額にはついては、長寿命型や高度省エネ型は最大で110万円＋加算、ゼロ・エネルギー住宅型は上限140万円＋加算、省エネ改修型は上限50万円などとなっています。

対象となる住宅のタイプ別補助額上限（令和2年度）

長期優良住宅	110万円
高度省エネ型（認定低炭素住宅、性能向上計画認定住宅）	110万円
ゼロ・エネルギー住宅	140万円
省エネ改修型	50万円
木造建築物型（非住宅）（建築面積1㎡当たり1万円）	1,000万円

※長期優良住宅、高度省エネ型（認定低炭素住宅、性能向上計画認定住宅）、ゼロ・エネルギー住宅には、地域材加算または三世代加算を併用できる場合があり、それぞれの上限は20万円と30万円
※実際に受け取れる補助額は、対応するグループや施工事業者によって変動する

長期優良住宅とは？

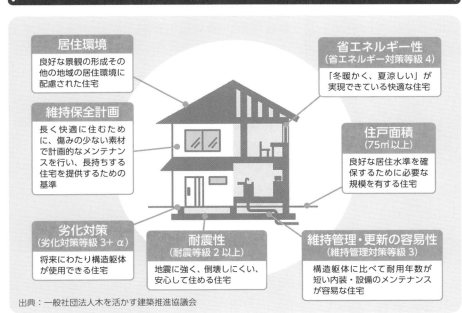

居住環境
良好な景観の形成その他の地域の居住環境に配慮された住宅

省エネルギー性（省エネルギー対策等級4）
「冬暖かく、夏涼しい」が実現できている快適な住宅

維持保全計画
長く快適に住むために、傷みの少ない素材で計画的なメンテナンスを行い、長持ちする住宅を提供するための基準

住戸面積（75㎡以上）
良好な居住水準を確保するために必要な規模を有する住宅

劣化対策（劣化対策等級3＋α）
将来にわたり構造躯体が使用できる住宅

耐震性（耐震等級2以上）
地震に強く、倒壊しにくい、安心して住める住宅

維持管理・更新の容易性（維持管理対策等級3）
構造躯体に比べて耐用年数が短い内装・設備のメンテナンスが容易な住宅

出典：一般社団法人木を活かす建築推進協議会

国の採択を受けた事業者グループが供給する

　地域型住宅グリーン化事業の補助を受けるには、新築・購入あるいは改修する住宅について、あらかじめ国の採択を受けた事業者グループが供給するものである必要があります。単に長期優良住宅や高度省エネ型の住宅を建築・購入するだけでは補助の対象にはなりませんので、注意が必要です。国の採択を受けた事業者グループについては、地域型住宅グリーン化事業評価事務局により、地域別に公開されています。

 ## 住宅リフォームに関する所得税の控除や固定資産税の減税

　住宅のリフォームに関しては所得税の控除や固定資産税の減額などについて、様々な支援制度を用意しています。
　たとえば、住宅の耐震に関するリフォームについて、耐震基準に適合する改修工事を行って一定の要件を満たす場合、所得税の控除や固定資産税の減額措置が受けられます。あるいは、下記のようなバリアフリーに関するリフォームを行った場合も、同様に所得税の控除や固定資産税の減額措置が受けられます。

減税等の対象となるバリアフリーリフォーム

1. 通路等の拡幅
2. 階段の勾配の緩和
3. 浴室改良
4. 便所改良
5. 手すりの取付け
6. 段差の解消
7. 出入口の戸の改良
8. 滑りにくい床材料への取替え

　これらのほかにも、住宅の省エネ性能を上げるためのリフォーム、親、子、孫の世代間での助け合いがしやすい住宅環境を整備する三世代同居のためのリフォーム、住宅の耐久性を向上させるリフォームを行い長期優良住宅（増改築）認定を取得した場合などについても、控除や減税など支援の対象となっています。

リフォーム税制利用の際の注意点

これらの税制度を利用するには、定められた期間内に工事証明書をはじめとした必要書類を税務署や市区町村等に申告する必要があります。リフォームを行う際には、事前にどのような減税制度が利用できるかをリフォーム業者に確認しておきましょう。また、税の種類によって税務署や市区町村といったように申告先や提出書類が異なりますので、これらの点についても確認が必要です。

バリアフリーリフォームの減税制度

- **所得税**（投資型減税）　**最大控除額** 20万円
- **所得税**（ローン型減税）　**最大控除額** 62.5万円（12.5万円／年 × 5年間）
- **固定資産税の減額**　**減額** 1/3を軽減

改修工事の種類	❶通路等の拡幅　❷階段の勾配の緩和　❸浴室改良　❹便所改良　❺手すりの取付け　❻段差の解消　❼出入口の戸の改良　❽滑りにくい床材料への取替え

◆ 対象となる工事

工事の内容	所得税の控除 投資型減税	所得税の控除 ローン型減税	固定資産税の減額
上記の❶〜❽のいずれかに該当するバリアフリー改修工事であること	○	○	○
バリアフリー改修の標準的な工事費用相当額から補助金等を控除した額が50万円超であること	○		
対象となるバリアフリー改修工事費用から補助金等を控除した額が50万円超であること		○	○
居住部分の工事費が改修工事全体の費用の1/2以上であること（併用住宅の場合）	○	○	

◆ 住宅等の要件

要件	所得税の控除 投資型減税	所得税の控除 ローン型減税	固定資産税の減額
次の❶〜❹のいずれかが自ら所有し、居住する住宅であること　❶50歳以上の人　❷要介護または要支援の認定を受けている人　❸障がい者　❹65歳以上の親族または❷もしくは❸に該当する親族のいずれかと同居している人	○	○	
次の❶〜❸のいずれかが、居住する住宅であること　❶65歳以上の人　❷要介護または要支援の認定を受けている人　❸障がい者			○
床面積の1/2以上が居住用であること（併用住宅の場合）	○	○	
改修工事完了後6ヵ月以内に入居すること	○	○	
改修工事後の床面積が50㎡以上であること	○	○	○※
新築された日から10年以上を経過した住宅であること（賃貸住宅を除く）			○

※ 改修後の床面積が50㎡以上280㎡以下であること

出典：一般社団法人住宅リフォーム推進協議会

小規模事業者経営改善資金融資と生活衛生貸付

商工会議所等で経営指導を受けた人を対象にしたマル経融資や、生活衛生関係の事業を営んでいる人を対象した生活衛生貸付など、国の融資制度があります。

 マル経融資とその対象者

小規模事業者経営改善資金融資制度（マル経融資）とは、商工会議所や商工会、都道府県商工会連合会などで、原則6ヵ月以上の経営指導を受けた人に対し、無担保・無保証人で、日本政策金融公庫・沖縄振興開発金融公庫が融資を行う国の制度です。利用できるのは、以下のような人です。

---

1. 常時使用する従業員が20人（宿泊業および娯楽業を除く商業またはサービス業に属する事業を主たる事業として営む人については5人）以下の法人・個人事業主
2. 最近1年以上、商工会議所地区内で事業を行っている人（商工会地区の人は商工会地区内）
3. 商工会議所等の経営・金融に関する指導を原則6ヵ月以上受けており、事業改善に取り組んでいる人（商工会地区の方は商工会の経営指導）
4. 税金（所得税、法人税、事業税、都道府県民税等）を完納している人
5. 日本政策金融公庫の非対象業種等に属していない業種の事業を営んでいる人

 マル経融資の使い道と条件

マル経融資で得た資金については、仕入資金や手形決済資金、給与・ボーナスの支払いなどの運転資金、あるいは工場・店舗の改装資金、車

両購入、機械設備の購入などの設備資金に使うことができます。貸付限度額は2,000万円で、返済期間は運転資金については7年以内（据置期間1年以内）、設備資金は10年以内（据置期間2年以内）となります（この融資限度額と返済期間の取り扱いは、2021（令和3）年3月31日の日本政策金融公庫受付分まで）。担保や保証人は不要で、保証協会の保証も不要ですが、利用に当たっては商工会議所会頭、商工会会長等の推薦が必要です。その上で、利率は1.21％（特別利率F／2021年1月現在）と低金利での借入が可能です。

小規模事業者経営改善資金融資の概要

資金の使い道	運転資金	設備資金
融資限度額	2,000万円	
返済期間（うち据置期間）	7年以内（1年以内）	10年以内（2年以内）
利率（年）	特別利率F	
保証人・担保	●保証人、担保は不要　●利用する場合は商工会議所会頭、商工会会長等の推薦が必要	

出典：日本政策金融公庫

小規模事業者経営改善資金の申請に必要な書類（東京商工会議所の例）

法人	●前期・前々期の決算書及び確定申告書 ●決算後6ヵ月以上経過の場合は最近の残高試算表 ●法人税・事業税・法人住民税の領収書又は納税証明書 ●商業登記簿謄本（履歴事項全部証明書） ●見積書・カタログ等（設備資金の申込みの場合）
個人事業主	●前年・前々年の決算書（または収支内訳書）及び確定申告書 ●所得税・事業税・住民税の領収書又は納税証明書 ●見積書・カタログ等（設備資金の申込みの場合）

※法人・個人事業主ともに、不動産がある人で新規の申込みの場合などは、現在の権利関係が記載されている不動産謄本（全部事項証明書）の提出も必要
※法人・個人事業主ともに、上記の他にも、必要に応じ追加書類の提出が求められる場合がある

出典：東京商工会議所

災害に対応した特例の融資

　マル経融資には、ここまで解説した通常の融資のほか、災害型の融資が用意されています。たとえば、新型コロナウイルス感染症の影響により、最近1ヵ月の売上高が前年または前々年の同期と比較して5％以上減少している人で、商工会議所の実施する経営指導を受けており、商工会議所会頭等の推薦がある場合には、通常の融資額 ＋ 別枠1,000万円、返済期間についても別枠の1,000万円について据置期間を延長した特例の融資を行っています。同様に、令和元年台風第19号により被害を受けた人や、平成28年熊本地震により被害を受けた人なども、特例の融資対象となっています。

飲食業などを対象にした生活衛生貸付

　生活衛生貸付は、一定範囲内の事業規模で生活衛生関係の事業を営んでいる人を対象に、低金利・長期返済で事業資金を貸し付けるものです。マル経融資同様に、無担保・無保証人で日本政策金融公庫・沖縄振興開発金融公庫が融資を行う国の制度です。

　生活衛生貸付には、一般貸付をはじめ、振興事業貸付、生活衛生改善貸付、生活衛生特別貸付などの制度があります。たとえば一般貸付は、生活衛生関係の事業を営む人等について設備資金を融資します。また、生活衛生改善貸付は、生活衛生同業組合などの経営指導を受けている生活衛生関係の事業を営む小規模事業者が、経営改善に必要な資金を無担保・無保証人で利用できる制度となります。

生活衛生改善貸付の例

　生活衛生貸付の利用については、それぞれの制度により、融資限度額や金利、申し込みの手続きなどが異なります。たとえば生活衛生改善貸付については、融資限度額は2,000万円、返済期間（うち措置期間）は、

運転資金の場合は7年以内（1年以内）、設備資金は10年以内（2年以内）で、利率（年）1.21％（特別利率F／2021年1月現在）、担保・保証人は必要ありません。

生活衛生貸付の対象となる業種

業種	業種例	許可、届出の区分
飲食店営業	そば・うどん店、中華料理店、社交業（スナック、バーなど）など	飲食店営業許可
喫茶店営業	喫茶店、フルーツパーラー　など	喫茶店営業許可
食肉販売業	精肉店、冷凍肉販売業、主として鳥肉を小売する営業　など	食肉販売営業許可
氷雪販売業	主として氷を小売りする営業　など	氷雪販売営業許可
理容業	理髪店、理容院　など	理容業の届出
美容業	美容室、ビューティーサロン　など	美容業の届出
興行場営業 ※1	映画館、劇場、寄席　など	興行場営業許可
旅館業 ※2	旅館、観光ホテル、民宿、ペンションなど	旅館業営業許可
公衆浴場業 ※3	銭湯、温泉浴場、スーパー銭湯　など	浴場営業許可
クリーニング業 ※4	洗濯業、クリーニング業、貸しタオル業　など	クリーニング所の届出
理容師養成施設・美容師養成施設	理容学校、美容学校	厚生労働大臣の指定

※1　映画、演劇または演芸にかかるものに限る
※2　旅館業法に基づく営業許可を受けた簡易宿所を含む。ただし、住宅宿泊事業法に基づく住宅宿泊事業（民泊）及び国家戦略特区外国人滞在施設営業事業（特区民泊）については、生活衛生貸付の対象外
※3　その他公衆浴場業の人は、生活衛生関係営業東日本大震災復興特別貸付（震災直接被害関連に限る）、生活衛生関係営業平成28年熊本地震特別貸付（直接被害者に限る）、平成30年7月豪雨特別貸付（直接被害者に限る）、令和元年台風第19号特別貸付（直接被害者に限る）及び生活衛生改善貸付（運転資金に限る）に限る
※4　クリーニング取次業に業態転換した人のうち、一定の要件に該当する人に限る

出典：日本政策金融公庫

新型コロナウイルス感染症と社会保障

求められる財源確保と制度改革

　従来、災害というと、暴風や豪雨、豪雪、洪水、高潮、地震や津波、噴火といったものが考えられてきました。しかし、2019年から世界的な広がりをみせた新型コロナウイルス感染症の爆発的な感染拡大は、**感染症も社会に甚大な被害を与える災害であること**を、改めて示しました。

　国は新型コロナウイルス感染症に対する特例的な対策として、まず基準日（令和2年4月27日）において住民基本台帳に記録されているすべての人を対象に、1人につき10万円の現金を給付する**特別定額給付金の給付**を実施。さらに、感染症拡大による営業自粛等によって、特に大きな影響を受ける事業者に対し、事業の継続を支え、再起の糧としてもらうために、事業全般に広く使える給付金である**持続化給付金の給付**を実施しました。また、中堅企業からフリーランスを含む個人事業者までを対象にした**家賃支援給付金**も、コロナ対策としての特例的な支援策の1つでした。

　これらに加え、従来からある社会保障の仕組みをコロナ対策にも適用させたものとして、**生活福祉資金貸付制度の特例貸付（総合支援資金・緊急小口資金）**や**住宅確保給付金の支給対象の拡大、雇用調整助成金のコロナ特例**などが行われてきました。

　一方で、感染症というこれまで予期してこなかった新たな災害に対する特例的な補償や対策は、ただでさえひっ迫している国の財源に更なる負荷を与えることとなりました。このため一部では、災害対策の財源確保のため、新たな増税が必要ではないかという指摘もされています。

　国民皆保険制度をはじめとした、我が国における持続可能な社会保障を維持していくためにも、感染症という災害に対する法整備や財源の確保、保健や医療、介護なども含めた、新たな仕組みづくりが求められます。

第 **7** 章

日本の
社会保障制度の
課題

急激に進む少子高齢化と、それに伴う財源のひっ迫、
気候変動や大規模災害による被害など、日本の社会保
障制度を巡る様々な課題について解決します。

2025問題から2040問題へ

日本の社会保障に大きな影響を与える2025年問題と、その先にある2040年問題。
人類が経験したことのない、未曾有の高齢化への対処が求められています。

急速に進展する少子高齢化

　現在の日本は世界で類を見ない、少子高齢化の時代を迎えています。2019（令和元）年10月現在で、日本の総人口は1億2,616万7,000人で、前年に比べると27万6,000人の減少となり、9年連続で減少しています。中でも15歳未満の人口は1,521万人で前年に比べ20万4,000人の減少、15〜64歳の生産人口は7,507万2,000人で前年に比べ37万9,000人の減少となり、いずれも過去最低となっています。

　一方で、65歳以上の人口は3,588万5,000人で、前年に比べ30万7,000人の増加となり、全人口に対する割合は28.4％と過去最高となっています。また75歳以上の人口は1,849万人で、前年に比べ51万5,000人の増加となっており、その割合は総人口に対して14.7％と、こちらも過去最高となっています。

すべての団塊の世代が後期高齢者となる 2025 年問題

　こうした中、2025年には、1947（昭和22）年から1949（昭和24）年までの第一次ベビーブームで生まれたいわゆる団塊の世代がすべて、75歳以上の後期高齢者となります。団塊の世代の数はおよそ800万人といわれ、第二次大戦後の、日本の生産人口構成における中心をなしてきました。2025年にこの団塊の世代がすべて後期高齢者となり、さらに団塊の世代よりも上の世代の後期高齢者と併せると、その数は2,000万人を超えると推測されます。

　75歳以上の後期高齢者は、それよりも若い世代に比べると、医療や介

護に対する依存度が高くなります。また、65歳以上の認知症高齢者数と有病率の将来推計についてみると、2012（平成24）年の認知症高齢者数は462万人で、65歳以上の高齢者の約7人に1人（有病率15.0％）でした。しかし2025（令和7）年には、約5人に1人が認知症になるとの推計もあります。

　こうした後期高齢者数の増大は、医療や介護、福祉など、社会保障に関する様々な領域に大きな影響を与えることが予測され、2025年問題といわれています。

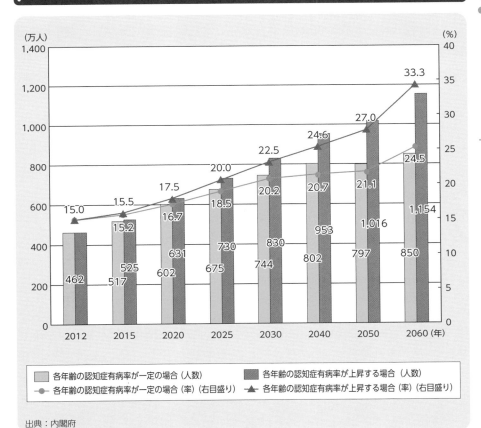

65歳以上の認知症患者の推定者と推定有病率

出典：内閣府

高齢者人口がピークを迎える 2040 年問題

　さらに2025年以降も日本社会の少子高齢化は進み、65歳以上の高齢者人口は増加傾向が続きます。こうして2042（令和24）年には65歳以上人口が3,935万人でピークを迎え、その後は減少に転じると推計されています。

　総人口が減少する一方で、65歳以上の人が増加することにより高齢化率は上昇を続け、2036（令和18）年には33.3％と、日本人の３人に１人が高齢者となります。しかも、2042（令和24）年に高齢者人口がピークを迎え、それ以降、65歳以上人口が減少に転じても、日本の総人口における高齢化率は上昇を続けます。2065（令和47）年には38.4％に達し、日本人の約2.6人に１人が65歳以上となる、世界の歴史でも稀な、**超・超高齢社会**が到来すると予測されているのです。この段階で総人口に占める75歳以上人口の割合は25.5％となり、日本人のおよそ3.9人に１人が75歳以上の後期高齢者になると推計されています。

　このような、2040年のピークアウト以降も続く高齢化率の上昇と、それに伴う社会保障に関する課題の数々については、現在、2025年問題のさらに先にある、**2040年問題**として医療や介護、社会福祉関係者から課題を指摘されています。

 ## 今求められる 2040 年問題への対応

　国は、団塊の世代が後期高齢者となる2025年問題に対して、2006（平成18）年に「今後の高齢化の進展 ～ 2025年の超高齢社会像～」というレポートを発表。その後、住み慣れた地域で高齢者が最後まで暮らし続けるために介護や医療の提供体制を整える**地域包括ケアシステム**の確立をはじめ、それぞれの地域で最適な医療を提供するための地域医療構想などの整備を進めてきました。これにより2025年問題に対して、少なくとも医療や介護については、なんとか対処できる体制が整えられつつあります。一方で今後は、その先にある2040年問題に対して、財源の問題

も含めた、より適切な社会保障制度の構築と各種サービスの提供体制の確立が求められています。

地域包括ケアシステムのイメージ

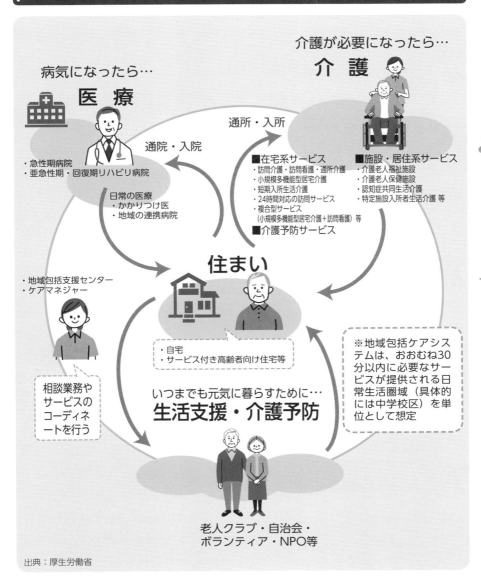

病気になったら…
医療
・急性期病院
・亜急性期・回復期リハビリ病院

日常の医療
・かかりつけ医
・地域の連携病院

通院・入院

介護が必要になったら…
介護

通所・入所

■在宅系サービス
・訪問介護・訪問看護・通所介護
・小規模多機能型居宅介護
・短期入所生活介護
・24時間対応の訪問サービス
・複合型サービス
(小規模多機能型居宅介護＋訪問看護) 等
■介護予防サービス

■施設・居住系サービス
・介護老人福祉施設
・介護老人保健施設
・認知症共同生活介護
・特定施設入所者生活介護 等

住まい
・自宅
・サービス付き高齢者向け住宅等

・地域包括支援センター
・ケアマネジャー

相談業務やサービスのコーディネートを行う

いつまでも元気に暮らすために…
生活支援・介護予防

※地域包括ケアシステムは、おおむね30分以内に必要なサービスが提供される日常生活圏域（具体的には中学校区）を単位として想定

老人クラブ・自治会・ボランティア・NPO等

出典：厚生労働省

高齢化・少子化・人口減少

社会保障を脅かす人口減少

2008年をピークに日本社会は人口減少を迎えており、それによる生産年齢人口の減少は、社会保障の担い手不足や社会保障財源にも大きな影響を与えます。

 急激に減少を続ける日本の総人口

　日本の人口は、1899（明治32）年に人口の統計を取り始めて以来、2005（平成17）年に初めて死亡数が出生数を上回り、2008（平成20）年をピークに総人口が減少に転じました。そして今後も人口は、急激に減っていくことが見込まれています。具体的には、2029（令和11）年に人口１億2,000万人を下回った後もさらに減少を続け、2053（令和35）年には１億人を割って9,924万人となり、さらに2065（令和47）年には8,808万人になると推計されています。

 出生数の減少が続き生産年齢人口も減る

　出生数についても今後さらに減少が続き、2065（令和47）年には56万人になると推計されています。これにより、０～14歳までの年少人口は2065年には現在の半分程度である約898万人になると推計されています。こうした出生数の減少は、国の経済を支える15～64歳までの生産年齢人口にも影響を及ぼし、2019（令和元）年に7,500万人を超えていた日本の生産年齢人口は、2029（令和11）年には7,000万人を割り、2065（令和47）年には4,529万人となるといわれています。

 人口減少が社会保障制度に与える影響

　持続的な人口の減少は、日本では2008（平成20）年から始まったもので、これまでに経験したことのない出来事です。そのため、具体的な影響については識者や研究者等により、様々な指摘がなされています。

中でも、社会保障に対する影響については、人口減少により社会保障の担い手が減少することで、**社会保障制度の維持**やそれを支える**財政の健全化**に対し、影響が及ぶことが考えられます。実際、すでに人口減少が進む中で、高齢化に伴い医療や介護、年金などに関わる社会保障の支出はこれまでも延び続けており、今後も増大が見込まれています。社会保障給付費の財源は保険料と税により賄(まかな)われていますが、このまま人口減少が急速かつ大幅に進み、少子高齢化がさらに進んでいくと、現役世代（生産年齢人口）の全世代に占める割合がますます減少していきます。

　すると、高齢者により増え続ける社会保障給付費を賄えるだけの保険料収入や税収を確保することが困難になってくるでしょう。こうした現役世代の負担の増大や、それに対する政策としての借金（国債の発行）による将来世代への負担のさらなる先送りは、将来に向けての大きな課題となっています。

高齢化・少子化・人口減少

日本の人口推移

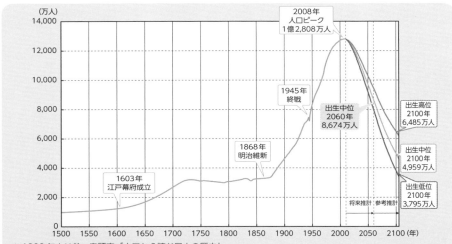

（万人）
- 2008年 人口ピーク 1億2,808万人
- 1945年 終戦
- 出生中位 2060年 8,674万人
- 出生高位 2100年 6,485万人
- 出生中位 2100年 4,959万人
- 出生低位 2100年 3,795万人
- 1868年 明治維新
- 1603年 江戸幕府成立
- 将来推計　参考推計

（年）1500　1550　1600　1650　1700　1750　1800　1850　1900　1950　2000　2050　2100

※ 1920年より前：鬼頭宏「人口から読む日本の歴史」
　1920 〜 2010年：総務省統計局「国勢調査」、「人口推計」
　2011年以降：国立社会保障・人口問題研究所「日本の将来推計人口（平成24年1月推計）」出生3仮定・死亡中位仮定
　一定の地域を含まないことがある
出典：厚生労働省

増大を続ける社会保障給付費

生産年齢人口が減少し、高齢者の人口が増える中、医療や介護、年金などの社会保障給付費は年々増加を続け、毎年、過去最高を更新しています。

過去最高を更新した社会保障給付費

　国立社会保障・人口問題研究所「平成30年度社会保障費用統計」によれば、2018（平成30）年度の社会保障給付費（年金・医療・福祉その他を合わせた額）の総額は121兆5,408億円で、対前年度増加額は１兆3,391億円、伸び率は1.1％で、過去最高となりました。これを国民一人当たりに換算すると、一人96万1,000円となります。

　社会保障給付費を医療、年金、福祉その他といった部門別でみると、トップは年金で55兆2,581億円で、総額に占める割合は45.5％でした。次いで医療が39兆7,445億円で総額に占める割合は32.8％、福祉その他は26兆5,382億円で同21.6％となっています。また、福祉その他のうち介護対策は10兆3,872億円で同8.5％です。

介護対策が増大している

　社会保障給付費について、部門別の対前年度伸び率をみると、年金は0.8％、医療が0.8％。福祉その他は2.3％で、福祉その他のうち介護対策は2.8％でした。また、社会保障給付費に対応する、社会保険料や公費による負担などの社会保障財源は、総額132兆5,963億円で、前年度に比べ８兆6,788億円減となっています。

高齢になるほど増大する医療費

　年々増大する日本の社会保障給付費の要因には、**急激な高齢化の進行**があります。医療費を見ると、一人当たりの医療費は高齢になるほど増

加し、後期高齢者の一人当たり医療費は約94万円（平成30年度）で、医療制度総計や国民健康保険の約3倍、被用者保険の約6倍で推移しています。このため、日本における高齢者人口がピークを迎える2042（令和24）年頃まで、医療費や介護対策費の増大は避けることができないと考えられているのです。

年齢階級別の一人当たり医療費

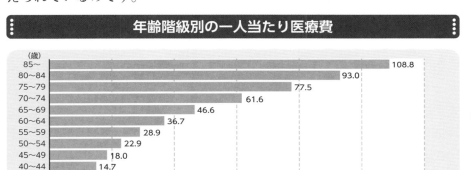

一人当たり医療費は、高齢になるにつれて増加する

出典：厚生労働省

医療保険制度別一人当たり医療費

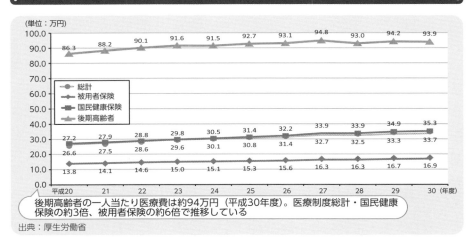

後期高齢者の一人当たり医療費は約94万円（平成30年度）。医療制度総計・国民健康保険の約3倍、被用者保険の約6倍で推移している

出典：厚生労働省

都市部への人口集中と地方消滅

全国的な少子高齢化と人口減少により、地方では近い将来、消滅する可能性のある市町村がある一方で、東京都では2025年まで人口増加が続きます。

 ## 話題になった「地方消滅」

　日本全体で少子高齢化が進む中で、地方では中心市街地のいわゆるシャッター街化が進み、人口減少や高齢化、経済の衰退が目に見えて進んでいる地域も少なくありません。2014年5月、日本創成会議・人口減少問題検討分科会が、「消滅可能性都市896のリスト」を発表。2040年までに20〜39歳までの若年女性の人口が50％以上減少し、消滅する可能性のある市区町村は全国に896、中でも人口が1万人未満で消滅の可能性が高い市町村は532にのぼると公表し、大きな話題となりました。

 ## 地方において、より人口減少が加速

　将来の都道府県における人口の動向について、平成27年度の厚生労働白書では、国立社会保障・人口問題研究所のデータに基づき、総人口が減少する都道府県は今後も増加を続け、2010（平成22）年から2015（平成27）年にかけては41道府県、2015年から2020（令和2）年にかけては沖縄県を除く46都道府県、2020年から2025（令和7）年にかけては沖縄県も減少に転じ、すべての都道府県で総人口が減少するとの推計を示しました。さらに2035（令和17）年から2040（令和22）年になると、22道県がマイナス5％を下回る見込みで、地方において、より人口減少が加速していくと見込まれています。

 ## 東京都の人口増加のピークは2025年

　こうした地方における急速な人口減少は、同時に急激な地域の少子高

齢化と相まって、様々な問題を生み出します。たとえば限界集落と呼ばれるような地域の頻出、働き手の不足による公共インフラの破綻、地域で暮らす高齢者の暮らしを支える医療や介護など社会資源の不足などです。

　一方で大都市の代表である東京都では、地方からの人口流入により、2025（令和7）年頃までは人口の増加が続き、それ以降は死亡数が出生数を上回る自然減の影響が強まると指摘されています。これにより2025年以降は、大都市部でも地方と同様に、人口減少と少子高齢化による医療や介護といった社会資源の不足が顕在化すると考えられています。

全国と東京都の人口の推移

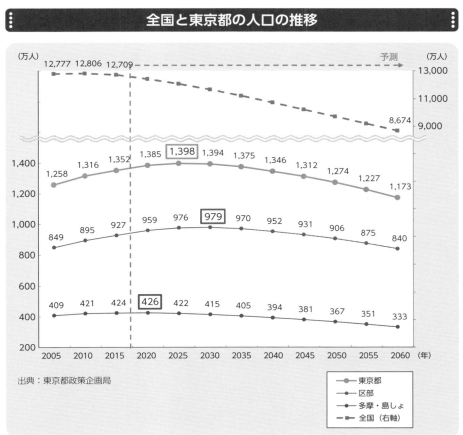

出典：東京都政策企画局

凡例：
東京都
区部
多摩・島しょ
全国（右軸）

高齢者の生活を脅かす
無年金・低年金

65歳以上になっても公的年金を受け取れない無年金者や、老齢基礎年金のみで資産や貯蓄のない高齢者は、生活困窮に陥るリスクが非常に高くなります。

 ## 50万人以上の無年金者

　2018（平成30）年に厚生労働省年金局が発表した「平成28年公的年金加入状況等調査・結果の概要」によれば、65歳以上の公的年金非加入者のうち、すでに公的年金を受け取っている人を除いた「その他の非加入者」は96万人でした。その数字を基に、年金受給資格はあるが受給時期の繰り下げを行っている人を除くと、その数は50万人を超えます。つまり、2016（平成28）年度時点で、国民年金（老齢基礎年金）を受給できない無年金者が50万人以上いたことになります。

 ## 138万人の公的年金未納者

　急激に進む社会の高齢化の中で、喫緊の課題となっている無年金対策の1つとして、2017（平成29）年8月1日から、年金受給資格期間が25年から10年へ短縮されました。これにより、無年金者の数は以前に比べると減少したと思われます。しかし、2018年度末の公的年金加入者数6,745万人のうち未納者数が138万人ということを考えると、今後もさらに少子高齢化が進む中、数多くの人が無年金の状態に陥ることが推測されます。

　さらに、無年金の問題は老齢基礎年金が受給できないために生活に困窮することだけではなく、ケガや病気、障害を負っても障害給付が受けられない、遺族給付が受けられないなど、その人の生活上の大きなリスクへとつながるのです。

低年金による生活困窮という課題

　無年金者とともに見逃せないのが、低年金という問題です。現在、老齢基礎年金の年金額は、満額で月額6万5,141円、厚生年金（夫婦2人分の老齢基礎年金を含む標準的な年金額）は22万724円（いずれも令和2年度）となっています。

　しかし、元自営業者等で資産や貯蓄がなく、老齢基礎年金のみを受給する単身者の場合、老齢基礎年金を満額で受給していても、この金額（月額6万5,141円）だけでは自立した生活を送ることができません。このため借金をするなどして、生活困窮に至るケースが少なくありません。近年、世界的にも注目されている所得保障であるベーシックインカムも含めて、こうした低年金の人々の暮らしをどう支えていくのかが、今後の社会保障における大きな課題となっています。

高齢化・少子化・人口減少

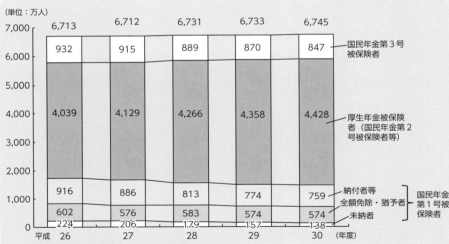

公的年金加入者数の推移

（単位：万人）

	平成26	27	28	29	30（年度）	
合計	6,713	6,712	6,731	6,733	6,745	
国民年金第3号被保険者	932	915	889	870	847	
厚生年金被保険者（国民年金第2号被保険者等）	4,039	4,129	4,266	4,358	4,428	
納付者等	916	886	813	774	759	国民年金第1号被保険者
全額免除・猶予者	602	576	583	574	574	
未納者	224	206	179	157	138	

注1　未納者とは、24ヵ月の保険料が未納となっている人
注2　納付者等の人数は国民年金第1号被保険者数から未納者数、全額免除・猶予者数を差し引いて算出したもの
注3　上記の数値は、それぞれ四捨五入しているため合計とは一致しない場合がある
出典：厚生労働省

女性の社会進出と賃金格差

少子高齢化が進む中、日本では女性の社会進出が進んでいます。その一方で男女間の賃金格差は大きな課題となっており、その改善が期待されます。

男性よりも増加している女性の労働者

　急激な少子高齢化による人口減少社会を迎える中で、社会が持続的に成長するとともに、性別によらず社会で能力を発揮できる社会を実現することが重要であるという観点からも、社会における女性の活躍推進は重要な課題となっています。

　2019（令和元）年の女性の労働力人口は3,058万人で、前年に比べ44万人増加しました。一方で男性は3,828万人と、11万人増加しています。労働力人口総数に占める女性の割合は、現在44.4%となっています。

女性の給与は男性よりも低水準

　2019年の一般労働者（常用労働者のうち短時間労働者以外の者）の所定内給与額は、男性の33万8,000円に対し、女性は25万1,000円で、男女間の賃金格差（男性＝100.0とした場合の女性の所定内給与額）は74.3と有意に低くなっています。

　こうした格差について、年齢や学歴、勤続年数、役職（部長級、課長級、係長級などの役職）の違いなどをより詳しくみると、男女間における役職の違いによる影響が最も大きく、そのほか勤続年数の違いによる影響も大きくなっています。

男女間賃金格差解消のためのガイドライン

　女性の社会進出が進む一方で、男女間の賃金格差はいまだに縮まらないことから、国はその改善策の1つとして、2010（平成22）年8月に作

成した、『男女間賃金格差解消に向けた労使の取組支援のためのガイドライン』の周知と啓発に努めています。

　このガイドラインでは、男女間格差の実態を把握し、取組みが必要との認識を促すため実態調査票などの支援ツールを盛り込み、賃金・雇用管理の制度面の見直しや賃金・雇用管理の運用面の見直し、女性に対する社内訓練・研修の積極的実施、基準を満たす労働者のうち女性を優先して配置、昇進させる等のポジティブ・アクションの推進を促しています。

「男女間賃金格差解消に向けた労使の取組支援のための
ガイドライン」のポイント

1. 男女間格差の「見える化」を推進

2. 賃金・雇用管理の見直しのための
３つの視点を示す

①賃金・雇用管理の制度面の見直し

＜具体的方策＞
- ●賃金表の整備
- ●賃金決定、昇給や昇格の基準の公正性、明確性、透明性の確保
- ●どのような属性の労働者にも不公平の生じないような生活手当の見直し
- ●人事評価基準の公正性、明確性、透明性の確保、評価結果のフィードバック
- ●出産や育児がハンデにならない評価制度の検討

②賃金・雇用管理の運用面の見直し

＜具体的方策＞
- ●配置や職務の難易度、能力開発機会の与え方、評価で、男女で異なる取扱いをしていないかを現場レベルでチェック
- ●コース別雇用管理の設定が合理的なものとなっているかを精査
- ●コースごとの採用や配置は、先入観やこれまでの実績にとらわれず均等に実施

③ポジティブ・アクションの推進

＜具体的方策＞
- ●女性に対する社内訓練・研修の積極的実施や、基準を満たす労働者のうち女性を優先して配置、昇進させる等のポジティブ・アクションの実施

頻発する災害と社会保障

国民の生活を根底から覆す大規模な災害に対して、救助からその後の復興までを支援する各種の災害対策は、国が行う重要な社会保障の1つです。

社会保障としての災害対策

　地震や台風、津波や噴火などの災害は、人々の平穏な暮らしを脅かし、その安定を根底から覆すものです。このため、災害時における救助や被災者支援も、重要な社会保障の1つと考えられます。

　日本における災害対策法制は、災害の予防や発災後の応急期の対応、災害からの復旧や復興の各ステージを網羅的にカバーする災害対策基本法を中心に、それぞれの段階において、災害類型に応じて各々の個別法によって対応する仕組みとなっています。中でも災害救助法は、発災後の応急期における応急救助に対応する主要な法律であり、発災直後の主な災害対策については、この法律の適用によって支援が行われています。

　近年では、2011（平成23）年の東日本大震災をはじめ、2016（平成28）年の熊本地震や糸魚川市大規模火災、2020（令和2）年7月3日からの大雨による災害などに、災害救助法が適用されています。

災害救助法の目的と運用

　災害救助法は、その目的を次のように規定しています。

> 第1条　この法律は、災害に際して、国が地方公共団体、日本赤十字社その他の団体及び国民の協力の下に、応急的に、必要な救助を行い、被災者の保護と社会の秩序の保全を図ることを目的とする

　このような目的に基づいて、法律では、救助は都道府県知事が、救助を必要とする人に対して行う（法定受託事務）としています。また、必

要に応じて救助の実施に関する事務の一部を市町村長へ委任できるとした上で、広域的な大規模災害に備え、あらかじめ他の都道府県と協定を締結したり、発災後に速やかに応援要請できる体制を整えておくことが望ましいと示しています。

災害救助法の実施概念

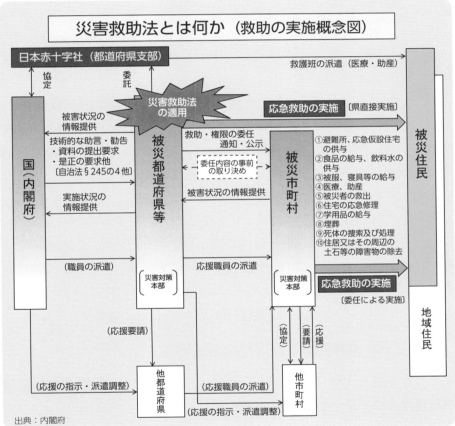

災害救助法とは何か（救助の実施概念図）

出典：内閣府

▶ 社会保障の未来

我が国の社会保障制度改革

2000年以降、社会の少子高齢化に対して社会保障制度の改革が求められ、社会保障・税一体改革として現在まで、継続的な制度改革が進められています。

少子高齢化の進展で求められた制度改革

　急激に進む少子高齢化による生産年齢人口の減少と高齢者人口の増加は、税収の減少と社会保障に要する費用の増大をもたらし、それを支える国民の負担も年々大きくなっています。こうした状況に対処をするべく、2008（平成20）年に、内閣総理大臣の元に社会保障国民会議が設置されました。同会議は、その最終報告において、社会保障制度の持続可能性を担保していくことと同時に、社会の構造変化に対応した社会保障の機能強化に重点を置いた制度改革を進めていくことが必要だという見解を示しました。

　その後も社会保障制度の時代に即した改革への議論が進められ、2011（平成23）年、社会保障・税一体改革案が決定され、翌年には社会保障・税一体改革大綱が政府により閣議決定されます。これに併せて大綱に定めた社会保障の制度改革について、それぞれの項目に関する今後のスケジュールも示され、本格的な制度改革が進められることとなりました。

社会保障制度改革プログラム法の成立

　こうした流れを受けて、2012（平成24）年8月には、社会保障制度改革推進法をはじめとした関連8法案が成立しました。その後、社会保障制度改革推進法に基づき、内閣に社会保障制度改革国民会議が設置され、その報告書が2013（平成25）年8月6日にとりまとめられました。この報告書等に基づき、改革の全体像や進め方を明らかにする法案が提出されて、持続可能な社会保障制度の確立を図るための改革の推進に関する

法律（社会保障制度改革プログラム法）が成立しました。

　この法律は、今後実施する社会保障制度改革の具体的な内容、実施すべき時期などについて定めており、これに基づいて現在も、医療や介護、年金、子育てといった、社会保障制度の改革が進められています。

令和に至るまでの社会保障・税一体改革の流れ

	平成26年度	平成27年度	平成28年度	平成29年度	平成30年度	平成31年度
消費税	●8%への引上げ	○				●10%への引上げ
子ども・子育て支援		●予定通り27年4月から実施	子ども・子育て支援新制度			
	●育児休業中の経済的支援の強化					
医療・介護	●診療報酬改定	●介護報酬改定	●診療報酬改定		●診療報酬改定 ●介護報酬改定	
	●（医療分）	●（介護分）	地域医療介護総合確保基金			
	●国保等の低所得者保険料軽減措置の拡充					
		●国保への財政支援の拡充				
		●高額療養費の見直し				
		一部段階的に実施	●後期高齢者の保険料軽減特例の見直し			
		●地域支援事業の充実				
	一部実施	●介護保険1号保険料の低所得者軽減強化				●完全実施
		●難病・小児慢性特定疾病に係る公平かつ安定的な制度の確立等				
年金		○			年金生活者支援給付金	●●
				●受給資格期間の短縮		
	●遺族基礎年金の父子家庭への拡大					

出典：厚生労働省

社会保障の未来

2040年に向けた日本の社会保障

高齢化がピークを迎え、現役世代が急減すると推測される2040年に向けて、日本の社会保障制度を持続させるため、さらなる改革が求められています。

高齢化がピークとなる 2040 年に向けて

　日本の高齢化がピークを迎える2040年頃を展望すると、この時点で高齢者の人口の伸びは落ち着き、一方で社会保障の担い手である現役世代（生産年齢人口）が急減します。このため、総就業者数の増加とともに、より少ない人手でも維持できる医療や福祉の現場を実現することが必要となります。また今後、国民誰もがより長く、元気に活躍できるように、多様な就労・社会参加の環境整備や健康寿命の延伸、医療・福祉サービスの改革による生産性の向上、さらには給付と負担の見直し等による社会保障の持続可能性の確保が重要です。

　これらに加え、社会保障の枠内で考えるだけではなく、農業、金融、住宅、健康な食事、創薬など、社会保障制度に関連する幅広い政策領域との連携の中で、新たな展開を図っていく必要性が指摘されています。

今後求められる多様な就労と社会参加

　こうした展望を基に国は、現役世代の人口の急減という新たな局面に対応した政策課題として、大きく３つを示しています。１つは、多様な就労と社会参加です。現役世代人口の急減など人口減少が進む一方、高齢者の若返りが見られる中、より多くの人が意欲や能力に応じ社会の担い手としてより長く活躍できるよう環境整備を進め、エイジフリー社会への変化を踏まえて、人生100年時代に向けた年金制度改革に取り組むとしています。

第2の課題は、健康寿命の延伸です。国は、2040年までに健康寿命を男女ともに3年以上延伸し（2016年比）、75歳以上とすることを目指すとします。具体的には、次世代を含めたすべての人の健やかな生活習慣形成、疾病予防と重症化予防、介護予防とフレイル対策、認知症予防を中心に取り組むことを示しています。

　第3の課題が医療・福祉サービス改革です。ロボット・AI・ICT等の実用化推進とデータヘルス改革、タスクシフティングとシニア人材の活用推進、組織マネジメント改革、経営の大規模化・協働化、以上4つの改革を通じ、医療・福祉サービス改革による生産性の向上を図るとしています。

社会保障の未来

2040年を展望した国の政策課題

2040年を展望し、誰もがより長く元気に活躍できる社会の実現を目指す

≪現役世代の人口の急減という新たな局面に対応した政策課題≫

多様な就労・社会参加	健康寿命の延伸	医療・福祉サービス改革
【雇用・年金制度改革等】 ○70歳までの就業機会の確保 ○就職氷河期世代の人の活躍の場を更に広げるための支援（厚生労働省就職氷河期世代活躍支援プラン） ○中途採用の拡大、副業・兼業の促進 ○地域共生・地域の支え合い ○人生100年時代に向けた年金制度改革	【健康寿命延伸プラン】 ⇒2040年までに、健康寿命を男女ともに3年以上延伸し、75歳以上に ○①健康無関心層へのアプローチの強化 　②地域・保険者間の格差の解消により、以下の3分野を中心に、取組を推進 ・次世代を含めたすべての人の健やかな生活習慣形成等 ・疾病予防・重症化予防 ・介護予防・フレイル対策、認知症予防	【医療・福祉サービス改革プラン】 ⇒2040年時点で、単位時間当たりのサービス提供を5％（医師は7％）以上改善 ○以下の4つのアプローチにより、取組を推進 ・ロボット・AI・ICT等の実用化推進、データヘルス改革 ・タスクシフティングを担う人材の育成、シニア人材の活用推進 ・組織マネジメント改革 ・経営の大規模化・協働化

≪引き続き取り組む政策課題≫

給付と負担の見直し等による社会保障の持続可能性の確保

出典：厚生労働省

● 監修者略歴

阿部 裕二（あべ ゆうじ）

東北福祉大学総合福祉学部教授。専門は社会保障・公的扶助。社会的活動として「自治体の介護保険運営協議会」への参画や「各種社会福祉法人」の理事や監事、さらに「共生型の子ども食堂」、「子どもへの学習支援」などにも関わる。著書に（編著）『社会保障』（弘文堂）、（共著）『格差社会論』（同文舘）などがある。

● 執筆	瀬沼健司
● 編集協力	アーク・コミュニケーションズ
● 本文デザイン	田中真琴
● 本文イラスト	cue's 古藤みちよ
	かたおか朋子
● 校正	円水社
● 編集担当	山路和彦（ナツメ出版企画）

本書に関するお問い合わせは、書名・発行日・該当ページを明記の上、下記のいずれかの方法にてお送りください。電話でのお問い合わせはお受けしておりません。
・ナツメ社 web サイトの問い合わせフォーム
　https://www.natsume.co.jp/contact
・FAX（03-3291-1305）
・郵送（下記、ナツメ出版企画株式会社宛て）
なお、回答までに日にちをいただく場合があります。正誤のお問い合わせ以外の書籍内容に関する解説・個別の相談は行っておりません。あらかじめご了承ください。

ナツメ社Webサイト
https://www.natsume.co.jp
書籍の最新情報（正誤情報を含む）は
ナツメ社Webサイトをご覧ください。

ケアマネ、生活相談員、生活支援員のための
社会保障制度がわかる本

2021年 6月 7日　初版発行

監修者	阿部裕二（あべゆうじ）	Abe Yuji,2021
発行者	田村正隆	

発行所　株式会社ナツメ社
　　　　東京都千代田区神田神保町1-52　ナツメ社ビル1F（〒101-0051）
　　　　電話　03（3291）1257（代表）　FAX　03（3291）5761
　　　　振替　00130-1-58661

制　作　ナツメ出版企画株式会社
　　　　東京都千代田区神田神保町1-52　ナツメ社ビル3F（〒101-0051）
　　　　電話　03（3295）3921（代表）

印刷所　広研印刷株式会社

ISBN978-4-8163-7015-1　　　　　　　　　　　　　　Printed in Japan

〈定価はカバーに表示してあります〉
〈落丁・乱丁本はお取り替えします〉
本書の一部または全部を著作権法で定められている範囲を超え、ナツメ出版企画株式会社に無断で複写、複製、転載、データファイル化することを禁じます。